# TROIS ANNÉES
# D'ÉTUDES ALGÉRIENNES

## LÉGISLATIVES, SOCIALES, PÉNITENTIAIRES
## ET PÉNALES

## (1899-1901)

PAR

Émile LARCHER

CHARGÉ DE COURS A L'ÉCOLE DE DROIT D'ALGER

---

PARIS

ARTHUR ROUSSEAU

ÉDITEUR

14, RUE SOUFFLOT, 14

ALGER

ADOLPHE JOURDAN

ÉDITEUR

4, PLACE DU GOUVERNEMENT, 4

1902

# TROIS ANNÉES D'ÉTUDES ALGÉRIENNES

LÉGISLATIVES, SOCIALES, PÉNITENTIAIRES ET PÉNALES

(1899-1901)

## DU MÊME AUTEUR :

---

Traité théorique et pratique des constructions élevées sur le terrain d'autrui (ouvrage couronné par la Faculté de droit de Nancy). Paris, Rousseau, 1894.

Étude de droit constitutionnel : l'Initiative parlementaire en France (ouvrage couronné par la Faculté de droit de Paris, Prix Rossi, Droit constitutionnel, 1895). Paris, Rousseau, 1896.

Du concours idéal d'infractions. *Revue critique de législation et de jurisprudence*, 1898.

L'initiative parlementaire en France pendant la sixième législature (1893-1898). *Revue politique et parlementaire*, 1898.

Du caractère de l'amende en matière de grande voirie. *Revue critique de législation et de jurisprudence*, 1899.

Questions criminelles et sociales : les Institutions pénitentiaires de l'Algérie (en collaboration avec M. Jean Olier). Paris, Rousseau, et Alger, Jourdan, 1899.

A qui appartiennent pendant le bail les constructions élevées par le locataire ? *Revue critique de législation et de jurisprudence*, 1900. Etc., etc.

En préparation : Traité élémentaire de législation algérienne. 2 vol.

---

# TROIS ANNÉES
# D'ÉTUDES ALGÉRIENNES

## LÉGISLATIVES, SOCIALES, PÉNITENTIAIRES

## ET PÉNALES

## (1899-1901)

PAR

Émile LARCHER

CHARGÉ DE COURS A L'ÉCOLE DE DROIT D'ALGER

---

**PARIS**
LIBRAIRIE NOUVELLE DE DROIT & DE JURISPRUDENCE
ARTHUR ROUSSEAU
ÉDITEUR
14, RUE SOUFFLOT, 14

**ALGER**
ADOLPHE JOURDAN
ÉDITEUR
4, PLACE DU GOUVERNEMENT, 4

1902

# PRÉFACE

Nous réunissons en un volume que nous présentons aujourd'hui au public un certain nombre d'articles parus naguère dans diverses revues, notamment dans la *Revue pénitentiaire* et dans la *Revue politique et parlementaire*. Il nous semble que ces études, de développement très variable, simples notes ou dissertations plus complètes, peuvent se trouver groupées sans disparate. Quoiqu'écrites au jour le jour, au fur et à mesure que les événements ou les discussions amenaient notre attention sur un problème nouveau, bien que traitant des sujets très divers, il n'est pas impossible de découvrir entre elles un lien commun. Toutes sont inspirées du même désir de faire mieux connaître les questions algériennes et de préparer des solutions plus conformes à la vérité, répondant mieux aux besoins de notre colonie.

Ainsi que nous l'écrivions dans notre première étude, consacrée à ces Ecoles d'enseignement supérieur auxquelles nous sommes fier d'appartenir depuis plus de cinq années, le rôle de leurs professeurs ne consiste pas uniquement à donner l'enseignement de la chaire ; leur rôle est aussi — et Jules Ferry s'en applaudissait, quand, peu avant sa mort, il visita l'Algérie — d'appliquer à l'examen des problèmes algériens si nombreux et si complexes un esprit scientifique, dégagé de tout autre souci que celui de l'intérêt général et du bien public. C'est de cette partie de notre haute mission que nous avons voulu nous acquitter, dans la modeste sphère de nos connaissances spéciales, en écrivant les articles qui vont suivre.

Les questions qui font l'objet de ces études n'ont rien perdu de leur actualité. Et en les réimprimant nous avons pris soin de les revoir, de les mettre au courant des statistiques et des faits, de les compléter au besoin par des notes.

Mustapha, 24 décembre 1901.

# L'UNIVERSITÉ D'ALGER (1)

On dit parfois, sans les connaître, beaucoup de mal des Ecoles supérieures d'Alger.

Naguère, dans cette Revue même, et dans une étude renfermant d'ailleurs maintes idées exactes, un député écrivait, à propos de la situation des établissements d'enseignement supérieur de l'Algérie : « Les facultés des lettres et des sciences restent désertes, et l'on m'affirme que les professeurs de ces deux écoles se rendent le service réciproque de suivre les cours de leurs collègues, pour ne pas parler devant des bancs vides. Seules les facultés de droit et de médecine ont des étudiants inscrits, parce qu'elles permettent d'obtenir un métier. Les algériens y ont vu exclusivement des écoles professionnelles, donnant le moyen de devenir officier de santé ou avocat, sans passer la mer. » Et cette prétendue constatation amenait sous sa plume ce jugement : « A cet égard, en se plaçant au point de vue français, ne peut-on pas dire que cela est regrettable ? On a fourni aux jeunes algériens — qui ont déjà la faculté d'accomplir en Algérie leur service militaire — un nouveau prétexte de ne pas prendre contact avec la métropole, de couper les liens avec la France. Faut-il s'étonner dès lors si la jeune génération se désintéresse de plus en plus de la mère-patrie ? N'est-ce pas notre faute ? Au lieu de poursuivre l'idée décevante de créer des écoles supérieures,

(1) La réimpression de cet article, paru dans la *Revue politique et parlementaire* en octobre 1899 (t. XXII, p. 59), vient à son heure, alors que les attaques continuent contre les Ecoles supérieures d'Alger. Pour les défendre, il suffit de montrer ce qu'elles sont.

n'eût-il pas mieux valu créer des écoles professionnelles ou agricoles ? (1) »

Plus récemment, dans leur session d'avril, les conseils généraux d'Oran et de Constantine, traduisant ainsi leur opinion déjà maintes fois manifestée, accueillaient favorablement des vœux tendant à la suppression des Ecoles supérieures d'Alger.

Enfin, dans la grande discussion des interpellations sur l'Algérie qui a occupé, avec intermittences, les débats de la Chambre des députés pendant les mois de mai et de juin, un socialiste lançait cette affirmation : « Nous avons créé des écoles supérieures, organisé le recrutement sur place d'un personnel d'instituteurs, de professeurs même qui ont donné aux futures classes dirigeantes d'Algérie une éducation qui n'était plus du tout une éducation française. » Il accusait les Ecoles d'avoir contribué à former la mentalité algérienne si différente de la mentalité française. Et il concluait, en s'appuyant sur le vœu du conseil général de Constantine, à la nécessité de leur suppression (2).

*
* *

Nous ne nous attarderons pas à discuter les mesquines raisons qui ont pu déterminer le vote des conseils généraux : il n'y faut voir qu'un incident d'une querelle de clocher entre villes rivales. Oran et Constantine, jalouses du développement que prend, sur les bords d'une baie sans pareille, la blanche cité des deys, veulent tout tenter pour lui enlever son titre de capitale. Les départements aimeraient aussi faire disparaître de leur budget la subvention de quelques milliers de

(1) FLEURY-RAVARIN, La réorganisation administrative de l'Algérie, *Revue politique et parlementaire*, 1896, t. X, p. 556.

(2) M. Rouanet, séance de la Chambre des députés du 19 mai 1899 ; *J. off.* du 20, Déb. parl., p. 1440 et 1441.

francs que jadis, lors de la fondation des Ecoles, ils s'engagèrent à verser chaque année. Nous ferons seulement observer aux assemblées départementales combien leur tactique est maladroite : en associant la prétention insensée de priver l'Algérie de tout enseignement supérieur à la demande, fondée peut-être ou tout au moins digne d'examen, de création de cours d'appel dans chaque chef-lieu de département (1), les conseils généraux des deux provinces de l'est et de l'ouest prennent contre la ville gouvernementale une allure agressive qui fera tout échouer ; demander à la fois le possible et l'impossible est un moyen sûr de ne rien obtenir.

Mais à la thèse même que soutiennent, en une rencontre fortuite, deux députés ordinairement séparés par une grande divergence d'opinions sur la politique générale, nous répondrons. Si M. Fleury-Ravarin eût connu les Ecoles — pas encore facultés — d'Alger, ou s'il eût puisé ses renseignements à des sources plus sûres, il n'aurait point écrit des phrases qui renferment une erreur matérielle certaine et une appréciation plus que critiquable. Le discours de M. Rouanet, qui renfermait d'ailleurs d'excellentes choses et qui surtout répondait avec énergie aux assertions des sectateurs de la plus détestable politique, est déparé par des affirmations — le mot « diffamations » rendrait mieux notre pensée — que rien ne justifie et qui appellent immédiatement (2) une protestation indignée.

L'enseignement supérieur à Alger, fort heureusement, n'est ni ce qu'a écrit M. Fleury-Ravarin, ni ce qu'a dit M. Rouanet. Loin de nuire à l'Algérie, les Ecoles sont, et seront plus encore dans l'avenir, un des éléments de prospérité de la colonie. Loin de nuire à la France, les Ecoles constituent, au contraire, le

(1) Nous disons ce que nous pensons de cette création dans notre étude du problème de la sécurité, parue dans la *Revue pénitentiaire* de juin et de juillet-août 1901, et reproduite *infrà*.

(2) Cet article a été écrit en juin 1899.

seul moyen de répandre dans les populations algériennes les idées françaises.

C'est ce que nous nous proposons de démontrer (1).

## I

Les Ecoles d'enseignement supérieur d'Alger n'ont pas encore derrière elles le long passé qui fait la gloire de certaines universités (2). Mais dans un pays aussi neuf, elles ont acquis rapidement une incontestable importance. La seule gêne à leur développement, c'est leur situation inférieure, au point de vue de la collation des grades, vis-à-vis des facultés métropolitaines.

*
* *

L'Ecole de médecine et de pharmacie est l'aînée. Elle date du 4 août 1857 : pendant plus de trente ans, sous le titre modeste d' « école préparatoire », elle a formé des générations de bons praticiens, et même des savants dont quelques-uns sont aujourd'hui ses maîtres. Depuis le 1er novembre 1889 (3), elle a le rang, concurremment avec trois autres établissements de France (Marseille, Nantes, Rennes), d' « école de plein exercice de médecine et de pharmacie » (4). C'est dire qu'elle

(1) Nous devons signaler la remarquable publication — quelques mois après que cet article a été écrit — des *Rapports sur la situation et les travaux des Ecoles supérieures d'Alger depuis leur création jusqu'en 1900*, rédigés à l'occasion de l'Exposition de 1900, et particulièrement le rapport général de M. Maurice Colin. Les raisons que nous faisons valoir, et quelques autres, y sont admirablement formulées et appuyées sur une très complète documentation.

(2) Sur l'historique et l'organisation des Ecoles, voyez la brochure de M. L. Paoli, *L'enseignement supérieur à Alger*, Mustapha, 1897.

(3) Décret du 31 décembre 1888.

(4) On sait que l'enseignement de la médecine et de la pharmacie est donné en France par cinq catégories d'établissements : 1° Facul-

donne l'enseignement complet de la médecine, mais ne fait subir, sous la présidence d'un professeur de faculté délégué par le ministre, que les trois premiers examens : les étudiants vont devant une faculté passer leurs deux derniers examens et soutenir leur thèse.

Son personnel enseignant comprend 18 professeurs ou chargés de cours et 6 suppléants, secondés par 2 chefs des travaux, 4 chefs de clinique, 13 préparateurs. Outre les enseignements fondamentaux qui se retrouvent dans toutes les écoles, elle a, comme enseignement propre, une chaire de maladies des pays chauds.

Ses cliniques se font dans le vaste hôpital de Mustapha qui n'a pas moins de 800 lits.

A l'Ecole de médecine se rattache l'Institut Pasteur, qui n'a pas pour objet exclusif le traitement de la rage, mais bien aussi cultive les divers virus atténués qui procèdent de la méthode pastorienne.

*
* *

A la différence de l'Ecole de médecine qui a des similaires en France, les trois autres Ecoles, de droit, des sciences et des lettres, créées par la loi du 20 décembre 1879 et fonctionnant depuis les premiers mois de 1880, sont uniques en leur genre : elles constituent des institutions propres à l'Algérie. Elles se distinguent des facultés, dont les rapproche la nature de leur enseignement, par les matières particulières qui attirent principalement ou subsidiairement leur activité et par les grades pour la collation desquels elles n'ont que des pouvoirs restreints.

tés de médecine (Paris, Montpellier, Nancy) ; 2° Ecoles supérieures de pharmacie (mêmes villes) ; 3° Facultés mixtes de médecine et de pharmacie (Lyon, Bordeaux, Toulouse, Lille) ; 4° Ecoles de plein exercice de médecine et de pharmacie ; 5° Ecoles préparatoires de médecine et de pharmacie (Amiens, Angers, Besançon, Caen, Clermont, Dijon, Grenoble, Limoges, Poitiers, Reims, Rouen et Tours).

Avec un personnel de dix professeurs, titulaires ou chargés de cours, l'Ecole de droit donne le double enseignement de la licence et des certificats de législation algérienne. — Le tableau des cours des trois années de licence est identique à celui des facultés de la métropole, comportant huit cours annuels et neuf cours semestriels (1). L'Ecole sanctionne ces études par les diplômes du baccalauréat et de la licence (2). Mais elle ne peut avoir ni cours, ni conférence préparant au doctorat : les jeunes algériens qui briguent ce grade supérieur doivent aller chercher en France science et parchemins. — L'enseignement propre à l'Ecole d'Alger est sanctionné par deux diplômes, le certificat d'études de législation algérienne, de droit musulman et de coutumes indigènes, et le certificat supérieur. La durée des études pour le certificat est de deux années : la 1re, à côté d'un cours élémentaire de droit français civil et pénal, emprunte ses matières à l'enseignement de la licence, économie politique, droit constitutionnel, et droit administratif ou procédure civile ; la 2e comprend des matières proprement africaines (3), le droit musulman et les législations algérienne et tunisienne. Le certificat supérieur n'est obtenu qu'après un examen comportant une double épreuve écrite sur la législation algérienne et le droit musulman, et une épreuve orale de cinq interrogations sur les mêmes matières, auxquelles s'ajoutent les éléments de langue arabe, l'histoire et la géographie des pays musulmans. Le premier certificat est maintenant exigé de tous les candidats aux offices de notaire, d'avoué

(1) De plus, trois conférences facultatives préparent plus spécialement aux examens.

(2) Le diplôme de licencié n'est délivré par l'Ecole de droit que depuis la loi du 25 et le décret du 26 décembre 1885.

(3) Le droit musulman est enseigné à la Faculté de droit de Paris par M. Estoublon, directeur honoraire de l'Ecole d'Alger. La législation algérienne et tunisienne n'est l'objet d'un enseignement nulle part ailleurs.

ou de greffier en Algérie (1). — De plus un cours très élémentaire de droit français (2) est fait aux élèves de la médersa (3).

L'Ecole des sciences compte neuf professeurs et chargés de cours. Les seuls grades qu'elle confère sont les baccalauréats et le certificat d'études physiques, chimiques et naturelles (P.C.N.), depuis peu exigé des étudiants en médecine. La préparation des futurs élèves de sa voisine, l'Ecole de plein exercice, constitue donc son principal enseignement ; mais ses professeurs font cependant des cours et conférences préparatoires à la licence (4). — Elle est complétée par d'importantes annexes : l'observatoire astronomique de Bouzaréa, le service météorologique de l'Algérie, la station zoologique.

De toutes les Ecoles, celle des lettres a su prendre le caractère le plus particulier. Comme leurs collègues des sciences, les professeurs des lettres ont pour plus pénible charge les sessions d'examens de baccalauréats qu'ils font passer non seulement à Alger, mais aussi à Oran, Constantine et Tunis. Si l'Ecole prépare quelques licenciés, elle ne peut, pas plus que sa voisine scientifique, conférer le diplôme. Mais, à côté de ce qu'on pourrait appeler l'enseignement classique des facultés des lettres, elle s'est taillée un large domaine afri-

(1) Décret du 9 octobre 1892.

(2) Cela ne fait pas, pour les dix membres de l'Ecole, moins de 12 cours annuels, 9 semestriels et 3 conférences.

(3) Les médersas, au nombre de trois pour l'Algérie (Alger, Constantine et Tlemcen), sont les écoles d'enseignement supérieur indigène : leur but est l'instruction des fonctionnaires musulmans de l'ordre religieux (muphti, etc.) ou judiciaire (cadi, etc.). La durée des études est de quatre ans ; de plus la médersa d'Alger a une division supérieure dont les études durent deux années ; c'est aux élèves de cette division que s'adresse particulièrement le cours de droit français. — Pour plus de détails sur l'organisation et le but des médersas, voyez M. Colin, *Quelques questions algériennes*, Paris, 1899, p. 35-48.

(4) Ajoutons que depuis l'année 1901-1902, l'Ecole des sciences

cain (1). — Elle compte onze professeurs ou chargés de cours résidant à Alger, et les deux titulaires des chaires publiques d'arabe d'Oran et de Constantine. L'enseignement habituel des facultés des lettres est représenté par les quatre chaires de philosophie, de langue et littérature françaises, de langues et littératures anciennes, de langues et littératures étrangères. Mais la plupart des cours et conférences sont consacrés à des études locales : chaires d'antiquités de l'Afrique, de géographie de l'Afrique, d'histoire moderne de l'Afrique, de langue arabe ; cours complémentaires de littératures arabe et persane, d'arabe vulgaire ; conférences des dialectes berbères et de dialecte kabyle. Comme sanction de ces études spéciales, l'Ecole délivre un brevet et un diplôme de langue arabe, un brevet de langue kabyle, un diplôme des dialectes berbères.

*
* *

Les quatres écoles sont, depuis 1888, réunies dans le palais, coûteux sinon somptueux, qui, sur l'emplacement d'un ancien camp, domine l'entrée de Mustapha (2). Elles constituent un corps semblable à celui qui a, transitoirement, réuni en France les facultés d'un même centre avant le vote de la loi créant les universités régionales. Les Ecoles d'Alger sont donc représentées par un conseil général présidé par le recteur et composé des directeurs et délégués de chaque école. La loi du 10 juillet 1896 ne vise que les facultés : si bien que l'ensemble très complet d'établissements d'enseignement supé-

a organisé un enseignement des sciences appliquées aux industries agricoles de l'Algérie, qui a pour sanction un certificat spécial.

(1) Suivant les expressions mêmes de M. le Directeur de l'enseignement supérieur, l'Ecole des lettres doit être « un centre d'études algériennes, d'histoire des populations arabes et berbères, des langues et dialectes du pays, d'archéologie romaine et arabe, d'érudition orientale ».

(2) On sait que Mustapha et Alger, bien qu'érigées en deux communes distinctes, ne forment qu'une seule ville, que divisaient naguère les fortifications aujourd'hui rasées.

rieur de Mustapha n'a droit ni au titre d'université ni aux avantages qu'il comporte (1).

Sur ce premier point, organisation des Ecoles d'Alger, nous terminons par une observation. Le personnel enseignant se recrute comme celui des facultés de la métropole : les professeurs des Ecoles des sciences et des lettres sont d'anciens élèves de l'Ecole normale, des docteurs ou licenciés des facultés françaises ; l'Ecole de médecine compte — ce dont peuvent se flatter bien peu d'écoles de même ordre — plusieurs agrégés des facultés de médecine qui ont rang par conséquent parmi les professeurs de facultés de médecine ; l'Ecole de droit a un personnel de titulaires et de chargés de cours tout à fait semblable à celui des facultés métropolitaines. C'est donc manifester une égale ignorance sur l'origine et sur le caractère des professeurs des Ecoles d'Alger que parler de leur « recrutement sur place » et leur reprocher de « donner aux algériens une éducation qui n'est pas française ».

## II

Malgré la situation désavantageuse que leur font, relativement aux facultés de la métropole, les lois et décrets qui les ont constituées, les Ecoles d'Alger peuvent, au point de vue du nombre des étudiants qui viennent y recevoir l'enseignement supérieur, soutenir avantageusement la comparaison avec bon nombre d'universités françaises.

*
* *

Le directeur de l'Ecole de Droit, dans son dernier rapport, indique un nombre de 197 étudiants ayant pris des inscriptions trimestrielles pendant l'année scolaire 1897-98. Mais ce

(1) La bibliothèque universitaire occupe la longue salle de 43 mètres qui constitue le premier étage du bâtiment principal. Elle est riche de plus de 37.500 volumes et de 77.500 thèses.

chiffre ne peut être mentionné et rapproché de ceux que fournissent les doyens des facultés de France que sous le bénéfice d'une importante observation qui a été déjà faite ici même (1). Il ne faut jamais admettre les chiffres donnés par les rapports annuels sans les avoir éprouvés par une judicieuse critique. Bon nombre de doyens, dans un sentiment d'amour-propre très louable, comprennent dans leurs statistiques des étudiants à « scolarité interrompue », c'est-à-dire ayant pris antérieurement des inscriptions non encore périmées, mais n'ayant dans l'année scolaire ni pris d'inscription ni subi d'examen : on arrive ainsi à grossir les chiffres d'anciens étudiants ayant renoncé à l'instruction supérieure, ou de jeunes gens dont le service militaire interrompt les études (2). De même, en comptant parmi leurs étudiants tous les jeunes gens qui font dans leur établissement un acte de scolarité, et notamment qui y subissent un examen, MM. les doyens arrivent à s'attribuer les étudiants des facultés libres, catholiques ou autres, obligés de comparaître devant le jury d'Etat pour obtenir leur diplôme. A l'inverse, en ne comptant que les étudiants ayant pris des inscriptions dans l'année, M. le Directeur de l'Ecole d'Alger fournit un chiffre inférieur à la réalité : il exclut certains étudiants, notamment ceux qui renouvellent leur année après un échec en novembre (3).

(1) Ferdinand Lot, Essai d'une statistique des étudiants des universités françaises, *Revue politique et parlementaire*, numéros de sept. et oct. 1897, t. XIII et XIV.

(2) Par exemple, la faculté de droit de Poitiers accuse 492 étudiants, alors que 261 seulement ont pris inscription ; Dijon offre aux statisticiens un chiffre brut de 424 élèves, mais sur ce nombre 247 seulement ont requis une ou plusieurs inscriptions ; Nancy arrive à mentionner 334 étudiants en cours d'études, quand 721 inscriptions trimestrielles seulement ont été prises.

(3) En employant le même procédé que les doyens des facultés de la métropole, le directeur de l'Ecole de Droit d'Alger pouvait compter l'année suivante, en 1899-1900 : étudiants ayant pris des inscriptions, 191 ; étudiants ayant des inscriptions non périmées, 143 ; élèves de la médersa suivant le cours spécial, 13 ; total, 346.

Pour qu'une comparaison vaille, il faut opposer des unités de même nature : nous raisonnerons donc sur les inscriptions. Or l'Ecole de droit a reçu, en 1897-98, 712 inscriptions : cela la met numériquement, bien avant la faculté de Grenoble, presque sur la même ligne que celles de Nancy et de Caen. Les chiffres, remarquons-le, sont bien comparables, parce que, si Grenoble, Nancy et Caen ont des candidats au doctorat, Alger a, dans une proportion sensiblement équivalente, ses candidats aux certificats de législation algérienne (1).

Si l'on pouvait comparer les facultés au point de vue de l'assiduité aux cours — variable évidemment suivant les enseignements et suivant les professeurs — Alger prendrait certainement, notre jeune expérience nous permet de l'affirmer, un des premiers rangs : les présents dépassent toujours de beaucoup la proportion de 35 p. 100 des inscrits qui constitue une bonne assiduité moyenne (2). On trouve d'ailleurs une manifestation de la même assiduité dans le chiffre très élevé des étudiants qui prennent part aux concours facultatifs de fin d'année (3) : on ne peut attribuer cette affluence à la

(1) Répartition des inscriptions en 1897-98 :

| | Alger | Grenoble | Nancy |
|---|---|---|---|
| Capacité . . . . . . . . . . . | 45 | 74 | 62 |
| Licence 1re année. . . . . . | 218 | 137 | 223 |
| — 2e — . . . . . . | 167 | 156 | 209 |
| — 3e — . . . . . . | 137 | 73 | 146 |
| Législat. alg . . . . . . . . | 145 | » | » |
| Doctorat . . . . . . . . . . . | » | 68 | 81 |
| Total. . . . | 712 | 508 | 721 |

Caen ne fournit que le chiffre global de ses inscriptions sans en donner le détail : 772.

Alger, d'après nos renseignements, serait bien près d'atteindre 800 inscriptions en 1898-99. — [Le chiffre exact pour 1898-99 a été en effet 768.]

(2) Cpr. Ferdinand Lot, art. cité, t. XIII, p. 579.

(3) Les commissions chargées du jugement des concours ont eu à lire 86 compositions en 1896, 87 en 1897, 86 en 1898. Parmi les facultés dont les comptes-rendus permettent de relever le nombre

richesse des récompenses, car le modeste crédit que veut bien allouer la ville d'Alger ne permet d'ajouter que quelques volumes aux médailles ministérielles : elle est due uniquement à l'émulation, indice d'un travail satisfaisant.

*
* *

L'Ecole de médecine et de pharmacie avait, pendant la dernière année scolaire, 140 étudiants régulièrement inscrits (1). En défalquant les élèves sages-femmes qu'il n'est pas d'usage de faire figurer dans les statistiques, l'Ecole présente 123 étudiants : si cet effectif lui donne le dernier rang parmi les écoles de plein exercice, du moins n'est-il pas très éloigné de celui de Nantes (177) (2).

Mais il importe de remarquer que l'Ecole de médecine subit en ce moment une baisse très sensible dans le nombre de ses étudiants, qui étaient 164 en 1896-97 (3).La cause en est dans l'agitation « antijuive » qui trouble l'agglomération algéroise depuis plus d'un an, et qui a déterminé, au profit des facultés

des concurrents, indiquons Grenoble, 31 ; Dijon, 53 ; Poitiers, 39 ; Aix, 56 ; Nancy, 31.

(1) Les étudiants de l'Ecole de médecine et de pharmacie d'Alger se répartissent ainsi, suivant le grade recherché (année 1897-98) :

| | |
|---|---|
| Doctorat en médecine. . . . . . . . . . . | 61 |
| Officiat de santé . . . . . . . . . . . . . | 6 |
| Pharmacien de 1re classe . . . . . . . . . | 26 |
| « 2e — . . . . . . . . . | 30 |
| Sages-femmes . . . . . . . . . . . . . . | 17 |

(2) Comparaison des inscriptions dans les quatre écoles de plein exercice pour 1897-1898 :

| | Alger | Nantes | Rennes | Marseille |
|---|---|---|---|---|
| Doctorat en médecine. . . . | 201 | 430 | 521 | 369 |
| Officiat de santé . . . . . . . | 24 | 5 | 20 | 42 |
| Pharmacien de 1re classe . . | 102 | 134 | 111 | 164 |
| » 2e » . . | 116 | 169 | 161 | 267 |
| Total. . . | 443 | 738 | 813 | 842 |

Nous défalquons des chiffres de l'Ecole de Nantes ses 152 inscriptions de P. C. N.

(3) Il avait même atteint 200 en 1893-94.

et écoles métropolitaines, l'émigration de bon nombre d'étudiants israélites (1).

*
* *

L'Ecole des sciences, à raison de sa constitution même qui ne lui permet pas de délivrer d'autre diplôme que le nouveau certificat d'études physiques, chimiques et naturelles (P. C. N.), a dans les futurs étudiants en médecine le plus clair de sa population scolaire. Cette année préparatoire comptait, en 1897-98, 32 élèves. Quant aux cours et conférences dont le programme correspond à celui des licences scientifiques, on comprend aisément que les inscriptions y soient peu nombreuses, les candidats à la licence préférant généralement poursuivre leurs études dans un établissement qui sanctionne lui même son enseignement. Cependant dix-sept étudiants se sont fait inscrire aux cours et conférences, dont quinze pour les diverses licences. Le faible effectif de 49 étudiants ne donnerait cependant pas à l'Ecole d'Alger le dernier rang parmi les facultés (2).

*
* *

Encore que, pas plus que l'Ecole des sciences, l'Ecole des lettres ne puisse délivrer le diplôme de licencié, elle a su se créer une clientèle propre, non moins intéressante que la population des facultés métropolitaines.

(1) La même cause a enlevé aussi quelques étudiants à l'Ecole de droit.

(2) Effectif des étudiants inscrits dans quelques facultés des sciences :

| | P. C. N. | Certif. d'ét. sup., licences, agrég. | Total |
|---|---|---|---|
| Caen . . . . . . . . . . . . | 22 | 22 | 44 |
| Besançon . . . . . . . . . | 25 | 49 | 74 |
| Grenoble . . . . . . . . . | 25 | 57 | 82 |
| Dijon . . . . . . . . . . . . | 42 | 48 | 90 |
| Clermont . . . . . . . . . | 48 | 44 | 92 |
| Poitiers . . . . . . . . . . | 55 | 39 | 94 |

De véritables étudiants, au sens que prend ce mot dans les facultés des lettres, c'est-à-dire des jeunes gens briguant licence, agrégation ou certificat de même ordre, on en relève dix sur les registres de l'Ecole (1). Mais celle-ci a une destination autre, et son but principal est d'initier les fonctionnaires algériens à la connaissance des langues arabes et berbères. Elle trouve ainsi un auditoire très suffisant pour ses cours et conférences. Les élèves préparant à l'Ecole même le brevet d'arabe étaient 35 ; pour le diplôme d'arabe, on en comptait 12, pour le brevet de kabyle, 9, pour le diplôme des dialectes berbères, 2. La préparation par correspondance comportait 66 candidats au brevet d'arabe, 19 au diplôme d'arabe, 40 au brevet de kabyle, 3 au diplôme des dialectes berbères. En outre les cours publics d'arabe d'Oran et de Constantine comptaient respectivement 24 et 53 auditeurs.

Les cours publics de l'Ecole ont été suivis par une centaine d'auditeurs, variant de 30 à 6, suivant les cours : public très varié comprenant quelques-uns des hiverneurs qui viennent chercher la santé sous le ciel bleu d'Alger.

En définitive, l'Ecole des lettres répand son enseignement d'une façon beaucoup plus large que bon nombre de facultés de province. Sans tenir compte des auditeurs des cours publics, on peut évaluer ses élèves à 200 (2).

*
* *

Si donc on ne se laisse pas prendre aux chiffres trompeurs

(1) Préparant la licence, 4 ; le certificat d'aptitude à l'enseignement de l'anglais, 2 ; le certificat d'aptitude à l'enseignement de l'italien, 4.

(2) Beaucoup de facultés des lettres n'atteignent pas 100 étudiants en y comprenant, bien entendu, les correspondants, toujours plus nombreux que les résidents : Aix, 44 ; Besançon, 75 ; Dijon, 75 ; Poitiers, 93 ; Caen, 93 ; Clermont, 96. — Ajoutons que la statistique au 15 janvier 1900 (*Bulletin du ministère de l'Instruction publique* du 17 mars 1900) accuse à l'Ecole des lettres 349 étudiants, chiffre supérieur à celui de toute faculté autre que la Sorbonne.

— bien qu exacts — que mettent en avant certaines facultés, on s'aperçoit que le groupe des écoles supérieures d'Alger tiendrait, au point de vue de la population scolaire, un rang très honorable parmi les universités françaises. Bien que privées de la délivrance du parchemin qui constitue le plus certain attrait des écoles métropolitaines, elles répandent largement la science.

On peut, sans compter les auditeurs des cours publics (1), sans comprendre la clientèle assidue des chaires d'arabe de Constantine et d'Oran (2), sans tenir compte des nombreux médecins civils ou militaires, français ou étrangers, qui suivent les cliniques de l'hôpital de Mustapha, sans faire entrer dans nos chiffres les élèves de l'école normale de Bouzaréa pour lesquels les professeurs de l'Ecole des lettres font des conférences spéciales (3), sans inclure dans l'addition les élèves de la médersa d'Alger auxquels s'adresse particulièrement un cours de droit français élémentaire fait par l'un des maîtres de l'Ecole de droit (4), on peut, dis-je, en ne tenant compte que de ce qui forme une vraie population scolaire, recherchant des grades identiques à ceux de la métropole ou propres aux Ecoles d'Alger, donner comme nombre des étudiants d'Algérie celui de *six cents* (5).

Cela met les Ecoles d'Alger en bon rang, bien avant les universités incomplètes de Besançon et de Clermont, avant Gre-

(1) Nous avons dit une centaine : les rapports officiels portent 121 (*Exposé de la situation générale de l'Algérie*, pour 1899, annexe I).

(2) 24 et 53.

(3) Une trentaine.

(4) Ils sont environ une vingtaine.

(5) L'exposé de la situation générale de l'Algérie en 1899, dans l'annexe rédigée par M. le Recteur, donne un chiffre total de 891 étudiants et auditeurs. D'après le rapport de M. Maurice Faure sur le budget de l'Instruction publique de 1900 (J. O., *Doc. parl.*, Ch. des dép., 1899, p. 227), le nombre des « étudiants immatriculés et dont les inscriptions ne sont pas périmées » figurant sur les registres d'Alger est de 763.

noble, Caen et Dijon, sur la même ligne que Poitiers, et bien près d'Aix-Marseille (1).

## III

Au surplus, nous n'exagérons pas la portée de cette première démonstration : on peut même, avec quelque sévérité, considérer comme puéril le jeu qui consiste à classer les universités suivant le nombre plus ou moins fictif d'étudiants que leur attribuent les rapports des doyens ou directeurs. Le nombre des étudiants n'est pas tout pour une université ; le quantum des inscriptions, le total des examens, la multitude

(1) Dans la statistique indiquée par M. Maurice Faure, Alger prend le 10e rang parmi les universités provinciales, ne cédant que d'une unité devant Poitiers. Voici les chiffres :

| | | | | | |
|---|---|---|---|---|---|
| Lyon. . . . | 2.335 | Rennes . . . . | 1.063 | Dijon. . . | 604 |
| Bordeaux. . | 2.144 | Nancy. . . . . | 1.001 | Caen . . . | 598 |
| Toulouse . . | 1.885 | Aix-Marseille . | 849 | Grenoble . | 476 |
| Montpellier. | 1.496 | Poitiers. . . . | 764 | Clermont . | 257 |
| Lille. . . . | 1.334 | *Alger*. . . . . | 763 | Besançon . | 197 |

Nous aurions voulu dresser une statistique se rapprochant davantage de la réalité, sachant — pour avoir lu l'excellent article de M. F. Lot — ce que les chiffres bruts ont de *fictif* : mais nous nous sommes heurté à toutes les difficultés que rencontre un travail de ce genre, à raison des explications insuffisantes que fournissent les rapports des doyens. D'ailleurs cela changerait probablement peu le classement, les causes d'inflation étant à peu près les mêmes dans toutes les universités. Le classement dressé par M. F. Lot pour 1894-95 et 1895-96 donne à Alger le même rang. Voy. le tableau, art. cité, t. XIV, p. 179.

Nous devons ajouter que, en 1899-1900, Alger dépassant Poitiers et Aix, a pris le 8e rang parmi les universités, ainsi qu'en témoigne cette statistique dressée par le ministère :

| | | | | | |
|---|---|---|---|---|---|
| Lyon. . . . | 2.465 | Rennes . . . . | 1.135 | Dijon. . . | 649 |
| Bordeaux . . | 2.124 | Nancy. . . . . | 1.064 | Caen . . . | 609 |
| Toulouse . . | 2.002 | *Alger*. . . . . | 862 | Grenoble . | 558 |
| Montpellier . | 1.531 | Aix-Marseille . | 772 | Clermont . | 279 |
| Lille . . . . | 1.141 | Poitiers. . . . | 752 | Besançon . | 237 |

(*Bulletin du ministère de l'Instruction publique*, du 17 mars 1900.)

relative des diplômes délivrés ne constituent pas l'unique manifestation de la vie universitaire. L'essentiel, pour un groupe d'établissements d'enseignement supérieur, c'est de former un foyer intellectuel. Et ce foyer ne manifeste pas seulement sa puissance par le nombre des jeunes disciples qui viennent s'y asseoir, il la prouve mieux encore par les rayons qu'il émet, nous voulons dire par les travaux qu'il produit et par l'influence qu'il exerce sur le milieu social.

Or, l'Afrique du Nord constitue pour une université un domaine merveilleusement riche (1). Là, mieux que dans aucune ville des provinces métropolitaines, maîtres et élèves trouvent un champ vaste et intéressant à leurs explorations. Plus que partout ailleurs le savoir des professeurs peut exercer une salutaire influence sur les progrès économiques et sociaux de la région.

*
* *

En Algérie, les juristes trouvent à leur activité un aliment incomparable.

Le droit musulman, on le sait, continue dans quelques-unes de ses parties — notamment ce qu'on nomme le statut personnel : mariage, paternité et filiation, capacité, successions ; et même, pour certaines terres, le statut réel — à s'appliquer aux indigènes musulmans. S'il est vrai que cette très curieuse législation émane en principe du Coran qui n'est pas

(1) M. de Rozière, rapporteur au Sénat du projet de loi portant création des Ecoles d'Alger, mettait admirablement cette idée en relief : « Jamais, écrivait-il, un champ plus vaste ne s'est offert aux recherches de l'historien, de l'antiquaire et du philologue, aux explorations de l'ingénieur, aux observations du médecin, aux expériences de l'agriculteur, aux méditations du jurisconsulte. Jamais l'enseignement supérieur ne se sera trouvé en face d'éléments aussi nombreux, aussi variés, aussi nouveaux, aussi féconds, et jamais, au point de vue moral, cet enseignement n'aura été appelé à rendre d'aussi grands services. »

seulement le livre religieux, mais aussi le livre juridique de l'Islam, il est vrai aussi que, tant par exégèse que par formation coutumière, se sont établies des théories que leur subtilité, leur réglementation, leur ingéniosité, leur perfection même rendent tout à fait comparables aux institutions analogues du droit romain ou de notre droit moderne.

Depuis que l'Algérie est devenue terre française, on accumule pour elle, en un enchevêtrement quelque peu cahotique, les lois métropolitaines et un amas de décrets, d'arrêtés, de circulaires qui lui sont propres. Pour dégager les principes de la législation algérienne, pour déterminer les motifs et la portée des règles actuellement en vigueur, il faut à l'éducation du jurisconsulte rompu à l'usage des méthodes du droit, joindre quelques-unes des qualités de l'historien et du philosophe : car toutes ces dispositions sont la traduction de l'état des esprits du moment, des idées justes ou fausses, des réclamations fondées ou non, des passions iniques ou des hautes aspirations qui agissent sur les chambres, les gouvernements ou les gouverneurs.

Le droit civil, le droit criminel, le droit administratif prennent dans ce milieu nouveau un aspect propre : il est parfois piquant de voir ce que deviennent les préceptes de nos codes au contact de la semi-civilisation algérienne et dans les arrêts ou jugements des tribunaux de la colonie. Dans ce heurt des peuples latins et sémitiques, parmi ces nationalités si diverses qui colonisent l'Algérie ou qui l'exploitent, toutes les questions du droit international prennent un nouvel intérêt.

Toutes les branches de la science juridique trouvent donc un aliment propre. Il y a du travail pour le chercheur, de la besogne pour le professeur, à dégager les matériaux d'un droit ancien ou trop nouveau, à reconstruire un édifice dont le plan n'a jamais été dressé ou à édifier un monument dont l'architecte lui-même n'a pas encore bien conçu les grandes lignes. Les professeurs de l'Ecole de droit ne manquent pas à cette tâche : ou bien ils publient des articles de revues qui critiquent les solutions données ou qui éclairent la France sur les questions algériennes ; ou bien, en des ouvrages plus considérables, ils systématisent les règles et les décisions qui demeuraient éparses (1).

(1) Le premier directeur de l'Ecole de droit, M. Estoublon, a fondé, avec le concours des professeurs de l'Ecole et de quelques avocats et magistrats, un très utile recueil, la *Revue algérienne et tunisienne de législation et de jurisprudence,* qui, outre les arrêts les plus intéressants de la cour et des tribunaux algériens, à côté des lois, décrets, arrêtés, etc., propres à la colonie, publie d'importants articles de doctrine ; cet excellent recueil tient certainement, et de beaucoup, la première place parmi les revues juridiques de province. De plus, M. Estoublon a publié la *Jurisprudence algérienne*, de 1830 à 1876, et le *Bulletin judiciaire de l'Algérie*, de 1877 à 1884, qui forment, avec la Revue, la collection ininterrompue de toute la jurisprudence algérienne. — C'est également M. Estoublon qui, en collaboration avec M. Lefébure, professeur honoraire à l'Ecole et conseiller à la cour d'Alger, a entrepris et mené à bonne fin la belle édition du *Code de l'Algérie annoté* (Alger, 1896) que des suppléments annuels tiennent au courant. — Sur le droit musulman, nous pouvons signaler les travaux de M. Zeys (notamment son *Traité élémentaire de droit musulman algérien*, école malékite, 2 vol. Alger, 1885-1886, et son *Recueil d'actes judiciaires arabes*, traduction et notes, Alger 1886), et les articles de M. Morand, titulaire actuel de la chaire. — M. Charpentier, professeur de législation algérienne, a condensé son enseignement en un utile *Précis* (Alger, 1899). — Sans indiquer les très nombreux articles de journaux et de revues par lesquels les professeurs de l'Ecole s'efforcent de préparer la solution des problèmes algériens, nous mentionnerons particulièrement un curieux petit volume de F. Charvériat : *A travers la Kabylie et les questions kabyles* (Paris, 1889) ; une réunion d'intéressants articles de M. Colin, *Quelques questions algériennes* (Paris, 1899), et notre récent travail, en collaboration avec mon collègue Olier, sur les *Institutions pénitentiaires de l'Algérie* (Paris et Alger, 1899). — Le gouvernement général a eu parfois le bon esprit de recourir aux lumières de l'Ecole, et ses délibérations sur deux points importants ont trouvé leur expression en deux très remarquables rapports de Dain sur la propriété foncière en Algérie et sur la naturalisation. — Cette production n'empêche pas d'ailleurs les professeurs de contribuer au mouvement général des études juridiques par d'autres ravaux non exclusivement algériens.

*
* *

L'Ecole de médecine n'a pas un moins intéressant champ d'exploration. Le médecin peut observer en Algérie des maladies propres à la région ou fréquentes ici, alors qu'elles sont rares en France (1) : le paludisme sous toutes ses formes a été longtemps le principal obstacle à la colonisation ; on n'en a triomphé que par la quinine et l'eucalyptus, la quinine qui coupait la fièvre, l'eucalyptus qui assainissait le sol (2). L'hygiéniste aurait fort à faire s'il voulait répandre parmi les populations indigènes les règles les plus élémentaires de l'antisepsie, que dis-je ? de la simple propreté ! Le chirurgien, quand les musulmans auront une moindre horreur de l'hôpital et du bistouri, pourra tenter sur eux des opérations impossibles sur l'européen, parce que l'arabe et le kabyle sont beaucoup moins sensibles au traumatisme : ils le prouvent par leur extraordinaire résistance aux plus graves blessures et par la rapidité de leur guérison. L'aliéniste pourrait certainement faire de curieuses observations, et même généralisant de l'individu au milieu, il aurait pu, lors de l'agitation de naguère, se livrer à de bien intéressantes études de psychiâtrie sociale ! Le littoral méditerranéen et les escarpements de l'Atlas présentent une flore très riche qui mérite à tous égards l'attention du médecin et du pharmacien (3).

(1) Travaux de MM. Bourlier et Blaise sur la lathyrisme (maladie due à la consommation d'une gesse de Kabylie) ; de M. Blaise sur l'ulcère phagédénique importé par les convoyeurs de Madagascar ; de M. Sézary sur les épidémies algériennes ; de M. Brault, sur les maladies des pays chauds.

(2) Curieuse discussion de M. Treille sur la valeur médicale du sulfate de quinine.

(3) Signalons particulièrement les beaux travaux de MM. Battandier et Trabut sur la flore de l'Algérie. Leur féconde collaboration a produit, outre de nombreux articles dans les revues spéciales : *Flore de l'Algérie*, 2 vol., Alger, 1888-1895 ; *Voyages botaniques en Algérie*, Paris, 1892 ; l'*Algérie*, 1898. Dans le même ordre de travaux, mentionnons, l'étude de M. Hérail sur les *Plantes médicinales*

A côté de l'Ecole de médecine, l'Institut Pasteur a étendu la sphère de ses travaux et de ses services. Non seulement il fournit les moyens de lutter contre les fléaux humains, rage (1), croup, variole ; mais aussi ses savants cherchent et trouvent les moyens de combattre les fléaux de l'agriculture algérienne, la clavelée qui décime les troupeaux de moutons, le charbon qui détruit le gros bétail, l'altise (2) qui dévore les pampres (3).

*
* *

Dans le milieu africain, l'Ecole des sciences a une belle et vaste tâche. Dans ce pays nouveau, récemment conquis par nos armes, à peine exploré par la science, il s'agit d'inventorier les animaux, les plantes, le sol : faune, flore, géologie, tout est à faire. Déjà on a découvert de très importants gisements de phosphate de chaux qui valent plus pour la prospérité de la colonie que les mines d'or du Sud-africain. Déjà on exploite des minerais de fer d'une qualité exceptionnelle ; on signale sur certains points des nappes de pétrole. Les recherches ne peuvent que continuer à faire découvrir de nouvelles richesses. Dans ce pays qui vit à peu près exclusivement de la culture de la terre, c'est vers les sciences appliquées à l'agriculture que l'Ecole dirige ses travaux : la chimie minérale ou organique, la botanique expérimentale permettent d'indiquer la valeur et l'emploi des engrais algériens, de trouver les

*de l'Afrique* (1897) ; les recherches de MM. Blaise et Malosse sur les eaux minérales et thermales de l'Algérie (1898).

(1) L'Institut Pasteur a traité 468 personnes mordues en 1898.

(2) Mentionnons les travaux de MM. Debray, de l'Ecole des sciences, et Trabut, sur un champignon destructeur de l'altise.

(3) Notre incompétence ne nous permet pas de signaler tous les travaux originaux qu'ont publiés les professeurs de l'Ecole de médecine depuis sa fondation : on aura une preuve suffisante de leur activité scientifique en consultant les collections d'*Alger médical*, du *Bulletin médical de l'Algérie*, et du *Bulletin des travaux du comité d'études des questions médicales particulières à l'Algérie*.

meilleurs procédés de vinification, de découvrir des plantes nouvelles dont l'acclimatation augmente les ressources de la colonie (1).

Au sommet du Bouzaréa, qui domine de plus de 400 mètres le port d'Alger, un observatoire, bien installé et admirablement dirigé, met à profit la splendeur des nuits algériennes et la pureté du ciel d'Afrique pour découvrir des astres nouveaux, et pour dresser la carte photographique du firmament.

Dans le port, à l'extrémité de l'ilot de la marine, une station zoologique permet l'étude de la curieuse faune des eaux qui baignent le littoral algérien.

*
* *

Et malgré tous les avantages qu'au point de vue enseignement ou études, ces trois écoles peuvent retirer de leur contact avec le monde musulman ou de leur situation dans un si curieux pays et sous un si doux climat, il semble que l'Ecole des lettres soit encore plus favorisée.

Parmi les paysages méditerranéens qui rappellent bien souvent ceux de la Campanie ou de l'Attique, on goûte particulièrement les beautés des auteurs grecs ou latins. Dans ce pays parsemé de ruines nombreuses rappelant la belle époque de la domination romaine, il n'est pas possible de n'être pas

(1) A ne mentionner parmi les principaux travaux des professeurs de l'Ecole des sciences que ceux qui se rapportent spécialement à l'Algérie, nous signalerons : les recherches géologiques et paléontologiques de MM. Pomel, Ficheur et Flamand, auxquels on doit outre de nombreux articles, une grande partie de la carte géologique de l'Algérie ; les expériences de chimie agricole de M. Malbot, portant particulièrement sur les phosphates et les vins ; les études de M. Debray sur la culture de la vigne; les observations météorologiques de M. Thévenet qui lui ont permis de publier un *Essai de climatologie algérienne* (Alger, 1896). — Rappelons que c'est une mission scientifique dirigée par M. Flamand qui, attaquée par les oasiens, a occupé le 27 décembre 1899 le principal ksar d'In-Salah.

tenté par les études d'archéologie (1) ; et parmi les restes imposants des grandes cités que furent Cherchell, Timgad ou Lambèse, l'effort est moindre pour se représenter la vie politique des Romains (2). Dans la blanche cité d'Alger qui appelle par son climat les hiverneurs allemands et anglais, qui attire par sa riche campagne les colons espagnols et italiens, dont le port est fréquenté par les navires de toutes les nations, on est naturellement porté à l'étude des langues étrangères. Au milieu des peuples musulmans, il est nécessaire d'étudier leurs dialectes, et il est grandement intéressant de connaître l'étrange littérature d'un peuple qui a brillé jadis d'un vif éclat et qui est aujourd'hui aux derniers rangs des peuples civilisés (3).

(1) Fouilles heureuses, de M. Waille, à Cherchell. — Fouilles de M. Gsell, à Tipaza, et ses publications : *Recherches archéologiques en Algérie* (Paris, 1894) ; *Guide archéologique des environs d'Alger* (Alger, 1896).

(2) Ouvrages de M. Masqueray : *Formation des cités africaines ; L'Aurès pendant la période byzantine ; Souvenirs et Visions d'Afrique* (Paris, 1894) ; — de M. Cat, *Manuel de l'Histoire de l'Afrique* (1888) ; *Histoire de l'Algérie* (1889) ; *Essai sur la province romaine de Mauritanie césarienne* (Paris, 1891) ; — de M. Aug. Bernard.

(3) Les travaux qui contribuent le plus à répandre le renom de l'Ecole d'Alger sont ceux du groupe des arabisants ; ils publient un *Bulletin de Correspondance africaine*, dont les importantes études, publications et traductions sont pour la plupart œuvres des professeurs de l'Ecole. — En dehors des travaux parus dans le *Bulletin*, nous mentionnerons : les études de linguistique et les traductions de M. Basset (notamment *La Poésie arabe ante-islamique*, Paris, 1880 ; *Manuel de langue kabyle, dialecte zaouaoua*, Paris, 1887 ; *Les Apocryphes éthiopiens*, Paris, 1893 ; *Histoire de la conquête de l'Abyssinie* (XVIe *siècle*), par Arib Fagih, Paris, 1897) ; les publications et traductions de textes arabes de M. Fagnan (notamment *Les Concordances de Sidi Khalil*, Paris, 1889 ; *L'Histoire des Almohades d'Abd-el-Wahid Merrâkechi*, Alger, 1893) ; les ouvrages classiques de M. Belkassem Ben Sedira (*Cours pratique de langue arabe*, Alger, 1891 ; *Cours de langue kabyle, grammaire et version*, Alger, 1887 ; *Grammaire d'arabe régulier*, Alger, 1898, etc.).

*
* *

Si donc il est vrai que ce qui fait une université ce n'est pas l'étiquette que confère une loi, que ce qui lui donne un caractère propre, c'est le milieu qu'elle éduque et qu'elle étudie, les Ecoles d'Alger constituent déjà une université, et cette université a un caractère beaucoup plus accentué que les universités métropolitaines, toutes calquées, plus ou moins, sur le même modèle. Celle-ci a ses enseignements et ses études propres ; elle manifeste déjà une vie intense par les nombreux étudiants qu'elle instruit et par les importants travaux de ses maîtres.

## IV

Nous avons ainsi, par des faits, montré le crédit que méritent les attaques dirigées contre la jeune université d'Alger.

A M. Fleury-Ravarin, nous pensons avoir démontré que ce ne sont point précisément des écoles désertes et que les cours sont fréquentés par d'autres que par des collègues complaisants, puisque les étudiants ou auditeurs sont de huit à neuf cents. L'idée de créer au delà de la Méditerranée des établissements d'enseignement supérieur n'a donc point tant déçu ceux qui l'ont conçue.

A M. Rouanet qui, aggravant l'appréciation suivant laquelle l'existence même des Ecoles serait profondément regrettable au point de vue français, a osé porter en pleine Chambre contre leurs professeurs l'accusation de donner aux algériens une éducation qui n'est pas française — encore un peu il aurait dit : de favoriser le séparatisme — nous opposons une protestation énergique. Il en tire cette conséquence que mieux vaudrait supprimer ces écoles : à cette opinion, nous répondons par une réfutation, la seule qu'il nous convienne d'employer vis-à-vis de semblables assertions, la réfutation par l'absurde.

Supposons que les créations de 1880 n'aient point été faites, ou que, suivant le désir des conseils généraux de Constantine et d'Oran, les Ecoles d'Alger soient supprimées : que se passerait-il ? De deux choses l'une. — Ou bien Alger se trouvant privé de tout établissement de haut enseignement, les algériens ne rechercheraient pas une science qu'on ne met pas à leur portée : un très petit nombre brigueraient les diplômes supérieurs. Les aspirants médecins continueraient à suivre les cours d'une école préparatoire, à fréquenter les salles de l'hôpital de Mustapha; les futurs avocats ou officiers ministériels prendraient une médiocre connaissance du droit en lisant de très élémentaires manuels au fond d'une étude d'Algérie ; une fois par an ils traverseraient la Méditerranée pour subir leurs examens à Aix ou à Montpellier. Les quelques jours ou les quelques heures passés ainsi dans une de ces cités universitaires ne produiraient pas grand effet sur leur esprit uniquement préoccupé du parchemin à obtenir. Seraient-ils pour cela moins algériens ? — Ou bien, en l'absence de toute école de l'Etat, se fonderait immédiatement, comme s'en sont fondées à Marseille ou à Lille, pour répondre à un besoin certain, une université libre, catholique ou municipale, en tout cas anti-juive, qui répandrait et amplifierait cette mentalité algérienne que nous regrettons autant et plus que ne peuvent le faire M. Rouanet ou M. Fleury-Ravarin.

Eh ! bien, à cette double hypothèse, que ni l'un ni l'autre ne paraissent avoir prévue, il faut préférer, de beaucoup, la situation actuelle. Mieux vaut l'influence qu'exercent, au plus grand profit de la France, des professeurs — qui, quoi qu'on dise, sont bien français de naissance, de méthode, de caractère et d'esprit — sur les nombreux étudiants qu'ils conservent dans leur enseignement pendant plusieurs années ! C'est par un contact intellectuel de chaque jour que, du haut de sa chaire ou devant la table de la salle de conférences, à la clinique ou au laboratoire, le professeur transmet à ses élèves sa manière de voir, non seulement sur les matières d'un programme, mais forcément un peu sur toutes choses : il ne fait pas qu'instruire, il éduque. Il apporte aux étudiants algériens les idées françaises qu'ils n'iraient pas chercher dans la métropole (1). A cela j'ajouterai que, de plus en plus, de jeunes valétudinaires viennent de France continuer leurs études aux Ecoles de Mustapha ; ils viennent chercher la santé sur les bords toujours verts de la baie toujours bleue ; mais ils importent, eux aussi, leur part d'idées françaises qu'ils transmettent très directement à leurs condisciples algériens.

Il faut donc nier l'évidence, bien plus, prendre le contre-pied de la vérité, pour soutenir que les Ecoles d'Alger sont une des causes de la mentalité algérienne si différente de la mentalité française, pour préconiser leur suppression comme un remède aux maux dont souffre notre belle colonie (2).

*
* *

Au surplus nous déplorons, au moins autant que M. Fleury-Ravarin ou M. Rouanet, plus même parce que nous le connaissons mieux, ce qu'on peut appeler l'esprit algérien.

(1) Vainement remarquera-t-on pour en tirer argument contre les Ecoles supérieures que le jeune et tristement célèbre leader de l'antisémitisme algérien est un de leurs anciens élèves. Il est vrai qu'il a pris quelques inscriptions à l'Ecole de droit ; mais il en a peu suivi les cours, car il a été expulsé de l'Université dès qu'il a manifesté vis-à-vis d'un des professeurs son italienne grossièreté.

(2) Au témoignage de personnes connaissant mal nos Ecoles, opposons celui de Jules Ferry : « Il est vraiment fort heureux pour l'Algérie, disait-il à un de nos collègues, que la création des Ecoles supérieures ait permis de réunir à Alger un certain nombre d'hommes d'étude et de savoir, qui puissent appliquer à l'examen des problèmes si nombreux et si complexes de ce pays un esprit dégagé de tout autre souci que celui de l'intérêt général et du bien public. »

Les meilleurs discours ne parviennent pas à faire comprendre au grand public français dans quelles conditions particulières, dans quel milieu spécial, se posent toutes les questions algériennes. Ce sont, ici encore, ces conditions, ce milieu qui expliquent le phénomène de psychologie ou de psychiâtrie sociale dont les nombreux faits rapportés à la tribune dans les discours documentés de M. Barthou et de M. Rouanet, et même les longues harangues des députés algériens, Marchal et Morinaud, ne sont que des manifestations.

L'Algérie, a-t-on pu dire, est un creuset où viennent se fondre en un peuple nouveau des fragments de tous les peuples latins : français, maltais, italiens et surtout espagnols. Autour de cette masse encore en fusion, la horde énorme et inassimilable des musulmans. Dans cette masse, s'y mêlant sans s'y combiner, les israélites. Or, à ce milieu composite, il manque quelque chose qui l'unifie et le dirige : une âme.

Tout ce que de loin on prend pour des agitations politiques, pour des luttes électorales, ce n'est pas comme en France le loyal combat entre de hautes idées, entre de nobles aspirations, justice et patrie, liberté et socialisme. C'est une lutte vile pour des questions d'intérêt. Le mouvement antijuif est beaucoup moins réel qu'on ne le croit communément. Les élections algériennes ne se font jamais sur une question de principes, mais exclusivement sur des questions de personnes. Ce sont donc des mouvements instinctifs, non des mouvements réfléchis.

Cette observation même explique l'attitude des conseils généraux vis-à-vis des Ecoles d'Alger. Alors que, dans la métropole, toutes les assemblées élues, départementales ou municipales, attachent le plus grand prix à l'université régionale, l'aident de leur appui moral et de leurs subventions, on voit les conseils généraux d'Oran et de Constantine opiner pour la suppression de l'université algérienne. Ce n'est pas que les étudiants y soient trop peu nombreux, ce n'est pas que les professeurs n'y déploient pas une suffisante activité scientifique ; c'est uniquement dans l'intérêt à courte vue, mal compris, de n'avoir plus à fournir quelques milliers de francs de subvention (1), et de diminuer une cité rivale.

Ce qui est vrai des élus l'est aussi de la masse. Nous en avons eu la preuve lors de l'agitation antisémitique. Conduite par quelques meneurs, une foule bigarrée d'espagnols, d'italiens, d'arabes, de femmes et d'enfants, hurle, pille, tue. Mais pourquoi cette haine ? Dans quel but ces attroupements et ces crimes ? C'est ce que jamais on n'a examiné sérieusement. Et les docteurs ès antijudaïsme proposent aux plaies qu'ils signalent — et qu'ils entretiennent soigneusement — des remèdes qui n'ont aucun rapport avec le mal, qui sont pires que le mal (2). Dans ces tristes journées de troubles qui furent pour Alger honteuses et ruineuses, cette foule s'est montrée d'une imbécillité, d'une sotte cruauté qu'on n'aurait jamais rencontrées dans une foule française (3).

Comme tous les gens clairvoyants, nous connaissons donc le danger qu'est pour l'Algérie cette masse où s'amalgament tous les résidus des nations riveraines de la Méditerranée et à laquelle la loi du 26 juin 1889 confère malencontreusement la nationalité et l'électorat (4). Nous avons nous-même constaté cette mentalité très différente de la mentalité française.

(1) Un professeur de l'Ecole des lettres nous faisait remarquer, non sans raison, qu'une dépense bien supérieure à la subvention résulterait pour les jeunes algériens de l'obligation d'aller subir en France leurs examens de baccalauréats, si les Ecoles des sciences et des lettres n'étaient pas là pour leur conférer ce grade.

(2) Voyez, par exemple, le long discours de M. Marchal à la Chambre des députés, séances des 8 et 9 mai 1899.

(3) C'est donc bien à tort qu'un maire s'est permis de magnifier ces actes abominables en les attribuant à la « noble furie française ».

(4) Voyez, dans cette Revue même, les excellents articles de M. Jean Olier, *Les résultats de la législation sur la nationalité en Algérie*, 1897, t. XIII, p. 549, et de M. L. Paoli, *Le mal de l'Algérie*, 1899, t. XIX, p. 520. — Nous sommes donc loin de partager l'optimisme de M. Dessoliers (*De la fusion en Algérie des races eu-*

*
* *

A ce mal trop certain, nous pensons que le remède le mieux indiqué est précisément cette université même que MM. Fleury-Ravarin et Rouanet ont pris, bien à tort, pour une de ses causes.

C'est l'Université qui, par l'instruction très large, par l'éducation très libérale qu'elle donne aux classes supérieures de cette société nouvelle, imprimera au peuple tout entier une direction salutaire. Ce sont nos Ecoles qui apportent aux algériens les idées françaises qu'ils n'iraient point chercher dans la mère-patrie : ce sont elles qui répandent les principes de désintéressement, de tolérance, de liberté, de justice et de vérité, qui font la gloire la moins contestable de la France (1). Ce sont nos Ecoles qui, en étudiant les indigènes, leurs langues, leurs usages, faciliteront leur bonne utilisation, sinon leur assimilation ; ce sont elles qui, par leurs travaux, doteront la colonie de richesses nouvelles, la pousseront plus avant dans la voie du progrès. Ce sont leurs professeurs qui, observant sur place les données complexes des multiples problèmes algériens, en proposeront les solutions législatives, administratives ou scientifiques.

L'Université peut et doit être l'âme qui manque à l'Algérie : puisse-t-elle être l'âme d'une Algérie grande et française !

*ropéennes par les mariages croisés et de ses conséquences politiques*, 1 broch., Alger, Jourdan, 1899), qui voit comme conséquence de cette fusion la création d'un nouveau peuple, le peuple « franco-algérien », qui, étant le produit d'une double sélection physique et intellectuelle, est supérieur à la race mère dont il est issu. Nous ne comprenons pas par quel phénomène le mélange du sang des bandits calabrais et des inquisiteurs de la Basse-Espagne devient du plus pur sang français !

(1) Et on en vient à sourire à la pensée que c'est un sectateur du socialisme, grand admirateur des Liebknecht et des Bebel, ennemi par conséquent des idées libérales et ami des théories internationales, qui conteste l'esprit français des professeurs des Ecoles d'Alger !

*Post-scriptum.*

Il nous semble que les arguments développés dans cet article, les documents accumulés dans les rapports publiés à l'occasion de l'exposition de 1900, le succès toujours croissant des Ecoles, les travaux que produisent chaque année leurs professeurs, sont de nature à ne laisser aucun doute sur l'utilité des Ecoles d'Alger, sur les progrès constants de la future université. Et pourtant, le même esprit d'hostilité subsiste chez bon nombre d'algériens ; les attaques continuent plus vives, plus pressantes.

Le 11 juin 1901, la délégation financière des non colons adoptait à l'unanimité un vœu de son président, M. Vinci, « tendant à ce que les jeunes algériens soient appelés à faire leurs études supérieures dans la métropole et par voie de conséquence que les Ecoles supérieures d'Alger soient supprimées. » Réserve fut faite seulement pour le maintien de l'Ecole de médecine et de pharmacie (Délégations financières, session de juin 1901, *Proc.-verb.*, p. 829). — Nous ne réfuterons pas une fois de plus l'argumentation manifestement vicieuse qui a séduit la délégation des non colons : la suppression des Ecoles n'aurait en aucune façon pour résultat d'amener les jeunes algériens à faire leurs études en France.

Durant la même session, la délégation des colons, plus modérée, demandait seulement la suppression des cours inutiles (ou lui paraissant tels) des Ecoles des lettres et des sciences, et notamment des chaires de pilhosophie, de langues et littératures anciennes, de langues et littératures étrangères, de mathématiques et de mécanique! (Séance du 12 juin 1901, *Proc.-verb.*, p. 358).

N'en soyons pas trop surpris. Une analyse un peu pénétrante de l'état d'âme de la plupart des délégués financiers nous donne l'explication de ces sentiments hostiles. Ainsi que l'écrivait un de nos collègues qui, en un long séjour en Algérie, a bien étudié la colonie et ses habitants, « dans certains milieux algériens on considère volontiers comme un gaspillage toute dépense publique qui ne vise point la satisfaction des intérêts immédiats et directs des colons. Doit-on s'en étonner? C'est plutôt le contraire qui pourrait surprendre. Tant qu'elles resteront à peu près exclusivement préoccupées de la lutte pour l'existence, les populations algériennes ne pourront guère avoir d'autre idéal qu'un étroit utilitarisme. Cet idéal n'est point de ceux qui facilitent la compréhension de la haute mission dévolue à des établissements d'enseignement supérieur » (M. Colin).

Ce qui nous a péniblement étonné, c'est de voir se reproduire à la Chambre française les attaques des conseils généraux et des délégations financières. Un député, faisant un rapport au nom d'une sous-commission qui a enquêté naguère à travers la colonie, M. Périllier, n'a pas hésité à signaler parmi les remèdes urgents à la situation créée par l'afflux des étrangers et l'excès des naturalisations ou francisations, « la suppression des écoles normales et supérieures d'Algérie ». Que certains algériens, dans un esprit d'économie mal entendue, ou dans un mouvement de haine, demandent la disparition de notre jeune université, nous avons dit ce qu'il en fallait penser; mais qu'un député français, qui aurait dû s'affranchir des petites passions ou des mesquines rancunes locales, vienne signaler comme un danger pour l'Algérie un groupe d'établissements dont le rôle, bien rempli, est de répandre la science et l'esprit français, d'étudier les problèmes coloniaux, nous avouons ne plus comprendre.

Malgré toutes les attaques, malgré toutes les passions, nous conservons la ferme conviction que la vérité, tant de fois mise en lumière, ne pourra plus être niée, et que l'Université d'Alger continuera à accomplir sa haute mission d'éducation et de progrès scientifique.

# LE VAGABONDAGE (1) ET LA MENDICITÉ EN ALGÉRIE (2)

A consulter uniquement les statistiques, il semblerait que, en matière de vagabondage et de mendicité, la délinquence fût, en Algérie, bien inférieure à ce qu'elle est dans la mère patrie. Voici les chiffres pour la période de sept années 1892-1898, avec le moyennne annuelle :

| | Prévenus de vagabondage | | Prévenus de mendicité | |
|---|---|---|---|---|
| | Algérie | France | Algérie | France |
| 1892. . . . . | 330 | 19.356 | 131 | 15.776 |
| 1893. . . . . | 343 | 18.628 | 138 | 14.321 |
| 1894. . . . . | 229 | 19.723 | 121 | 14.955 |
| 1895. . . . . | 244 | 16.650 | 70 | 13.724 |
| 1896. . . . . | 178 | 15.387 | 58 | 12.361 |
| 1897. . . . . | 245 | 14.293 | 64 | 11.490 |
| 1898. . . . . | 207 | 16.305 | 46 | 12.832 |
| Moyenne. . . | 255 | 16.477 | 90 | 13.637 |

(1) *Revue pénitentiaire*, juillet-août 1899, p. 1009 et s.

(2) La lettre par laquelle le secrétaire général de la Société générale des prisons, M. A. Rivière m'invitait à exposer la question du vagabondage et de la mendicité en Algérie d'une façon moins succincte que nous ne l'avons dû faire dans nos *Institutions pénitentiaires de l'Algérie* (p. 44, note 4) m'a surpris en pleine session d'examens et alors que déjà je faisais mes préparatifs pour gagner un pays moins ardent — à tous points de vue — que notre colonie nord-africaine. C'est sur de bonne terre vraiment française que je réunis et résume en cette note les observations faites au cours de notre voyage à travers les établissements pénitentiaires algériens, les renseignements naguère recueillis en vue de notre travail d'ensemble, le résultat de conversations avec quelques colons du Sahel, les impressions d'une rapide visite au dépôt des Beni-Messous. Je n'ai pas la prétention, dans une note aussi brève, d'épuiser une question aussi complexe, aussi délicate : je voudrais seulement donner au lecteur de la *Revue pénitentiaire* une notion

Observons que les justiciables des tribunaux correctionnels, pour l'Algérie et la Tunisie (les chiffres fournis par le compte général de la justice criminelle englobent en un même total la colonie et le protectorat voisin) ne sont pas tout à fait 4 milions (1), tandis que la population métropolitaine excède légèrement 38 millions et demi. Nous trouvons alors, par million d'habitants :

En Algérie, 64 prévenus de vagabondage et 22 de mendicité.
En France, 428 — — 354 —

L'avantage pour la colonie serait énorme (2) : heureux pays où le vagabond est rare et le mendiant presque inconnu !

Mais les chiffres sont-ils sincères ? Autorisent-ils cette induction ? N'y a-t-il pas maintes causes d'erreurs ? Ne rencontre-t-on pas des éléments nouveaux résultant du milieu algé-

d'ensemble, tandis que les « informations » du Bulletin n'ont pu lui fournir que des renseignements de détail ; je voudrais en même temps apporter ma contribution à l'enquête commencée par la *Revue* sur la question toujours plus pressante du vagabondage et de la mendicité, en France et à l'étranger. — Voyez les discussions du 15 décembre 1897 et du 16 mars 1898 ; les articles nombreux de M. Louis Rivière, notamment : 1893, p. 1100 (Allemagne) ; 1895, p. 123 et 1302 (Italie) ; 1894, p. 494 (Pays scandinaves) ; 1895, p. 263 ; 1896, p. 107 ; 1897, p. 134 ; 1898, p. 98 et 498. Pour les statistiques et renseignements, consultez la Table des vingt premières années, v[is] Dépôts de mendicité, Maisons de travail, Mendicité, Vagabondage, et aussi *Rev. pénit.*, 1898, p. 137 (Belgique), et 437 (Courville). Voyez encore l'article de M. Ferdinand-Dreyfus, dans les *Institutions pénitentiaires de la France en 1895*, p. 425 et suiv.

(1) Cela bien que le recensement de 1896 attribue à la colonie 4.357.000 habitants ; il faut, en effet, en Algérie, déduire de la population totale les militaires et les indigènes du territoire de commandement, qui relèvent des conseils de guerre et des commissions disciplinaires ; en Tunisie ne compter que les européens. Sur l'importance de cette remarque, essentielle pour l'interprétation de toutes les statistiques algériennes, voyez nos *Institutions pénitentiaires de l'Algérie*, n° 10.

(2) Exactement, il y aurait 6,69 fois plus de vagabonds en France, et 16,09 fois plus de mendiants.

rien et de l'organisation des établissements répressifs ou préventifs ? Questions complexes. Nous présentons seulement quelques observations de nature à préciser, pensons-nous, les données du problème et même à fournir des solutions partielles.

## I

Sur le premier point — concordance ou discordance des chiffres et de la réalité — nous saurons éviter un écueil sur lequel tant d'autres ont donné : tirer brutalement des nombres fournis par les statistiques des conséquences qui n'ont de la logique que l'apparence. Il serait plus que surprenant qu'un pays qui, comme l'Algérie, se signale surtout par son effroyable criminalité, eût si peu de vagabonds et de mendiants (1). Tout ce que la statistique nous permet d'affirmer, c'est que les poursuites sont rares. Pourquoi ?

Il est impossible de déterminer une cause unique. En Algérie tous les problèmes de la science pénitentiaire se compliquent de la diversité des éléments de la population algérienne. Parmi les 4.357.000 habitants de la colonie, 3.781.000 appartiennent à l'Islam ; et, sous la rubrique « européens », les statistiques groupent une population qui est loin d'être homogène, puisqu'elle comprend 320.000 français (et encore, une moitié environ de ces français sont d'origine étrangère), 49.000 israélites indigènes, 157.000 espagnols, 35.000 italiens, 10.000 maltais, etc. Dans un milieu aussi complexe, les causes de tout phénomène social sont également complexes.

Des causes du vagabondage et de la mendicité en Algérie il

(1) Nous pensons avoir établi que la criminalité algérienne est au moins triple de la criminalité française (*Institutions pénitentiaires de l'Algérie*, nos 19 et 20). Or on peut affirmer qu'il y a une relation certaine entre le vagabondage et la criminalité, l'un progressant avec l'autre : voyez notamment E. Fourquet, Les vagabonds criminels, — *Revue des Deux-Mondes*, livraison du 15 mars 1899.

serait audacieux de prétendre donner une parfaite énumération, et il serait fou de tenter d'apprécier leur importance relative. Mais voici quelques faits dont nous pouvons affirmer l'exactitude, pour les avoir constatés nous-mêmes ou pour les tenir de personnes particulièrement autorisées : ils suffiront du moins à montrer que la question qui préoccupe si vivement les esprits et à laquelle la *Revue* a déjà consacré tant d'excellents articles présente en Algérie des caractères tout autres qu'en France.

A. — Considérons d'abord les indigènes, puisqu'ils forment plus des 86 centièmes de la population.

C'est à eux qu'on doit de constater dans les statistiques un chiffre de prévenus relativement très inférieur au chiffre de France. On peut à leur égard formuler cette double observation : peu ou pas de vagabonds ; beaucoup de mendiants, mais peu de poursuites.

Peu ou pas de vagabonds. Le vagabondage est, pour l'indigène, presque un délit impossible.

Les indigènes — cela surprend généralement les personnes peu au courant des choses de l'Algérie — sont soumis à un régime de surveillance et, par conséquent, de répression tout particulier : c'est ce qu'on nomme le régime de l'indigénat. On leur impose, dans le but d'assurer notre autorité et de prévenir autant que possible les crimes et délits de droit commun, une série d'obligations que sanctionnent les peines de simple police, prononcées par le juge de paix dans les communes de plein exercice et par l'administrateur dans les communes mixtes (1). Ces obligations forment une longue

(1) Sur le régime de répression spécial aux indigènes, voyez, pour plus de précision, les *Institutions pénitentiaires de l'Algérie*, n[os] 50-72. Voyez aussi *Revue pénitentiaire*, 1898, p. 144. — Dans les territoires de commandement, les indigènes sont soumis à l'autorité beaucoup plus arbitraire des commissions disciplinaires, des officiers des bureaux arabes et même des chefs indigènes.

énumération dans un tableau annexé à la loi sur les pouvoirs disciplinaires des administrateurs et les infractions spéciales aux indigènes, actuellement la loi du 21 décembre 1897 (1) : le tableau en ce moment en vigueur ne comporte pas moins de vingt-six paragraphes (2). L'ensemble des entraves que les règles de l'indigénat apportent à la liberté des musulmans algériens a suscité de violentes protestations parmi les publicistes ; on a été jusqu'à comparer à l'esclavage la situation qui en résulte par l'arabe ou le kabyle ; avec plus de justesse, on l'a rapprochée du servage. Ce n'est pas ici l'occasion de rompre une lance pour ou contre le régime de l'indigénat, pour ou contre les pouvoirs disciplinaires des administrateurs : nous sommes absolument convaincu de l'utilité de ce régime et de la nécessité de ces pouvoirs ; nous en constatons ici les heureux effets, en remarquant qu'il leur faut attribuer la quasi-impossibilité du vagabondage pour l'indigène.

Nous trouvons, en effet, dans le tableau annexe de la loi de 1897 une réglementation préventive très complète du vagabondage, sous la sanction modérée, mais suffisante d'un emprisonnement de un à cinq jours et d'une amende de un à quinze francs, convertibles, on le sait, dans les communes mixtes en prestations (3). — Le § 13 impose à tout indigène l'obligation de se munir d'un passeport, permis de voyage, carte de sûreté ou livret d'ouvrier régulièrement visé, lorsqu'il se rend dans un arrondissement autre que celui de son domicile. Le même permis de voyage sert pendant un an sans être visé à chaque voyage, mais il est retiré au détenteur qui en fait un mauvais

(1) Par une curieuse particularité, et dans l'espoir, à notre avis chimérique, d'une assimilation possible des indigènes aux européens, la loi sur l'indigénat est temporaire : la loi de 1897 n'est édictée que pour sept ans.

(2) C'est ce tableau qu'on appelle souvent, en pratique, le code de l'indigénat.

(3) Loi du 21 décembre 1897, art. 2 ; *Revue pénitentiaire*, 1898, p. 144.

usage. L'indigène, d'après le § 14, doit faire viser son permis de voyage dans les communes où il séjourne pendant plus de vingt-quatre heures et au lieu de destination : ce n'est qu'exceptionnellement que le permis contient dispense de l'obligation du visa sur le parcours d'un itinéraire qui y est indiqué. Enfin, c'est encore une infraction aux termes du § 10, de donner asile, sans en aviser immédiatement le chef du douar, à des vagabonds ou même à tout étranger à la commune mixte non porteur d'un permis régulier. — En d'autres termes, l'indigène ne peut se déplacer sans une pièce d'identité régulièrement établie, et il est signalé tout le long de son voyage, soit par les visas qu'il requiert lui-même, soit par la dénonciation de ses hôtes. Le vagabondage, dans ces conditions, ne saurait exister.

Cette observation n'a pas échappé aux parquets. A une époque où, à cause de la famine et de son cortège habituel de maladies, le vagabondage pouvait devenir un danger, le procureur général d'Alger indiquait à ses substituts que l'application de ces règles de l'indigénat est le meilleur moyen préventif. « L'attention de M. le gouverneur général, dit-il, a été appelée sur les dangers que fait courir à la santé publique la tendance des indigènes de l'intérieur à émigrer, sans autorisation, vers les centres populeux et principalement vers Alger, où ils espèrent trouver des ressources. — Cette émigration augmente le nombre des vagabonds, des mendiants et des voleurs ; elle crée, en outre, dans les villes de véritables foyers de pestilence. — Il importe, pour prévenir ces accumulations dangereuses de vagabonds dans les villes, de faire arrêter les indigènes qui s'y transportent sans avoir, au préalable, obtenu de l'administration le droit de se déplacer. Quand les articles du code pénal qui répriment le vagabondage ne paraissent pas applicables, les inculpés pouvant justifier d'un domicile sérieux, de ressources suffisantes ou d'une profession exercée habituellement, il conviendra d'appliquer le code de l'indigénat. Les indigènes commettent des infractions à cette loi, quand ils quittent définitivement une commune sans avoir averti le maire et payé leurs impôts, quand ils s'éloignent de leur résidence sans passeport, permis de voyage, carte de sûreté ou livret d'ouvrier régulièrement visé, quand ils négligent de faire viser, à l'arrivée, leur permis de voyage, etc. — Il est nécessaire que ces dispositions soient appliquées avec rigueur (1). »

Les prescriptions du code de l'indigénat, jointes aux instructions rigoureuses que contient cette circulaire, voilà la cause pour laquelle le vagabondage ne peut guère exister parmi les indigènes d'Algérie.

L'induction qu'on peut tirer du petit nombre des poursuites pour vagabondage à la rareté de ce délit se trouve donc, au moins en ce qui concerne les indigènes, confirmée par l'expérience et expliquée par le raisonnement. Mais l'induction semblable qu'on pourrait être tenté de faire relativement à la mendicité serait tout à fait inexacte. La mendicité, bien au contraire, est extrêmement fréquente parmi les indigènes : la noble race arabe — race de voleurs et de meurtriers — est aussi une race de mendiants.

On peut poser en principe que tous les enfants de moins de quinze ans, arabes ou kabyles, garçons ou filles, sont des mendiants. — Le touriste qui débarque à Alger est assailli tout le long du boulevard qui domine le port, par des petits garçons ou des petites filles, ayant pour unique vêtement une rudimentaire et loqueteuse gandourah, qui viennent lui demander l'aumône : les garçons, suivant leurs talents, pleurent ou font des pirouettes ; les filles rient, ouvrant tout grands leurs yeux noirs et montrant leurs dents blanches. Il y a ainsi, rien qu'à Alger, quelques centaines d'enfants, répartis sur le boulevard et dans les grandes artères de la ville, par l'inter-

(1) Circulaire du procureur général du 25 février 1896.

médiaire desquels on exploite savamment la charité des hiverneurs. — Le voyageur tente-t-il quelque excursion, va-t-il visiter les gorges pittoresques de la Chiffa ou les défilés sauvages du Chabet-el-Akra, monte-t-il vers les sommets souvent neigeux de la Kabylie, cherche-t-il la chaleur et le mirage dans la justement renommée oasis de Biskra ? Toujours dans ses promenades sa voiture sera escortée de bandes d'enfants plus pouilleux, plus misérables les uns que les autres. A peine vêtus, qui d'une chemise en loque, qui d'un fragment de burnous, qui d'une simple chéchia, ils l'accompagnent en criant à tue-tête : « Sourdi, missieu, sourdi, donar sourdi (1). » Qu'il jette un sou, immédiatement tous se précipitent comme une nuée de moineaux sur une miette de pain : c'est un tas qui grouille dans la poussière et piaille avec fureur ; les horions pleuvent autour du sou qui change plusieurs fois de possesseur avant de trouver définitivement un maître. Rien n'arrête les petits sauvages : qu'il jette la monnaie dans les ronces ou les cactus, sur le talus presque à pic qui domine la route ou la soutient, dans l'oued boueux que le chemin franchit à gué, ils s'élancent avec la même ardeur et toujours l'un d'eux parvient à mettre la main sur l'objet de leur convoitise. Si les chevaux trottent, la troupe prend la même allure : ceux qui sont gênés par une chemise trop longue la prennent aux dents ou s'en défont complètement, pour mieux courir, certains font ainsi plusieurs kilomètres au pas de course, criant sans relâche : « Sourdi, sourdi. » La bande s'égrène un peu le long du chemin ; mais elle se reforme avec des recrues dès qu'on approche de quelque gourbi ou de quelque tente (2).

Et je ne connais pas de pays où les mendiants adultes soient

(1) Point n'est besoin de parler couramment le *sabir* pour comprendre : « Un sou, Monsieur, un sou, donne un sou ».

(2) F. Charvériat : *A travers la Kabylie et les questions kabyles*, p. 14.

plus nombreux. L'Algérie a le triste privilège d'être la contrée la plus riche en aveugles : les maladies héréditaires ou contagieuses, favorisées par une saleté invétérée, entraînent, dans la population indigène, des cas extrêmement nombreux de cécité ; l'ophtalmie granuleuse. la variole, la syphilis, font perdre la vue chaque année à des milliers d'individus. La porte d'Isly, qui sépare (1) la commune d'Alger de celle sans cesse croissante de Mustapha, est toujours entourée d'une remarquable collection d'aveugles. Les maladies vénériennes, si fréquentes parmi les arabes, entraînent également des infirmités abominables, visages horriblement ravagés, membres atrophiés, que les malheureux étalent au grand soleil pour provoquer la charité.

Le petit nombre de poursuites sous la prévention de mendicité ne correspond donc en aucune façon à la délinquence réelle. La cause la plus certaine du nombre infime des prévenus, alors que les délinquants sont légion, n'est autre que le rôle extrêmement chargé des tribunaux correctionnels algériens : les seize tribunaux jugent annuellement de 20.000 à 25.000 prévenus, soit une moyenne de 1.500 par tribunal ! Les parquets négligent donc tous les délits qui ne leur paraissent pas suffisamment graves : la mendicité, surtout commise par des indigènes, est parmi les infractions qu'on ne réprime pas (2). Sur ce point comme sur beaucoup d'autres, l'assimilation législative entre l'Algérie et la France, sans distinction suivant l'origine des individus, est une erreur. Les œuvres d'assistance indigènes sont trop insuffisantes pour qu'on puisse

(1) Il faut lire aujourd'hui « qui séparait », car cette porte vient d'être rasée (1901) : mais les mendiants sont toujours aussi nombreux.

(2) Les préfets cependant ont pris des arrêtés interdisant la mendicité ; arrêtés du préfet d'Alger du 20 janvier 1875 (*Bull. préf., Alger*, 1875, p. 61) ; du préfet de Constantine, du 1er septembre 1877 (*Bull. préf., Constantine,* 1877, p. 93) ; du préfet d'Oran, du 4 janvier 1878 (*Bull. préf., Oran,* 1880-1881, p. 387).

réprimer la mendicité des estropiés et des infirmes ; nous comprenons parfaitement la tolérance des parquets, en ce qui concerne cette catégorie. Mais nous déplorons la mendicité des enfants : il faudrait réprimer avec énergie l'exploitation organisée, telle qu'elle existe à Alger et dans les grandes villes. Nous estimons aussi qu'il faudrait faire disparaître cette habitude de mendier qui atteint tous les petits kabyles et tous les petits arabes, et, puisqu'on ne peut guère agir correctionnellement, on devrait créer une infraction à l'indigénat qui chargerait de la répression le juge de paix ou l'administrateur.

B. — Si on observe que, pour les motifs très divers que nous venons d'indiquer, les condamnations prononcées par les tribunaux correctionnels pour vagabondage ou mendicité s'appliquent à peu près exclusivement à la population européenne, qui ne forme guère plus des 13 centièmes de la population totale, on s'aperçoit que, parmi les européens d'Algérie, ces deux délits sont aussi et même plus fréquents que parmi les habitants de la métropole. Ce n'est plus, en effet, sur 4 millions d'habitants qu'il faut répartir les 250 ou 300 vagabonds et la centaine de mendiants poursuivis chaque année, mais bien sur moins de 600.000 habitants : ce qui donne, approximativement, par million, 425 vagabonds et 150 mendiants. Si on observe encore que, à cause de l'encombrement du rôle des tribunaux correctionnels, le ministère public réprime sans rigueur les délits qui nous occupent et si on remarque enfin que, une forte partie de la population européenne étant de nationalité étrangère, on lui applique, au lieu des peines de la mendicité et du vagabondage, la mesure administrative de l'expulsion, on acquiert la conviction que, pour ces délits comme pour beaucoup d'autres, la criminalité est en Algérie plus forte que dans la métropole.

Ce que l'observation de la pratique des parquets et des chiffres des statistiques nous permet d'induire est largement confirmé par les renseignements que nous avons recueillis auprès des colons et auprès de M. le directeur du dépôt de mendicité des Beni-Messous. Tous les colons connaissent, et M. le directeur du dépôt mieux encore, ce qu'on nomme l'*armée roulante* des vagabonds et des mendiants : on connaît parfaitement ses manœuvres habituelles, ses itinéraires ordinaires, ses lieux de séjour et de ravitaillement.

Pour la Mitidja et le Sahel algérois, région qui correspond à peu près comme superficie à un département français, cette armée peut être évaluée, comme effectif, à cinq ou six cents individus. Leurs gîtes d'étapes principaux sont Douéra, dont l'hospice leur offre un asile, Marengo, Cherchell, quelques communes dont les mairies leur fournissent trop facilement des secours, et le dépôt des Beni-Messous, où ils viennent passer quelque temps, quand ils sont las de leur vie errante.

Les six cents vagabonds et mendiants de cette horde roulante se décomposent en deux fractions, à peu près égales, qu'on peut avec justesse comparer aux deux éléments d'une armée moderne, active et réserve.

L'active est composée d'individus ne travaillant jamais : leur unique moyen d'existence consiste dans les secours qu'ils obtiennent de colons charitables, des communes ou des établissements hospitaliers. Ce sont des gens généralement peu dangereux, presque tous ivrognes ou alcooliques : ils n'attaquent pas les personnes ; tout au plus ajoutent-ils parfois au maigre ordinaire recueilli sur leur route quelques fruits pris dans les propriétés riveraines. Aux ouvriers toujours et volontairement sans travail, se joignent, dans cette fraction de l'armée, quelques indigènes, tous d'anciens tirailleurs, souvent médaillés pour les campagnes accomplies au service de la France : ils n'ont pas servi assez longtemps pour avoir droit à la retraite, mais assez pour avoir trouvé l'ordinaire régimentaire bien supérieur à la galette noire et aux figues sèches, la caserne plus confortable que le gourbi. Libérés, ils refusent de rentrer dans leur douar et d'habiter une misérable cahute ; ils vagabondent, implorant l'aumône, rappelant dans leur curieux langage leurs campagnes et leurs titres. De l'européen ils ont pris les vices, et notamment la passion de l'alcool dont Mahomet interdit l'usage à ses fidèles.

La réserve est formée par une curieuse catégorie de travailleurs intermittents. Ce sont généralement des ouvriers robustes et intelligents, consentant à faire des besognes que d'autres n'accepteraient pas, gagnant par conséquent de forts salaires, mais atteints de la monomanie du déplacement. Par exemple, ce sont eux qui curent, besogne dangereuse, les fossés d'assainissement ou d'irrigation de la Mitidja. Mais, à peine ont-ils terminé la besogne, qu'ils partent pour des contrées éloignées, faisant de longs trajets et restant de longs mois sans travailler. Nous pouvons citer comme type du genre un garçon intelligent, mécanicien assez habile, qui déjà avait parcouru le Tonkin, les Indes, Djibouti, l'Égypte, la Tunisie. Il était venu échouer au dépôt des Beni-Messous; il y exécuta quelques travaux utiles, et dès que son pécule le lui permit, il repartit. Son projet était d'achever sa traversée de l'Algérie par Oran, puis de s'embarquer pour l'Amérique du Sud, seul continent qu'il ne connût pas ; et il comptait bien être de retour à Paris pour l'exposition de 1900 !

Très certainement le chiffre des condamnations pour vagabondage et mendicité ne correspond en aucune façon à l'effectif de l'armée roulante, active et réserve, qui circule sur les routes d'Algérie.

## II

C'est cette armée roulante qui, beaucoup plus que les indigènes, forme la population des dépôts de mendicité (1).

(1) Sur les dépôts de mendicité en Algérie, voyez *Revue pénitentiaire*, 1889, p. 360 et 488 ; 1895, p. 596.

L'Algérie possède deux dépôts de mendicité, les Beni-Messous dans le département d'Alger, El-Arrouch dans celui de Constantine. J'ai visité le premier le 25 juin 1899 ; j'ai pu trouver dans les rapports du préfet de Constantine au conseil général d'utiles renseignements sur le second.

A. — Créé le 1er mars 1875, l'établissement des Beni-Messous (1) est situé sur le territoire de la commune de Dély-Ibrahim, entre Bouzaréa et Chéragas, à 11 kilomètres ouest d'Alger, dans le massif montueux, riche et sain du Sahel.

Bien que désigné officiellement sous le nom de « dépôt départemental de mendicité des Beni-Messous », c'est un établissement mixte. En effet, outre le dépôt de mendicité proprement dit, il contient : 1° un quartier de vieillards (ils étaient dix-sept lors de notre visite) ; 2° un quartier de discipline pour les enfants assistés que leur mauvaise conduite empêche de rester chez aucun maître : ils étaient dix ; on ne leur donne aucune instruction ni aucune éducation ; ils sont occupés à des travaux agricoles, et c'est la partie de la population qui nécessite la plus active surveillance ; 3° un quartier d'aliénés, idiots ou épileptiques non dangereux : ils étaient quarante-huit (quatorze hommes, dix-neuf femmes et quinze enfants).

Malgré ces services accessoires, l'établissement est essentiellement un dépôt de mendicité. Mais, depuis sa fondation, il évolue de plus en plus — cette évolution n'est pas spéciale d'ailleurs à cet établissement et se manifeste dans tous les dépôts de mendicité — perdant son caractère répressif, vers le caractère de maison de refuge. En d'autres termes, il pré-

(1) Sur l'établissement des Beni-Messous, voyez *Revue pénitentiaire*, 1888, p. 672 ; 1889, p. 360 ; 1891, p. 1206 ; 1893, p. 98 ; 1894, p. 120 ; 1895, p. 596, et *Institutions pénitentiaires de la France en* 1895, p. 435.

vient le vagabondage et la mendicité plus qu'il ne réprime celle-ci. Il reçoit en effet deux catégories de reclus.

1° Les individus condamnés pour délit de mendicité. A leur sortie de prison, ils sont internés au dépôt, où on les conserve trois mois en général, à moins que le directeur ne propose au préfet une mise en liberté plus hâtive. C'est une catégorie peu intéressante : ils sont, pour la plupart, incapables de relèvement ; ce sont des mendiants d'habitude qui dissipent immédiatement au cabaret le léger pécule qui leur est remis à la sortie. D'ailleurs, le directeur ne peut proportionner la durée et le régime de l'internement au degré de perversité du condamné, il ne peut non plus séparer les récidivistes des délinquants primaires, parce que, si, en lui envoyant le détenu dont la condamnation est purgée, on lui indique quel en était le quantum, on ne lui communique pas le casier judiciaire, qui seul permettrait d'apprécier la valeur des individus et d'opérer les classements nécessaires.

2° Les reclus volontaires. Ces individus sont admis, sur leur demande, par le directeur ; la seule condition est de se présenter avec des papiers réguliers ; le directeur les conserve tant qu'ils veulent, leur payant une journée variant de 0 fr. 20 c. à 0 fr. 50 c., suivant les services qu'ils rendent. Le directeur actuel de l'établissement s'est entendu avec la Bourse du travail d'Alger, à laquelle le dépôt va très prochainement être relié par un fil téléphonique, pour procurer le plus rapidement possible du travail à cette catégorie de pensionnaires. La plupart des reclus volontaires (80 0/0 environ) sont, en effet, de véritables ouvriers qui n'ont pas trouvé d'ouvrage à Alger ou aux environs : au dépôt, ils évitent de tomber dans la classe des vagabonds et des mendiants et attendent la reprise des travaux en se formant un petit pécule. Les vingt autres centièmes sont les représentants de l'armée roulante.

Les reclus des deux catégories sont dans un rapport variable : les volontaires sont de plus en plus nombreux, ainsi qu'en témoignent les chiffres suivants indiquant le nombre des entrées :

| | Reclus après condamnation | Ouvriers volontaires | | Reclus après condamnation | Ouvriers volontaires |
|---|---|---|---|---|---|
| En 1875 . | 101 | 146 | En 1895. . | 26 | 920 |
| 1880. . | 96 | 276 | 1896. . | 33 | 845 |
| 1885. . | 54 | 466 | 1897. . | 52 | 901 |
| 1890. . | 93 | 497 | 1898. . | 37 | 876 |
| 1894. . | 36 | 953 | 1899. . | 20 | 859 |

Lors de notre visite, la première catégorie ne comptait que 5 représentants, la seconde en avait 120, dont quelques femmes.

Les peines disciplinaires qui permettent au directeur de maintenir dans la population un ordre satisfaisant sont : les corvées, la cellule jusqu'à dix jours (l'établissement renferme trois cellules de punition, dont l'une était occupée lors de notre visite par un enfant assisté indiscipliné) et l'expulsion, avec interdiction de rentrer pendant un certain temps, pour les reclus volontaires.

Le personnel comprend un directeur, un économe, un médecin, cinq surveillants, etc.

Le domaine, vaste et bien tenu, cultivé par les reclus de toutes catégories (y compris les enfants assistés indisciplinés et même certains aliénés), comprend 73 hectares, dont 48, plantés en vignes, produisent un vin de bonne qualité. Bien que le prix de revient de chaque journée de reclus soit environ 0 fr. 75 c., il est permis d'espérer que, sous peu d'années, le domaine couvrira par ses produits toutes les dépenses de l'établissement. En l'état actuel, le budget annuel se chiffre par 70.000 francs pour le dépôt et 51.000 pour la ferme ; mais il y faut comprendre des dépenses de constructions, d'installation, d'aménagement ; et il en faut déduire 17.000 francs de produits vendus (1).

B. — Beaucoup moins important que celui des Beni-Messous, l'établissement d'El-Arrouch (2), à 51 kilomètres au nord de Constantine, sur la ligne de Philippeville, porte la dénomination officielle de « dépôt de mendicité et asile de vieillards et incurables d'El-Arrouch ». Cette dénomination multiple ne suffit pas à indiquer ses fonctions variées, car, outre le dépôt de mendicité et l'asile de vieillards et incurables (100 lits), il comprend un hospice d'enfants assistés.

Il ne nous intéresse qu'en tant que dépôt de mendicité. Comme tel, il a été créé par une délibération du conseil général du 20 juillet 1877 et il remplit la destination fixée par le décret du 5 juillet 1808 depuis un arrêté préfectoral du 1er septembre 1877.

Les reclus d'El-Arrouch sont de trois catégories :

1° Les individus condamnés pour délit de mendicité. A leur sortie de prison, ils y sont internés et y sont maintenus jusqu'à ce qu'ils aient donné des preuves d'amendement et réalisé par leur travail un pécule qui leur permette de vivre une quinzaine de jours. Sur ce point, la règle est plus intelligente, mais d'une application plus délicate, qu'aux Beni-

(1) Nous tenons à remercier le directeur, M. Gamerre, de l'obligeance avec laquelle il nous a fait visiter l'établissement et donné de très utiles renseignements sur son organisation. — Pour plus de détails, se reporter aux rapports très complets du directeur, reproduits annuellement à la suite du rapport du préfet d'Alger au conseil général, avant la 2e session ordinaire. Voyez notamment le rapport de 1899, Cons. gén., sess. d'oct. 1899, *Rapports*, p. 739, et celui de 1900, *ibid.*, 1900, p. 694.

(2) Nous donnons ces renseignements d'après les rapports du préfet de Constantine de 1896, 1897 et 1898. — Sur cet établissement, voyez *Revue pénitentiaire*, 1889, p. 684 ; 1891, p. 1206 ; 1893, p. 98 ; 1894, p. 120 ; 1895, p. 596 ; et *Institutions pénitentiaires de la France en 1895*, p. 436.

Messous où, nous l'avons vu, le principe est un internement uniforme de trois mois.

2° Les indigents qui, sans être complètement infirmes, sont cependant hors d'état de pourvoir entièrement à leurs besoins. Leur admission est le plus souvent sollicitée par les maires des communes du domicile de secours, parce que la journée au dépôt est sensiblement moins chère que dans les hôpitaux. En 1895, le prix exact de revient était de 1 fr. 36 c. par journée de présence.

3° Les reclus volontaires. Ce sont, comme aux Beni-Messous, des individus admis sur leur demande et à titre provisoire, mais pour un laps de temps qui ne peut être moindre de quinze jours : dans l'établissement du département d'Alger, on ne fixe à la durée du séjour des reclus volontaires ni maximum ni minimum, et nous croyons cette règle préférable.

Les reclus des trois catégories sont tous astreints à un travail réglé d'après leur âge, leur aptitude et leurs forces. Les plus valides sont employés à la culture du jardin maraîcher, qui a une étendue de 5 hectares 22 ares : ce jardin a produit en légumes variés, vendus ou consommés au dépôt, 4.443 fr. 26 c. en 1895 ; 6.665 fr. 15 c. en 1896 ; 4.547 fr. 53 c. en 1897.

Voici les statistiques qui indiquent la répartition des reclus entrant annuellement, suivant les catégories ; elles marquent une évolution et une proportion analogues à celles que nous avons signalées dans l'autre dépôt algérien.

| | 1895 | 1896 | 1897 |
|---|---|---|---|
| Reclus internés à la suite de condamnations. | 16 | 20 | 16 |
| Indigents à la charge des communes . . . . | 7 | 8 | 15 |
| Ouvriers sans travail admis par le directeur. | 202 | 224 | 279 |

La population totale du dépôt au 1er janvier 1897 n'était que de 42 individus.

Un arrêté préfectoral du 17 août 1892 fixe le personnel de

l'établissement, qui comprend directeur, économe, adjoint à l'économat, receveur, médecin, quatre sœurs de la doctrine chrétienne, deux gardiens, un jardinier.

Les dépenses ont été : en 1895, 14.638 fr. 61 c. ; en 1896, 18.178 fr. 79 c. ; en 1897, 16.783 fr. 22 c.

C. — Le département d'Oran n'a pas de dépôt de mendicité. Un traité passé avec le département d'Alger lui permet d'envoyer aux Beni-Messous les mendiants sortant de prison ; mais c'est une faculté dont on n'use pas, et qui demeure exclusivement dans le domaine de la théorie.

Si l'on considère que la distance qui sépare les Beni-Messous d'Oran est d'environ 450 kilomètres, il est impossible d'admettre que ce dépôt constitue pour l'Oranie l'asile prévu par le décret du 5 juillet 1808 et par l'article 274 du code pénal. Il nous semble donc que, conformément à l'opinion qui semble aujourd'hui l'emporter en jurisprudence (1), et qui a toujours dominé en doctrine (2), les tribunaux du département d'Oran ne peuvent frapper tous les mendiants indistinctement : en l'état actuel, et malgré l'arrêté pris par le préfet d'Oran le 4 janvier 1878, les tribunaux du département de l'ouest ne peuvent appliquer que l'article 275.

Il semble d'ailleurs que, maintenant, l'administration préfectorale d'Oran partage notre manière de voir : récemment elle a demandé des renseignements sur le fonctionnement du

(1) Aix, 6 juillet 1898, *Journ. du min. pub.*, 1899, p. 138 ; Trib. Rouen, 24 novembre 1898, *Journ. du min. pub.*, 1899, p. 140 ; Trib. Château-Thierry et Amiens, 3 mars 1899, *Journ. du min. pub.*, 1899, p. 148, et D. 99.II.169 ; Trib. Montbéliard, 16 mars 1899, cité *Revue pénitentiaire*, 1899, p. 890 ; Trib. Perpignan, 28 mars 1899, D. 99.II.169. — *Contrà*, Rouen, 16 décembre 1899, *Journ. du min. pub.*, 1899, p. 141, et D. 99.II.169 ; Trib. Lisieux, 13 février 1899, *Revue pénitentiaire*, p. 890.

(2) Garraud, *Traité du Droit pénal français*, 2e édit., t. V, no 1465; A. Mourral, Du délit de mendicité, *Journ. du min. pub.*, 1899, p. 133 ; A. Rivière : *Revue pénitentiaire*, 1899, p. 890.

dépôt des Beni-Messous et sur les dépenses qu'entraîne un établissement de ce genre, ce qui paraît bien indiquer l'intention de créer un troisième dépôt algérien. Si l'on remarque que les départements d'Algérie ne sont pas comparables, comme superficie, aux départements de la métropole, que rien que le territoire civil comprend près de 130.000 kilomètres carrés, ce qui équivaut à vinq-cinq départements métropolitains, on reconnaîtra l'urgence certaine de cette création. Des établissements inter-départementaux peuvent se comprendre pour de petits départements français, mais non pour les immenses départements algériens.

# LES COURS D'ASSISES

Sous ce titre, nous réunissons un compte-rendu bibliographique et deux notes ayant trait également à l'une des questions les plus discutées et les plus pressantes de la législation algérienne : quelle est la meilleure organisation de la justice criminelle, celle qui fonctionne actuellement étant incontestablement déplorable ? L'urgence d'une solution éclate aussi bien dans l'intéressant livre de M. Marcel Foissin que dans les vives protestations des jurés.

## I. — Les juridictions criminelles de l'Algérie (1).

S'il est vrai que les institutions heureuses, de même que les peuples heureux, n'ont point d'histoire, ce n'est pas dans la jeune et ensoleillée Algérie qu'il faut chercher des institutions heureuses. La plupart des organismes de la vie politique, administrative ou judiciaire de notre grande colonie nord-africaine ont déjà leur histoire : depuis l'époque relativement peu éloignée de la conquête, ils ont subi bien des changements, bien des modifications, bien des vicissitudes.

Ainsi en est-il particulièrement des juridictions criminelles. Depuis la prise d'Alger en 1830, nombreux ont été les ordonnances ou les décrets qui marquent, en quelque sorte, les étapes d'une marche plus ou moins assurée vers une meilleure justice. Et cette marche n'est certainement point encore accomplie ; il semble que l'état actuel ne doit pas durer plus

(1) *Revue pénitentiaire*, numéro de juillet-août 1899, p. 1113 ; reproduit dans le *Bulletin de la Réunion d'Etudes algériennes*. Voyez aussi *Le Droit*, numéro du 13 septembre 1899.

que les précédents : la question est toujours posée, et vivement discutée, de savoir quelle pourrait être en Algérie la composition d'un tribunal criminel réunissant les trois conditions essentielles de justice, de rapidité et d'économie.

Curieuse histoire, palpitante question. Un jeune avocat de la cour d'Alger, ancien élève de notre Ecole de droit, M. Marcel Foissin, a eu l'heureuse idée d'en faire le sujet de sa thèse de doctorat : il nous l'offre aujourd'hui sous le titre modeste d'*Essai sur l'histoire des juridictions criminelles en Algérie* (1).

Nous trouvons tout d'abord dans cet intéressant ouvrage un tableau assez complet des différentes juridictions qui ont pu, depuis les débuts de la domination turque jusqu'à nos jours, être appelées à juger des crimes, en prenant ce mot, remarquons-le, au sens propre et étroit, ce qui a pour résultat d'exclure de cette étude tout ce qui concerne la répression des infractions de moindre gravité.

En procédant suivant l'ordre chronologique, M. Foissin nous énumère les autorités ou les tribunaux qui ont pu intervenir dans le jugement des criminels. C'étaient, avant 1830, le dey et les caïds. Ç'ont été depuis lors, suivant les temps et les lieux, les conseils de guerre, le tribunal supérieur, les tribunaux correctionnels, la chambre des appels correctionnels de la cour d'Alger, les commissions disciplinaires, les assises sans, puis avec jury.

M. Foissin nous donne, bien que suivant un ordre et une méthode discutables, une notion suffisante des juridictions criminelles actuelles : conseils de guerre et commissions disciplinaires pour les musulmans du territoire de commandement, cours d'assises pour tous les européens et pour les indigènes du territoire civil. Le jury a été introduit en Algérie

(1) *Essai sur l'histoire des juridictions criminelles en Algérie*, par Marcel Foissin, docteur en droit, avocat à la cour d'Alger. Un vol. in-8°, 247 pages, Paris, Chevalier-Marescq, 1899.

par un décret du gouvernement de la Défense nationale du 24 octobre 1870, contemporain, par conséquent, du trop célèbre décret Crémieux. Mais son recrutement, son organisation ne sont pas les mêmes qu'en France : la législation se trouve formée par le décret, remis en vigueur, du 7 août 1848 et par la loi du 30 juillet 1881, au sud de la Méditerranée ; par la loi, moins démocratique peut-être, mais plus sage certainement, du 21 novembre 1872, au nord (1). M. Foissin met bien en lumière les différences qui résultent de cette diversité de textes, différences tout au préjudice de la colonie.

Le jury, en effet, tel qu'il fonctionne en Algérie, provoque les protestations les plus vives : il rend une justice inégale et partiale ; son verdict n'intervient que longtemps après que le crime a été commis ; il constitue pour les citoyens français, qui forment à peine 7 0/0 de la population totale une charge très lourde. Bien rares sont ceux qui ont, aujourd'hui encore, le courage de le défendre. Pour le jugement des indigènes, dont les crimes sont si nombreux — dans l'ensemble, la criminalité algérienne est au moins triple de la criminalité française — il faut une autre juridiction. Mais, si on est à peu près d'accord pour condamner l'organisation actuelle de la cour d'assises, on se sépare quand il s'agit de déterminer la composition du tribunal qui la remplacera.

Cette partie du travail de M. Foissin est celle qui nous paraît offrir le plus haut intérêt. La littérature, assez abondante sur cette matière, et les travaux parlementaires, projets nombreux et rapports volumineux, y sont analysés ou transcrits. Et cette étude a conduit M. Foissin à la conclusion à laquelle nous nous sommes rangé nous-même (2), conclusion à laquelle

(1) Depuis que cet article a été écrit, un décret du 8 février 1900 a rendu applicables en Algérie les principales dispositions de la loi du 21 novembre 1872. Voyez plus loin, dans le même chapitre, ce que nous disons du jury algérien.

(2) Voyez Larcher et Olier, *Les Institutions pénitentiaires de l'Algérie*, nos 48-50.

conduira tout examen sérieux de la question : il faut, pour le jugement des crimes indigènes, organiser des cours criminelles suivant le système de l'assessorat.

Il faut savoir gré à l'auteur d'avoir intelligemment mis à profit les enseignements que peut fournir en cette matière la législation comparée. Dans un chapitre spécial, il relève l'organisation des tribunaux criminels de nos autres possessions.

Si nos vieilles colonies, que nous occupons depuis la première moitié du XVII$^{e}$ siècle, Guadeloupe, Martinique, Réunion, ont aujourd'hui le jury, ce n'est que depuis la loi relativement récente du 27 juillet 1880, consacrant une assimilation qui existe, au moins en une certaine mesure, dans les mœurs et qui était déjà réalisée en matière politique. Encore croyons-nous pouvoir affirmer que le jury n'y donne que des résultats bien médiocres ! Auparavant, et depuis les ordonnances de 1827 et 1828, c'était le système de l'assessorat, qui est toujours celui de nos autres possessions coloniales.

Dans l'Inde française, en vertu d'un décret du 12 juin 1883, les cours d'assises comprennent trois magistrats, avec quatre assesseurs pris sur des listes où sont inscrits indistinctement français et natifs. En Cochinchine, aux termes des décrets du 17 mai 1895 et du 25 décembre 1896, la justice criminelle est rendue par des cours composées de trois magistrats et de deux assesseurs : ces assesseurs sont français si l'accusé est français, indigènes s'il est indigène. Au Cambodge également figurent dans la cour criminelle deux assesseurs indigènes. Dans les colonies plus récemment conquises du Tonkin, de la Guinée, du Dahomey, de la Côte d'Ivoire, de Madagascar, de la Guyane, et dans celles de Saint-Pierre et Miquelon et de la Nouvelle-Calédonie où l'élément indigène est de minime importance, les assesseurs sont exclusivement français.

Ces exemples sont déjà curieux. Mais bien plus concluante

encore est l'expérience des colonies qui, comme l'Algérie, ont une population indigène appartenant à l'Islam. Or, dans ces colonies également, l'assessorat est le principe de l'organisation des juridictions criminelles.

Au Sénégal, la cour — ainsi le veut le décret du 15 mai 1889 — comprend trois conseillers et quatre assesseurs, et ceux-ci sont pris, sans distinction d'origine, de statut, ni de religion, parmi les habitants des communes de plein exercice. Or, ce mélange serait, si nos renseignements sont exacts, excellent : dans leurs fonctions d'assesseurs, les indigènes se montrent attentifs et sévères.

Plus près encore, la Tunisie a des tribunaux criminels constitués suivant un système un peu compliqué, mais remarquablement ingénieux et, ce qui est mieux, fonctionnant à la satisfaction générale. Les crimes sont déférés aux tribunaux de Tunis et de Sousse, auxquels sont adjoints six assesseurs, tirés au sort sur une liste comptant 230 noms à Tunis, 195 à Sousse ; cette liste même comprend trois catégories, français, étrangers, indigènes, fournissant chacune 65 noms, sauf celle des français de Tunis qui comporte 100 citoyens. Suivant la nationalité de l'accusé, la nationalité des assesseurs varie : si l'accusé ou l'un des accusés est français, les six assesseurs doivent être français ; s'il est étranger, trois sont français, trois étrangers ; s'il est indigène, trois sont français, trois indigènes (1).

Le droit comparé fournit donc un précieux argument à ceux qui, comme M. Foissin et comme nous, croient à la possibilité et à l'excellence de l'assessorat. Si on est arrivé à le faire fonctionner sous une forme aussi complexe que celle qu'il a reçue en Tunisie, on doit le faire fonctionner très facilement en Al-

(1) Voyez, au surplus, pour le détail de l'organisation, la loi du 27 mars 1883 et le décret du 29 novembre 1893.

gérie où la question se pose dans des termes beaucoup plus simples. On est d'accord en effet pour conserver, autant du moins qu'il subsistera en France, le jury pour le jugement des français et des européens. Il ne s'agit donc d'organiser des cours criminelles avec assesseurs que pour le jugement des indigènes.

Dès lors, le projet Flandin, tel que l'a déjà voté la Chambre des députés et que l'a adopté la commission sénatoriale, satisfait à toutes les exigences. Chaque arrondissement algérien, tout à fait comparable à un département français pour sa superficie et pour le nombre des crimes poursuivis annuellement, aurait une cour criminelle, tenant quatre sessions par an, sous la présidence d'un conseiller à la cour et avec le concours de deux membres du siège, de deux assesseurs jurés français et de deux assesseurs jurés indigènes.

C'est bien à ce projet que vont les préférences de M. Foissin, mais il lui adresse des critiques, il formule des objections, manifestement empruntées à l'exposé des motifs du contre-projet des sénateurs algériens. Nous avons déjà eu occasion de montrer ce que valent ces critiques et ces objections qui ne sont, en définitive, que de pures erreurs (1). Par exemple, on reproche surtout aux cours criminelles du projet Flandin de distraire un trop grand nombre de conseillers de leur service ordinaire de la cour, de nécessiter par conséquent une augmentation du personnel : mais, pour donner quelque force à la démonstration, on est obligé de supposer la tenue simultanée de toutes les assises et de toutes les cours criminelles d'Algérie (2) ! On reconnaîtra que l'inconvénient est évité si on répartit par mois et même par quinzaine la tenue des assises et des cours criminelles : on constaterait que, grâce à cette répartition, pour quatre-vingt-douze fois que le service des

(1) Voyez nos *Institutions pénitentiaires de l'Algérie*, p. 124, note 2.

(2) P. 225 du livre de M. Foissin.

assises ou de la cour criminelle incomberait annuellement aux conseillers, cela ferait par quinzaine moins de quatre conseillers distraits de leur service ordinaire, pas davantage !

Tout le bien que nous pensons du travail de M. Foissin nous oblige à exprimer quelques regrets.

Le jeune auteur couvre un peu trop de fleurs ses compatriotes algériens et ne parle pas toujours avec justice de la métropole (1). Les documents statistiques ne sont pas toujours d'une parfaite fraîcheur : il aurait pu se procurer des chiffres plus récents qui auraient été loin de nuire à ses démonstrations. Les amendements qu'il propose au projet Flandin, et qui auraient déjà pour énorme inconvénient de retarder encore le vote d'une loi qui se fait déjà trop attendre, ne sont pas toujours heureux : c'est ainsi, par exemple, qu'il reprend dans le projet Isaac l'idée de la formation de nouvelles circonscriptions qui viendraient compliquer encore une organisation suffisamment complexe !

Mais passons sur ces critiques de détail qui enlèvent peu à la valeur de l'ouvrage. Dans l'ensemble, le travail de M. Foissin est un bon et utile exposé des éléments d'un des problèmes les plus importants et les plus actuels de la législation algérienne.

## II. — Le jury algérien (2).

Un décret du 8 février 1900, publié seulement au *Journal officiel* du 2 mars (3), vient de réaliser une réforme depuis longtemps réclamée (4), en déclarant applicable à l'Algérie la

(1) Voyez l'Introduction, notamment p. 5, *in medio*.

(2) *Revue pénitentiaire*, numéro de mars 1900, p. 551.

(3) Voyez le décret, avec le rapport qui le précède, au *Journal officiel*, p. 1313.

(4) Un vœu pour l'application à l'Algérie de la loi de 1872 sur le jury, émis par M. le premier président Broussard, avait été voté

loi du 21 novembre 1872 dans celles de ses dispositions qui concernent les conditions requises pour remplir les fonctions de juré (art. 1-5, paragraphes 1 et 2 (1), et 20).

Pour comprendre la portée de cette réforme, il faut savoir que, jusqu'en 1870, la répression des crimes était, dans notre grande colonie, exclusivement confiée à des magistrats : tribunal supérieur, tribunaux correctionnels, chambre correctionnelle de la cour d'Alger, assises sans jury (2). Un des décrets hâtifs du 24 octobre 1870 (3) introduisit en Algérie l'institution du jury et, comme un décret du 14 octobre 1870 venait de remettre en vigueur dans la métropole le décret du 7 août 1848 sur le recrutement des jurés, ce fut ce décret qui devint applicable à l'Algérie.

En 1872, l'Assemblée nationale fit une nouvelle loi sur le jury, moins égalitaire sans doute que le décret de 1848, mais inspirée par cette idée parfaitement juste : « Etre juré n'est

par le conseil supérieur du gouvernement le 31 mars 1898 (conseil sup., session de mars-avril 1898, *Proc.-verb.*, p. 721). Un projet de décret fut préparé par le procureur général et le premier président, soumis à l'examen du conseil de gouvernement et transmis par le gouverneur général au ministre de la justice, le 19 janvier 1899 (Voy. conseil sup., session de janvier 1899, *Proc.-verb.*, p. 801). On se demande pourquoi le ministre a attendu un an avant de soumettre ce décret à la signature présidentielle.

(1) Notons, pour le réprouver, cet usage abusif du mot *paragraphe*, au lieu d'*alinéa*, dans un grand nombre de textes récents. Le paragraphe, marqué par le signe §, est, non une fraction d'article, mais, dans nos codes, une subdivision de la section. Cette confusion est d'autant plus grave qu'ici il ne s'agit même pas d'alinéas, mais bien du 1° et du 2° d'une énumération.

(2) Sur cette histoire, voyez M. Foissin, *Essai sur l'histoire des juridictions criminelles en Algérie*, et notre compte rendu, *Revue pénitentiaire*, 1899, p. 1113, reproduit plus haut.

(3) Deux autres décrets du même jour sont bien connus dans l'histoire de l'Algérie : l'un organisait l'administration de la colonie sur les bases de l'assimilation à la métropole, et n'a jamais pu être appliqué ; l'autre, qui a suscité les plus violentes critiques, a rendu citoyens français les indigènes israélites.

pas un droit, mais l'exercice d'une haute et difficile fonction ; la condition *sine quâ non* pour en être investi est d'être réellement capable de la bien remplir (1). » Il y avait, pour cette raison, de la loi au décret d'importantes différences (2) : le décret n'énonce que des cas d'incapacité peu nombreux, la loi donne dans son article 2 une longue énumération ; d'après le décret, tous les citoyens âgés de trente ans et non déchus ou exclus forment une liste générale, sur laquelle une commission composée surtout d'éléments électifs (conseiller général et délégués des conseils municipaux) choisit la liste annuelle ; d'après la loi,la liste annuelle est le résultat du travail successif de deux commissions dans lesquelles domine l'élément judiciaire.

La loi du 21 novembre 1872 aurait dû, de plein droit, entrer aussitôt en vigueur en Algérie : c'est un principe admis de législation algérienne que les lois promulguées dans la métropole, qui abrogent ou modifient des lois déjà en vigueur dans la colonie, y deviennent obligatoires sans promulgation ni publication spéciale (3). Cependant on ne se conforma pas à la loi ; on persista à suivre les errements du décret de 1848, et, quand des protestations s'élevèrent, elles furent mal accueillies par la cour de cassation : la loi, disait la cour, n'avait pas été promulguée en Algérie (4). C'était contredire à

(1) M. Dufaure, ministre de la justice, dans l'exposé des motifs.

(2) Par exemple, les militaires condamnés aux travaux publics, les condamnés à un emprisonnement de trois mois à un an, les officiers ministériels destitués sont inscrits sur la liste générale du jury, d'après le décret de 1848, tandis qu'ils sont incapables d'après la loi de 1872. Il y a aussi des différences importantes relativement aux incompatibilités.

(3) Voyez notamment : Ménerville, *Dictionnaire de législation algérienne*, t. Ier, V° *Promulgation* ; Béquet et Simon, *L'Algérie : gouvernement, administration, législation*, t. Ier, n° 73 ; Charpentier, *Précis de législation algérienne*, nos 160 et s. ; Sumien, *Le régime législatif de l'Algérie*, p. 68 et s.

(4) Crim. rej., 4 mai 1876, *Bull. crim.*, 1876, p. 219 ; Crim. rej.,

la règle que la cour suprême avait elle-même maintes fois proclamée (1), et c'était rompre cette unité qu'avaient précisément voulu établir les auteurs du décret du 24 octobre (2).

L'application du décret du 7 août 1848 est certainement une des causes de l'infériorité du jury algérien (3). Il faut donc applaudir au décret qui vient, après vingt-huit ans d'une expérience trop concluante, mettre fin, partiellement au moins, à la situation anormale créée par la jurisprudence. Mieux vaut tard que jamais !

Mais nous exprimons un double regret.

D'abord, le décret du 8 février 1900 n'a pas rendu la loi intégralement applicable. Comme tout le titre II, sur la formation des listes du jury, n'est point déclaré applicable, on va continuer à suivre sur ce point les prescriptions du décret de 1848, et la prédominance de l'élément électif dans l'unique commission continuera à produire ses regrettables effets. Si la différence entre les circonscriptions cantonales algériennes et les cantons métropolitains (4) met quelques difficultés à

24 février 1881, *Bull. jud. de l'Algérie*, 1884, p. 129 ; Crim. cass., 16 juin 1887, *Revue algérienne et tunisienne de législation et de jurisprudence*, 1889, 2e partie, p. 597 ; Crim. rej., 7 août 1888, *Rev. alg. et tun.*, 1888, 2e partie, p. 208. La même opinion est exprimée par le garde des sceaux dans le rapport qui précède le décret du 8 février 1900. Voyez cependant, en sens contraire, crim., cassant dans l'intérêt de la loi, 31 juillet 1884, *Rev. alg. et tun.*, 1889, 2e partie, p. 597.

(1) Voyez une abondante jurisprudence rapportée dans le *Code de l'Algérie annoté* de MM. Estoublon et Lefébure, sous l'article 5 de l'ordonnance du 22 juillet 1834.

(2) Voyez le considérant qui précède le décret du 24 octobre 1870.

(3) Sur les critiques très sérieuses que mérite le jury algérien, voyez le travail ci-dessus cité de M. Foissin ; voyez aussi Emile Larcher et Jean Olier, *Les institutions pénitentiaires de l'Algérie*, nos 48-50.

(4) En Algérie, le canton, ressort de la justice de paix, ne coïncide en aucune façon avec la circonscription qui élit un conseiller général.

l'application de la loi de 1872, il était facile de les trancher par ce même décret, si longuement élaboré.

D'autre part, le Sénat tarde beaucoup trop à voter l'excellente proposition qui défère à des tribunaux criminels le jugement des crimes commis par les indigènes (1). Tant que le rôle des assises, encombré par les meurtres des kabyles et les vols des arabes,nécessitera d'aussi fréquentes sessions, il faudra des listes de jurés très nombreuses : la quantité, dans l'Algérie surtout où les français forment une si mince proportion de la population (2), ne se peut s'obtenir qu'au détriment de la qualité. La réforme, bonne en elle-même, ne produira donc tout son effet que quand la juridiction du jury sera restreinte aux crimes commis par les européens.

## III. — Les protestations des jurés algériens et les travaux législatifs (3).

Les dernières sessions des cours d'assises de Bône, d'Oran et d'Alger ont été marquées par les significatives protestations des jurés appelés à y siéger.

A Bône, dès l'ouverture de la session, l'un des jurés a donné lecture d'un factum déclarant qu'il refuserait de siéger dans les affaires où les indigènes sont seuls en cause

(1) Proposition qui est l'œuvre de M. Et. Flandin, votée par la Chambre le 25 octobre 1897, adoptée par la commission sénatoriale et depuis le 15 mars 1898 à l'état de rapport. Elle rencontre une vive résistance dans certains milieux algériens : voyez notamment le vœu du conseil supérieur du 31 mars 1898 (Cons. sup., session de mars-avril 1898, *Proc.-verb.*, p. 721), et le vœu du conseil général d'Oran du 21 avril 1898, le contre-projet des sénateurs algériens du 9 décembre 1898. Beaucoup d'algériens ne veulent pas que des musulmans participent au jugement de leurs coreligionnaires. Ce sont ces résistances qui paraissent retarder la mise de la proposition à l'ordre du jour du Sénat.

(2) Exactement 7, 28 0/0 d'après le recensement de 1896.

(3) *Revue pénitentiaire*, numéro de juillet-novembre 1900, p. 1316.

5

comme témoins ou accusés. Les déposants, disait-il, apportent des témoignages incohérents, et il est impossible aux jurés de se faire en conscience une conviction : les débats de la cour d'assises ne sont plus qu'un « simulacre judiciaire ». Cette dernière expression lui valut une observation du président : il dut la retirer. Le président, pour clore l'incident, constata qu'il était uniquement l'exécuteur de la loi et n'avait pas à la discuter. Mais, à la fin de la session, tous les jurés ont signé la protestation et demandé qu'elle fût transmise au garde des sceaux (1).

A la dernière audience de la session d'Oran, les membres du jury ont remis au président des assises une protestation ainsi conçue :

« Les membres du jury, soussignés, ont l'honneur de joindre leurs légitimes protestations à celles des nombreux jurys précédents, relativement aux charges considérables que font peser sur eux les innombrables affaires indigènes jugées par la cour d'assises.

« Ils émettent une fois de plus le vœu qu'une mesure légale atténue le plus promptement possible une situation aussi pénible pour le jury que défavorable aux intérêts mêmes des justiciables indigènes.

« Et prient respectueusement M. le président de la cour de vouloir bien transmettre, en l'appuyant, leur juste requête à M. le ministre de la justice (2). »

Enfin les jurés d'Alger ont clôturé la dernière session de l'année judiciaire en émettant le vœu suivant :

« Les soussignés, jurés de la dernière session de l'année judiciaire 1899-1900, ayant siégé du 16 au 28 juillet courant, près la cour d'assises du département d'Alger, émettent le vœu unanime :

(1) *Dépêche algérienne*, numéro du 7 juillet 1900.
(2) *Dépêche algérienne*, numéro du 23 juillet 1900.

« Que les projets de loi sur la réforme judiciaire et le fonctionnement du jury en Algérie, notamment pour les crimes dans lesquels seuls les indigènes sont en cause, reçoivent au plus tôt une solution pratique, car le système actuel crée aux jurés algériens des charges trop lourdes, dont ne bénéficient ni la bonne et prompte justice, ni les intérêts des parties en cause (1). »

L'expérience, bientôt trentenaire, du jury en Algérie a surabondamment démontré que cette institution n'est point faite pour l'exportation coloniale. Les protestations et les vœux des jurés des dernières sessions insistent surtout sur deux de ses vices : la charge très lourde qu'est le service du jury pour les français d'Algérie, et les conditions déplorables dans lesquelles se rend la justice criminelle.

Le service du jury, depuis qu'un décret hâtif du 24 octobre 1870 a voulu sur ce point encore assimiler l'Algérie à la France, est, pour les rares citoyens de la colonie, extrêmement pénible. D'après le dernier recensement (2), la population française (d'origine ou naturalisée) ne comprend pas 320.000 personnes ; et c'est sur cette population, sensiblement inférieure à celle d'un département français moyen, que doit se recruter le jury des quarante ou quarante-cinq sessions que tiennent annuellement les quatre cours d'assises de la colonie, jury qui a à juger six ou sept cents affaires, comportant neuf cent ou mille accusés (3). Un calculateur a établi que, dans ces conditions, le service du jury est vingt-trois fois plus pénible pour un français d'Alger que pour un français de France (4).

(1) *Dépêche algérienne*, numéro du 29 juillet 1900.

(2) Le recensement de 1896, puisque cet article a été écrit en 1900.

(3) Voyez les statistiques dans E. Larcher et J. Olier, *Les institutions pénitentiaires de l'Algérie*, n° 45, p. 104.

(4) Le président Menesson, *Pétition au Parlement sur l'organisation du jury en France et en Algérie*, une broch., Alger, 1891.

Et ceci n'est encore qu'un des côtés de la question. Le juré de la métropole se déplace pour quelques jours, à une distance de son domicile qui excède rarement soixante ou quatre-vingts kilomètres, d'ailleurs faciles à parcourir. En Algérie, une session d'assises dure toujours la quinzaine ; il faut que le juré, s'il habite l'une des extrémités des immenses départements algériens, quitte ses occupations, abandonne sa ferme plusieurs jours à l'avance, et emploie, pour franchir quelques centaines de kilomètres, des moyens de locomotion variés et coûteux : mulets, voitures, diligences, chemins de fer. Or, il ne lui est alloué qu'une indemnité de déplacement de 2 fr. 50 c. par myriamètre. Si bien que le jury n'est pas seulement une gêne, c'est aussi une dépense. A telle enseigne que, dans certaines régions, et notamment dans l'Oranais, il s'est fondé une caisse contre le jury, comme il y a une caisse contre les autres fléaux, les sauterelles ou le phylloxera, par exemple (1).

Quant à ce que vaut la justice que rendent les jurés algériens, tout le mal qu'on pense et dit des verdicts de nos jurys métropolitains n'est rien comparativement aux conditions déplorables dans lesquelles jugent les cours d'assises d'Algérie. En disant que les débats sont un simulacre judiciaire, le juré bônois rendait faiblement l'impression pénible, démoralisante que produit sur le spectateur désintéressé une audience criminelle. Ce n'est plus le jugement par les pairs, puisque l'arabe ou le kabyle est jugé par douze citoyens français qui ignorent ses usages ou méprisent sa race. Ce n'est plus le débat oral, puisqu'on n'a cité qu'un très petit nombre de témoins pour ne pas grever outre mesure le budget de la justice criminelle, et que les jurés ne comprennent de leurs dépositions et de l'interrogatoire de l'accusé que ce que l'inter-

(1) Fait bien topique, cité dans le rapport de M. Et. Flandin : *J. O.*, *Doc. parl.*, Ch. des dép. sess. extraord. de 1894, annexe n° 1045, p. 2043.

prête traduit. Les affaires arrivent le plus souvent devant le jury dans un état d'instruction absolument insuffisant, laissant dans l'ombre des points très importants, tels que le mobile du crime, les relations antérieures de l'accusé et de la victime, etc.. Bref, la seule impression nette qu'ait le spectateur ou le juré, c'est que tout le monde ment, témoins comme accusés (1).

Et cependant il faut que le juré, en son âme et conscience, se prononce. Le ministère public ne lui a apporté aucune preuve décisive, n'a produit aucun témoin digne de foi : le devoir est donc d'acquitter. Mais alors il va probablement faire relaxer un coupable ; l'impunité du crime sera d'un déplorable effet dans la région ; les crimes se multiplieront ; l'insécurité, ce fléau de l'Algérie (2), s'accroîtra encore. Le jury condamne (3). C'est l'erreur judiciaire possible (4), et quel prestige peut avoir la justice rendue dans ces conditions ?

Ce n'est pas d'aujourd'hui que ces maux ont été signalés.

(1) R. Saleilles, *Les institutions pénitentiaires de l'Algérie,* d'après E. Larcher et J. Olier, *Revue pénitentiaire*, 1899, p. 999.

(2) Voyez plus loin le chapitre sur le problème de la sécurité.

(3) M. Letellier, grâce à sa longue pratique de la justice algérienne, a noté d'une façon curieuse l'état d'âme du juré algérien : « Peut-on demander à un juré que l'on a enlevé à ses occupations, exposant ainsi sa famille à la misère et au danger, de juger en conscience des indigènes qu'il considère souvent comme des ennemis, et à l'égard desquels il est porté par nature à user d'une sévérité qui semble tenir à un système de représailles ? Or, les neuf dixièmes des crimes soumis aux cours d'assises d'Algérie ont été commis par les indigènes. Est-il surprenant que le jury trahisse son énervement et sa lassitude par des verdicts trop rigoureux ou des acquittements du plus mauvais effet moral sur les populations soumises à notre domination ? » (Exposé des motifs d'une proposition de loi : *J. O.*, *Doc. parl.,* Ch. des dép., sess. ord. de 1893, annexe n° 2784, p. 1029).

(4) Voyez dans l'intéressant volume de M. Maurice Colin, *Quelques questions algériennes* (Paris, 1899), le chapitre « Les erreurs judiciaires en Algérie », p. 27 et s.

Le déplorable fonctionnement des cours d'assises est à coup sûr l'une des causes de l'insécurité (1).

Bien des propositions ont été présentées au parlement (2). A la fin de la dernière législature, la Chambre des députés a voté, sur le rapport de M. Etienne Flandin, ancien procureur général et ancien professeur à l'Ecole de droit d'Alger, un projet débarrassant les cours d'assises de tous les crimes commis par les indigènes, pour en attribuer la connaissance à des cours criminelles, siégeant au chef-lieu de chaque arrondissement et composées de trois magistrats, de deux assesseurs-jurés français et de deux assesseurs-jurés indigènes. Ces cours,

(1) Je citerai un certain nombre de brochures et d'articles de revues : Louis KOUDJA, *La question indigène*, une broch., Bône, 1891 ; MARCHIS, *Réformes à apporter à l'organisation de la justice en Algérie*, une broch., Bône, 1891 ; TROLARD, *La sécurité en Algérie*, une broch., Alger, 1893, p. 76-86 ; Et. FLANDIN, La sécurité en Algérie et le budget : *Revue politique et parlementaire*, t. Ier (1894), p. 225 ; L. PAOLI, La sécurité en Algérie : *France judiciaire*, 1894, I, p. 333 ; GENSOUL, *Etude sur l'application des codes criminels et sur la juridiction des cours d'assises en Algérie*, une broch., Alger, 1894.— Voyez aussi, dans le vol. cité de M. M. COLIN, le chapitre « De la réforme des cours d'assises », p. 159 et s. ; nos *Institutions pénitentiaires de l'Algérie*, nos 49 et s. ; la thèse de M. Marcel FOISSIN (Paris, 1899), et notre compte rendu, *Revue pénitentiaire*, 1899, p. 1113 (ci-dessus, p. 55).

(2) Proposition présentée par MM. Saint-Germain, Bourlier, Etienne, Letellier, Thomson, députés, Ch. des dép., séance du 1er décembre 1892, *J. O.*, *Doc. parl.*, sess. extraord. de 1892, annexe n° 2437, p. 2345 ; — proposition présentée par M. Letellier, Ch. des dép., séance du 3 juin 1893, *J. O.*, *Doc. parl.*, sess. ord. de 1893, annexe n° 2784, p. 1029 ; — proposition présentée par MM. Saint-Germain, Bourlier, Doumergue, Etienne, Samary et Thomson, Ch. des dép., séance du 12 janvier 1894, *J. O., Doc. parl.*, sess. ord. de 1894, annexe n° 376, p. 147 ; — rapport (suivi de deux propositions) fait au nom de la commission chargée d'examiner les modifications à introduire dans la législation et dans l'organisation des divers services de l'Algérie (justice française et musulmane, police et sécurité), par M. Isaac, sénateur, Sénat, séance du 28 février 1895, *J. O.*, *Doc. parl.*, sess. ord. de 1895, annexe n° 36, p. 43).

mieux placées puisque plus près du lieu du crime, mieux composées puisque joignant la compétence juridique et professionnelle des magistrats de carrière aux connaissances diverses des colons et des notables musulmans, seraient à même de rendre une justice moins onéreuse et moins imparfaite (1). Au Sénat, cette proposition a été l'objet d'un rapport favorable (2) : on attend qu'elle vienne en discussion.

Ce qui semble retarder cette discussion, c'est l'opposition non dissimulée de la plupart des représentants de l'Algérie au parlement. Au rapport concluant à l'adoption du projet Flandin, les sénateurs algériens ont opposé un contre-projet (3), dont nous avons eu occasion déjà de dire ce que nous pensons (4). Alors que le projet Flandin crée un tribunal rationnellement composé, analogue à ceux qui fonctionnent en Indo-Chine et en Tunisie, les sénateurs algériens tranchent la difficulté par une distinction difficilement acceptable : pour les crimes qui font encourir la peine de mort, les indigènes seraient livrés au jury, et pour les crimes non capitaux aux tribunaux correctionnels. Si bien que c'est dans les cas les plus graves que le système depuis longtemps condamné serait maintenu ! La seule raison donnée pour justifier ce sys-

(1) Rapport fait au nom de la commission chargée d'examiner la proposition de MM. Saint-Germain... par M. Et. Flandin, Ch. des députés, séance du 3 décembre 1894, *J. O.*, *Doc. parl.*, sess. extraord. de 1894, annexe n° 1045, p. 2043. — Ce projet a été voté par la Chambre le 25 octobre 1897.

(2) Rapport fait au nom de la commission chargée d'examiner la proposition de loi adoptée par la Chambre des députés relative à l'organisation des cours d'assises et du jury criminel en Algérie, par M. Isaac : Sénat, séance du 15 mars 1898, *J. O.*, *Doc. parl.*, sess. ord. de 1898, annexe n° 105, p. 143.

(3) Contre-projet à la proposition de loi..., présenté par MM. Jacques, Gérente et Treille, sénateurs : Sénat, séance du 9 décembre 1898.

(4) *Institutions pénitentiaires de l'Algérie*, n° 50, p. 124, note 2 ; et notre compte-rendu de la thèse de M. Foissin, *suprà*, p. 60.

tème baroque, c'est qu'il est inadmissible qu'un indigène siège dans un tribunal : ce serait abandonner aux mains des vaincus une partie de notre souveraineté ; ce serait un acheminement vers l'électorat de la masse indigène (1). Mais, ne voyons-nous pas des indigènes dans toutes les assemblées algériennes, conseils municipaux et généraux, délégations financières et conseil supérieur ? Ne voyons-nous pas cet assessorat, mi-partie français, mi-partie indigène, fonctionner en Tunisie à la satisfaction générale ? On peut employer quelques notables musulmans au service de la cour criminelle sans pour cela mettre aux mains des indigènes le bulletin de vote.

Le plus bizarre, en cette occurrence, c'est que les représentants de l'Algérie et ceux qui paraissent s'intéresser à notre colonie ignorent où en sont les questions algériennes. Alors que le projet Flandin a été adopté par la Chambre et rapporté au Sénat, voici que M. Pourquery de Boisserin, qui naguère promena une caravane parlementaire en Algérie, dépose à nouveau sur le bureau de la Chambre le texte voté déjà par cette assemblée : « Les événements de chaque jour, dit-il, démontrent combien il est regrettable que ce remarquable rapport — c'est le rapport Flandin que cependant M. Pourquery de Boisserin avait vivement combattu devant la commission de la Chambre — n'ait pas été discuté (2) ». Et quatre des députés algériens ont opposé à la nouvelle proposition la protestation que les sénateurs algériens avaient formulée au Sénat : sous la forme d'une seconde proposition, ils ont saisi la Chambre du contre-projet des sénateurs (3).

(1) Voyez encore en ce sens un article de M. G. Mercier, sur la réforme de la justice criminelle en Algérie, *Dépêche algérienne*, numéro du 27 août 1900.

(2) Proposition présentée par M. Pourquery de Boisserin, député, Ch. des dép., séance du 28 mai 1900, *J. O.*, *Doc. parl.*, sess. ord. de 1900, annexe n° 1656, p. 1118.

(3) Proposition présentée par MM. Morinaud, Marchal, Drumont

Tant et si bien que voici la Chambre saisie du texte qu'elle a déjà adopté et transmis au Sénat ; et que voici simultanément en présence devant les deux Chambres deux textes opposés et respectivement identiques. C'est tout au moins de singulière procédure parlementaire !

Les protestations des jurés algériens se produisent à point. Elles rappellent fort à propos que, tandis que sénateurs et députés accumulent propositions et contre-projets, les citoyens d'Algérie sont toujours en proie au fléau du jury et les indigènes continuent d'être jugés d'une façon dont on rirait si l'on n'avait envie d'en pleurer. Puissent ces protestations et ces vœux être entendus du gouvernement et du Sénat ! Puisse-t-on savoir en haut lieu que les français d'Algérie ne voient pas autant d'inconvénients que leurs représentants à la présence de deux indigènes dans un tribunal de sept membres (1). En adoptant définitivement le projet Flandin, dont elle est saisie depuis près de trois ans, la haute assemblée procurera aux colons un sensible allègement, et aux indigènes une meilleure justice.

et Firmin Faure, Ch. des dép., séance du 22 juin 1900, *J. O.*, *Doc. parl.*, sess. ord. de 1900, annexe n° 1740, p. 1349.

(1) La présence des assesseurs indigènes dans les cours criminelles a été formellement acceptée par les délégations financières, dans leur première session, en décembre 1898.

# LES POUVOIRS DISCIPLINAIRES

DES

# ADMINISTRATEURS DES COMMUNES MIXTES

## I. — Leur exercice en 1898-1899.

Notre civilisation et nos institutions n'ont point également pénétré dans toutes les régions de notre très vaste territoire nord-africain. Au sud, une étendue encore indéterminée, sans cesse croissante, est toujours soumise, sous le nom de « territoire de commandement », à l'autorité militaire : la justice criminelle y est rendue par les conseils de guerre, par les commissions disciplinaires, par les officiers des bureaux arabes, et même par les chefs indigènes. Le nord seul, suivant une bande d'une largeur variable, parallèle au littoral méditerranéen, constitue « le territoire civil (2) ». Encore, dans ce territoire même, faut-il distinguer. Le long de la côte et dans les régions depuis longtemps ouvertes à l'immigration européenne, s'applique un régime tout à fait analogue à celui de la métropole : les communes, dites de plein exercice, sont administrées par un maire et un conseil municipal ; la justice est rendue pour tous par les juges de paix (3), les tribunaux d'arrondissement, les cours d'assises, la cour d'Alger. Mais une

(1) *Revue pénitentiaire*, numéro de mai 1900, p. 819.

(2) Ce territoire a 128.500 kilomètres carrés.

(3) Les juges de paix algériens sont à compétence étendue, et connaissent, au criminel, de certains délits, toutes les fois que la localité où ils résident n'est pas le siège d'un tribunal d'arrondissement.

région plus vaste, bien que comprise dans le territoire civil, est à peu près exclusivement peuplée d'indigènes : ce sont les massifs montagneux du Tell et une partie des Hauts Plateaux. Cette région est divisée en communes mixtes (1). Au point de vue de la justice criminelle, les faits graves, crimes et délits, sont déférés à la cour d'assises, au tribunal correctionnel ou au juge de paix comme dans les communes de plein exercice ; mais un assez grand nombre de faits, commis exclusivement par les indigènes, qu'il serait long et coûteux de déférer à la juridiction parfois très éloignée du juge de paix, constituent des contraventions spéciales dites infractions à l'indigénat, et sont réprimées disciplinairement. Dans la commune mixte, l'administrateur joint aux attributions du maire et aux fonctions d'officier de police judiciaire des pouvoirs qui lui permettent d'infliger aux indigènes des peines de simple police (2).

Le principe même des pouvoirs disciplinaires reconnus aux administrateurs des communes mixtes a été souvent attaqué comme contraire aux principes de notre droit public, comme plaçant la majeure partie de la population de l'Algérie (3), sous le régime de l'arbitraire et du bon plaisir (4). A ces objec-

(1) Les communes mixtes forment des circonscriptions très vastes et très peuplées : en moyenne, 144.000 hectares, c'est-à-dire à peu près un arrondissement français, et 33.000 habitants. Mais certaines communes dépassent de beaucoup ces moyennes : telle commune mixte, comme le Télagh, a 354.553 hectares ; telle autre, comme la Soummam, compte 104.386 habitants.

(2) Pour plus de détails sur la justice répressive en Algérie, voyez Emile Larcher et Jean Olier, *Les institutions pénitentiaires de l'Algérie*, n$^{os}$ 38-72.

(3) Exactement 2.425.940 indigènes, d'après le recensement de 1896.

(4) Voyez notamment : Paul Leroy-Beaulieu, *L'Algérie et la Tunisie*, dans le chap.: De la politique à suivre à l'égard des indigènes ; et le rapport de M. A. Isaac au Sénat sur le projet qui est devenu la loi du 21 décembre 1897 (*J. O.*, *Doc. parl.*, Sénat, sess. extraord. de 1897, séance du 16 décembre 1897, annexe n° 77, p. 746).

tions il a été souvent répondu, et victorieusement, à notre avis (1). Mais la meilleure réponse n'est-elle pas dans les faits, dans l'usage même que les administrateurs font des pouvoirs que la loi leur confère ?

Le *Journal officiel* du 22 avril 1900 (2) publie le rapport que chaque année, aux termes de l'article 9 de la loi du 21 décembre 1897, le gouvernement doit adresser au Président de la République et aux Chambres : nous trouvons là un assez clair exposé des conséquences de l'application de cette loi, du 1er juillet 1898 au 30 juin 1899, et, à l'appui, des tableaux statistiques (3). Nous en extrayons les renseignements essentiels.

Les administrateurs ont prononcé pendant cette période 23.366 condamnations. Ce chiffre est un des plus élevés qui aient été atteints ; il présente surtout une notable augmentation sur celui de la précédente année, 21.497.

(1) Voyez M. Wahl, *L'Algérie*, 3e édit., p. 302 ; Prévot-Leygonie, Les pouvoirs disciplinaires des administrateurs de communes mixtes en Algérie, *Revue algérienne et tunisienne*, 1890, première partie, p. 81 ; M. Colin, La prorogation des pouvoirs disciplinaires des administrateurs des communes mixtes en Algérie, *Revue politique et parlementaire*, t. XII, 1897, p. 102 ; l'exposé des motifs du projet qui est devenu la loi du 21 décembre 1897 (*J. O.*, *Doc. parl.*, Ch. des dép., sess. ord. de 1897, séance du 18 mai 1897, annexe n° 2431, p. 1255) ; et surtout le rapport de M. Et. Flandin, sur ce projet (*Ibid.*, séance du 3 juin 1897, annexe n° 2487, p. 1354).

(2) *J. O.*, 1900, p. 2517 et s.

(3) Nous tenons à faire remarquer que les chiffres fournis par le rapport du président du conseil, ministre de l'intérieur, ne coïncident en aucune façon avec ceux que donne l'*Exposé de la situation générale de l'Algérie,* présenté par le gouvernement général au conseil supérieur en décembre 1899, chiffres reproduits dans l'article de M. L. Paoli, Les questions pénitentiaires en Algérie en 1899, *Revue pénitentiaire,* numéro de mars 1900, p. 477. Nous attribuons cette divergence à la manière peu satisfaisante dont est dressé l'*Exposé* : nous avons, au contraire, tout lieu de croire exact le rapport du ministre.

Les contraventions qui donnent lieu à ces condamnations sont celles qu'énumère le tableau annexé à la loi du 21 décembre 1897, appelé parfois code de l'indigénat. Il y a là vingt-six paragraphes qui ne sont pas tous, il s'en faut, d'une application également fréquente. Les infractions qui ont motivé le plus grand nombre de condamnations sont : les actes de désordre sur les marchés et dans les lieux publics (4.702 condamnations portant 21.419 francs d'amende et 15.777 jours d'emprisonnement) ; le retard prolongé et non justifié dans le paiement des impôts (4.397 condamnations, 8.070 francs d'amende, 16.621 jours de prison) ; la dissimulation de la matière imposable (5.346 condamnations, 41.294 francs d'amende, 8.046 jours de prison) ; le défaut de permis de voyage (1) (1.145 condamnations, 3.862 francs d'amende, 3.741 jours de prison) ; le refus ou l'inexécution des services de patrouilles et de garde prescrites par l'autorité (1.255 condamnations, 4.250 francs d'amende, 3.911 jours d'emprisonnement). Les nouvelles infractions créées par les §§ 21-26 ne figurent que pour 2.070 condamnations.

Les condamnations infligées par les administrateurs en 1898-1899 comportaient : 5.956 l'amende seulement, 9.118 l'emprisonnement seul, et 8.292 cumulaient l'amende et l'emprisonnement. Au total, les peines prononcées faisaient 113.790 francs d'amende et 65.018 jours d'emprisonnement. Ce qui donne, comme moyenne de la condamnation : 7 fr. 98 c. pour l'amende et 3,73 pour l'emprisonnement.

La plus intéressante innovation de la loi du 21 décembre 1897, sans aucun doute, est la disposition de l'article 2 (2). L'administrateur peut, soit qu'il le juge utile, soit que le con-

(1) Sur cette contravention, voyez notre article : Le vagabondage et la mendicité en Algérie, *Revue pénitentiaire*, 1899, p. 1012, et *suprà*, p. 35.

(2) Cette innovation a été signalée par la *Revue pénitentiaire*, numéro de janvier 1898, p. 144.

trevenant le lui demande, convertir en prestations les amendes et les peines d'emprisonnement qu'il a prononcées : l'amende se convertit en prenant comme valeur de la journée de prestation celle qui est indiquée au tarif de conversion adopté pour les chemins vicinaux ; et la journée de travail est considérée comme équivalant à une journée d'emprisonnement. En 1898-1899, les administrateurs ont ainsi converti 627 condamnations à l'amende, 1.349 à l'emprisonnement et 748 à l'amende et à l'emprisonnement : cela a produit 12.659 journées de travail.

Enfin les condamnations que prononcent les administrateurs sont susceptibles d'appel devant le sous-préfet : c'est une faculté dont les contrevenants usent peu. Pendant la période considérée par le rapport, 21 condamnations ont été frappées d'appel : 16 ont été confirmées, dont 9 avec aggravation de la peine ; 5 ont été infirmées.

Nous n'accompagnerons ces chiffres que de brèves observations.

Nous nous associons bien volontiers aux conclusions que M. Waldeck-Rousseau donne à son rapport. « Aucun usage abusif des pouvoirs disciplinaires n'a été constaté. J'ai pu me rendre compte, au contraire, que les administrateurs agissent avec prudence et discernement, et ce n'est que rarement qu'il y a lieu de leur adresser des observations. Punir promptement plutôt que sévèrement, sans exagération comme sans faiblesse, telle est la pratique constamment suivie ; telle est aussi la meilleure façon d'obtenir des indigènes la soumission et le respect qu'ils doivent à notre autorité. C'est vers ce résultat que tendent les efforts du personnel des communes mixtes. Et si l'on considère que ce personnel très restreint dirige depuis de longues années, avec de faibles moyens, une population de deux millions et demi, qu'il a toujours assuré dans les meilleures conditions le recouvrement des impôts et le maintien de la sécurité, on est forcé de reconnaître que le succès a répondu à ses efforts et que les pouvoirs disciplinaires dont il dispose ont été sagement et utilement exercés. » Le corps des administrateurs de communes mixtes n'a pas toujours mérité les éloges que peut lui décerner aujourd'hui le président du conseil. Quand brusquement, sous le gouvernement de M. Albert Grévy, le territoire civil a été doublé, quand il a fallu, un peu à l'improviste, pourvoir à l'administration de ces vastes étendues, on a recruté les fonctionnaires dans tous les services algériens, et tous n'ont pas été à la hauteur de leur tâche. Mais peu à peu on a éliminé les moins bons éléments (1) ; on a établi le principe du recrutement au concours: ce personnel s'est grandement amélioré. Aujourd'hui les administrateurs des communes mixtes sont généralement dignes des complexes et délicates fonctions qui leur sont dévolues. La nature des faits réprimés, le nombre des condamnations prononcées, la façon modérée dont ces fonctionnaires exercent leurs pouvoirs constituent la meilleure preuve de l'utilité de ces pouvoirs.

L'augmentation, assez notable, des condamnations prononcées dans la dernière année est due précisément, pour partie au moins, à l'amélioration du service des administrateurs. Quand le ministre constate que, dans le département d'Oran, les condamnations pour dissimulation de la matière imposable ont été exceptionnellement nombreuses, il ne donne qu'une des causes de l'augmentation observée. Il en est deux autres, plus intéressantes, la première passagère, la seconde permanente. La première, c'est que l'an dernier, par contre-coup du mouvement anti-juif qui avait agité les villes, l'état des tribus, au moins sur certaines parties du territoire, était rien moins que rassurant : il a fallu de la part des autorités une très grande fermeté pour maintenir partout la tranquillité.

(1) « En trois ans on eut à relever de leurs fonctions pour incapacité et fautes graves vingt-quatre administrateurs et administrateurs adjoints. » (BURDEAU, *L'Algérie en 1891*, p. 147.)

La seconde, qui continuera, pensons-nous, à faire progresser les condamnations prononcées par les administrateurs comme elle fait croître les crimes et délits réprimés par les tribunaux, c'est que la police des tribus se fait de mieux en mieux : le nombre des contraventions spéciales à l'indigénat comme de toutes les infractions découvertes et punies va sans cesse augmentant.

Après ces félicitations très méritées, une petite critique nous sera permise. Les administrateurs n'usent pas suffisamment de la faculté qui leur est accordée de transformer leurs condamnations en prestations. Le président du conseil, dans son rapport, signale « les nombreux avantages que présente cette conversion, tant au point de vue moral qu'au point de vue des intérêts des communes ». Il y a longtemps qu'on a remarqué que la prison n'est point une peine redoutée de l'arabe, que l'emprisonnement onéreux pour le budget ne produit aucun effet utile : le système des corvées ou prestations est à tous égards préférable (1). L'innovation apportée par la loi du 21 décembre 1897 est excellente : elle mérite d'être très largement appliquée. Les administrateurs ne paraissent pas encore s'en être suffisamment aperçus. Les conversions effectuées en 1898-1899 représentent à peine une proportion de 10 0/0 de la valeur totale des peines infligées. Sans doute toute innovation se heurte à des habitudes acquises ; il lui faut un certain temps pour passer de la loi dans la pratique. Nous espérons que les avantages signalés avec tant d'autorité par le chef du gouvernement apparaîtront au personnel des communes mixtes et que la prochaine statistique marquera sur ce point un nouveau progrès.

(1) Voyez notamment plusieurs des résolutions prises par la commission interdépartementale de la sécurité en 1893, et transformées en vœux par les conseils généraux d'Algérie.

## II. — Leur exercice en 1899-1900 (1).

Dans les communes mixtes de l'Algérie, l'administrateur joint aux fonctions de maire des pouvoirs spéciaux qui lui permettent, pour certaines infractions propres aux indigènes, d'infliger à ceux-ci les peines de simple police. La nécessité de ces pouvoirs ne paraît guère, en l'état actuel, contestable: mais les Chambres n'ont jamais voulu les accorder que temporairement, et elles en ont assuré le contrôle en exigeant qu'un rapport leur soit annuellement présenté sur leur exercice (Loi du 21 décembre 1897).

Le *Journal officiel* du 27 mars 1901 publie le rapport relatif à la période du 1er juillet 1899 au 30 juin 1900. Il constate que les pouvoirs répressifs ont été exercés avec la même régularité, qu'aucun usage abusif n'a été constaté. Nous ne reproduirons donc pas les considérations générales que nous avons présentées à l'occasion du précédent rapport : elles peuvent s'appliquer de tous points à la dernière période (2).

Le fait le plus saillant de l'exercice des pouvoirs disciplinaires pendant la période 1899-1900 est le nombre très élevé — le plus élevé, croyons-nous, qui ait jusqu'alors été atteint — des condamnations prononcées par les administrateurs : 25.708 (3), présentant une progression de 2.342 sur le chiffre de l'année précédente, lequel était déjà en augmentation de près de 2.000 sur celui de la période 1897-1898. — Cette augmentation est due principalement à ce que, dans le département d'Oran, on s'est efforcé d'assurer dans de meilleures conditions le recensement et la perception des impôts : on

(1) *Revue pénitentiaire*, numéro de mai 1901, p. 904. — Reproduit par le *Bulletin de la Réunion d'Etudes algériennes*, numéro d'avril 1901, p. 190.

(2) Voyez plus haut.

(3) Le territoire des communes mixtes présente une population indigène de 2.425.940 individus : la moyenne des condamnations ressort donc à la proportion assez élevée de 10,59 pour 1.000 habitants.

veut réagir contre la tendance des indigènes à frauder le fisc en cherchant à soustraire à nos agents les récoltes ou les bestiaux qui sont la base de l'impôt indigène. Elle est due aussi à une police toujours meilleure, toujours plus active dans les tribus. Tout porte à croire que ces deux causes continueront à se faire sentir : une progression continue des condamnations disciplinaires est donc vraisemblable.

A entrer dans le détail des tableaux nombreux qui illustrent, en quelque sorte, le rapport gouvernemental, nous constaterons que les condamnations se décomposent en : 10.189 prononçant cumulativement l'amende et l'emprisonnement, 6.159 l'amende seulement, et 9.360 l'emprisonnement seul. Le total des peines infligées est de 125.635 francs d'amende et de 71.957 jours de prison.

Ce sont toujours les mêmes contraventions qui donnent lieu aux plus fréquentes condamnations : la dissimulation de la matière imposable (§ 8 du tableau annexé à la loi du 21 décembre 1897), 7.021 condamnations, 44.598 fr. 50 c. d'amende et 11.946 jours de prison ; les actes de désordre sur les marchés (§ 16), 5.525 condamnations, 25.803 fr. 50 c. et 17.983 jours ; le retard prolongé et non justifié dans le paiement des impôts (§ 6), 2.703 condamnations, 4.920 francs et 10.982 jours; le refus ou l'inexécution des services de patrouille ou de garde (§ 2), 1.803 condamnations, 6.660 fr. 50 c. et 5.639 jours ; le défaut de permis de voyage (§ 13), 1.165 condamnations, 4.512 francs et 3.899 jours.

Nous noterons que les administrateurs paraissent avoir compris, ou tout au moins commencent à comprendre, l'utilité de la disposition de la loi du 21 décembre 1897 qui leur permet de convertir en prestations les amendes et les journées d'emprisonnement qu'ils prononcent. Ils ont usé de cette faculté un peu plus fréquemment que dans la précédente période: ils ont converti 955 condamnations à l'amende, 2.848 condamnations à l'emprisonnement et 2.058 condamnations à l'une et à l'autre peines en 18.079 journées et demie de travail (1). Il est à souhaiter qu'ils continuent à développer l'application de cette excellente mesure.

Comme toujours, les indigènes ont peu usé de la faculté d'appel devant le sous-préfet : 18 condamnations seulement ont fait l'objet de ce recours ; 13 fois il y a eu confirmation, 4 fois infirmation et une fois réduction.

Somme toute, l'usage ne fournit aucun argument aux adversaires, s'il en est encore, des pouvoirs disciplinaires des administrateurs.

(1) Au lieu de 627 condamnations à l'amende, 1.349 à l'emprisonnement et 748 à l'amende et à l'emprisonnement, produisant 12,659 journées en 1898-1899.

# L'INTERNEMENT DES INDIGÈNES ALGÉRIENS[1]

Un incident de la très brève discussion du budget de l'Algérie a montré combien dans notre parlement, et surtout à la Chambre des députés, les questions algériennes sont peu connues, même de ceux auxquels leur origine ou leurs travaux feraient supposer une certaine compétence.

Au chapitre 12 du budget de l'Algérie (ministère de l'intérieur) « *Personnel du service de la sûreté générale et force publique en Algérie* », un amendement avait été proposé par MM. Marchal, Drumont, Morinaud et Firmin Faure, tendant à augmenter le crédit de 20.000 francs pour permettre aux communes pauvres d'obtenir du gouverneur général l'internement des malfaiteurs.

L'un des signataires, M. Morinaud, soutint l'amendement :

« L'objet de cet amendement, dit-il, est extrêmement simple. Aux termes des lois et règlements qui régissent l'Algérie, le gouverneur général a le droit de prononcer l'internement des malfaiteurs dangereux ; mais cet internement est à la charge des communes ; de sorte que, si la commune est pauvre, elle ne peut pourvoir à cette dépense, et les malfaiteurs ne sont pas internés. La décision du gouverneur n'est pas appliquée.

« ... Les malfaiteurs continuent à parcourir les campagnes, causent le plus grave préjudice aux colons et aux indigènes. Il faut mettre fin à cette situation désastreuse.

« Telle est la raison de notre amendement qui tend à une augmentation de crédit de 20.000 francs. »

Le rapporteur du budget dè l'Algérie, M. Le Moigne, combattit l'amendement : « La mesure qui consiste à interner les

(1) *Revue pénitentiaire*, numéro d'avril 1900, p. 648.

malfaiteurs indigènes en Algérie dans une commune autre que celle à laquelle ils appartiennent est une mesure spéciale à l'indigénat. D'après un arrêté du 25 février 1861, les frais d'internement sont à la charge des communes. Par conséquent, en principe, le gouvernement ne devrait pas intervenir. Toutefois, comme on a constaté qu'il peut arriver qu'une commune exceptionnellement pauvre ne soit pas en état de faire face aux frais d'internement, depuis plusieurs années on a fait figurer au budget une somme de 21.000 francs pour parer aux cas de nécessité extrême. Mais remarquez bien qu'on ne doit recourir à cette ressource que dans des circonstances tout à fait exceptionnelles.

« En effet, en temps ordinaire, avant que le gouverneur général ordonne l'internement des malfaiteurs, il doit prendre soin de se munir d'un engagement de la commune de subvenir aux frais d'internement. Il faut reconnaître qu'il y a là une lacune dans la loi de 1884, les frais d'internement n'ayant pas été compris dans les dépenses obligatoires des communes, ce qui fait que les communes, trop souvent, refusent de supporter cette dépense. Peut-être quelquefois peut-il arriver qu'une commune de plein exercice en Algérie soit trop pauvre pour payer ces frais ; mais la plupart du temps, je suis obligé de le reconnaître, les finances des communes algériennes ne sont pas gérées avec une économie très grande.

« ... Il est absolument inutile d'augmenter le crédit inscrit au budget pour l'internement des malfaiteurs, et je vous demande de repousser l'amendement. »

M. le baron Demarçay, exprimant sans doute le sentiment d'un grand nombre de ses collègues, manifesta le désir de savoir au juste de quoi il s'agissait : « Nous serions heureux de savoir, Monsieur le rapporteur, quels sont les individus que vous comprenez sous le nom de malfaiteurs en Algérie. S'agit-il de condamnés ou simplement de gens qui sont dans une situation particulière à l'Algérie ? »

Mais M. le rapporteur ne put pas satisfaire à cette bien légitime curiosité : « Je suis assez embarrassé pour répondre, n'ayant pas le texte de la loi sous les yeux. Il s'agit d'individus qui, d'après une décision du gouverneur général, doivent être éloignés de leur commune, où ils troublent la sécurité publique, et transportés dans une autre. Est-ce à la suite d'une condamnation ? Je ne suis pas en mesure de répondre à cette question. »

Personne dans la Chambre ne prit la parole pour donner sur l'internement des renseignements plus précis. Et l'assemblée, avec une sagesse dont elle se départit trop souvent, refusa de donner l'argent des contribuables sans savoir à quoi il serait employé. L'amendement fut rejeté (1).

Il est au moins piquant de voir ainsi les auteurs de l'amendement, envoyés à la Chambre par la majorité électorale de certaines circonscriptions algériennes, et le rapporteur, qui s'était montré parfois censeur si sévère, incapables de fournir aucune explication relativement à l'une des institutions pénales les plus caractéristiques de notre grande colonie. Nous pensons que la curiosité de M. le baron Demarçay est aussi celle des lecteurs de la *Revue pénitentiaire* (2).

## I

Nous n'avons pas, dans notre droit français, de peine comparable à l'internement. Elle échappe aux classiques classifications ; elle se met en contradiction avec tous les principes.

Elle réprime tous les faits, qu'ils tombent ou non sous le coup d'un texte, qu'ils mettent en danger la fortune privée

(1) Chambre des députés, séance du 1er février 1900 : *J. O., Déb. parl.*, p. 254. — Voyez le résumé de cette discussion, *Revue pénitentiaire*, 1900, p. 372. Ajoutons-y que M. Marchal, premier signataire de l'amendement, était absent pour cause de maladie.

(2) Sur cette matière, la bibliographie est brève : Émile Larcher et Jean Olier, *Les institutions pénitentiaires de l'Algérie*, nos 34-35.

des citoyens, la sécurité publique ou notre domination dans le Moghreb. Elle se contente d'une procédure plus que sommaire. Elle affecte les formes les plus diverses, n'exigeant pas toujours un lieu de détention, s'exécutant hors de l'Algérie aussi bien que dans l'intérieur. Elle n'a point de durée préfixe : on sait quand elle commence, mais non quand elle finit. Et si elle coûte quelques deniers, l'administration a-t-elle trouvé un moyen ingénieux de ne les point faire figurer à son budget !

Singulière peine !

Aucun texte ne détermine les faits pour lesquels l'internement peut ou doit être prononcé. Aussi intervient-il dans des cas très variés (1).

Il joue un rôle important dans la répression des crimes et des délits de droit commun. D'abord, il facilite l'instruction, en écartant momentanément des lieux du crime ceux qui auraient intérêt à en entraver la marche. Trop fréquemment, grâce à la franchise de l'arabe et à la bonne foi du kabyle, les parents du criminel ou les gens du même çof (2) préparent un ingénieux alibi ou égarent la justice par un savant système de faux témoignages (3). On déjoue ces pratiques en

(1) Parfois même il en est fait un usage abusif. Voyez les faits cités par M. Morinaud à la Chambre, séance du 24 mai 1901, *J. O.*, Ch. des dép., *Déb. parl.*, p. 1144.

(2) Le çof est une institution berbère qui vaut chaque année à l'Algérie quelques centaines de meurtres. Dans tout village, dans toute tribu, il y a deux partis ennemis, deux çofs ; et les membres d'un même çof se prêtent un mutuel appui, se soutiennent avec un dévouement aveugle. Une maxime résume parfaitement la morale kabyle : « Aide les gens de ton çof, qu'ils aient tort ou raison. » — Voyez: HANOTEAU et LETOURNEUX, *La Kabylie et les coutumes kabyles*, t. II, p. 11 ; F. CHARVÉRIAT, *A travers la Kabylie et les questions kabyles*, p. 80 ; M. WAHL, *L'Algérie*, 3e édit., p. 198.

(3) « Demandez à nos officiers et à nos magistrats ce qu'ils pensent de la franchise kabyle ; sur cent témoins interrogés dans une

internant pendant la durée de l'instruction les gens du çof ou la famille (1).

Puis, les difficultés que présente toujours l'instruction des affaires indigènes, les mensonges des témoins, l'impossibilité de préciser l'identité des inculpés (2) déterminent, faute de preuves suffisantes, des non-lieux et des acquittements. L'internement vient alors remédier aux imperfections de notre justice en pays musulman : un séjour au dépôt de Calvi ou dans un pénitencier indigène évite qu'un crime reste sans sanction (3). Généralement les affaires de vol à main armée, pratiqué par des bandes souvent nombreuses, se terminent par le renvoi en cour d'assises des chefs de file et de ceux dont on peut établir la participation effective au crime, et par une décision d'internement à l'égard des autres.

L'internement apparaît donc, et c'est de plus en plus le caractère qu'il affecte, comme s'appliquant en matière de crimes de droit commun. Mais aux commencements de notre occupation il jouait surtout un rôle politique. Longtemps l'envoi à l'île Sainte-Marguerite fut le grand moyen d'intimidation mis à la disposition de nos commandants militaires à l'encontre des chefs indigènes qui ne se montraient pas favorables à notre domination. Aujourd'hui encore l'internement est la répression des discours factieux ; c'est la peine des pèlerins qui vont gagner à La Mecque le titre vénéré de *hadj*

affaire, cinquante affirment, cinquante nient avec le même aplomb. » M. WAHL, *op. cit.*, p. 208.

(1) Par exemple, pendant la poursuite, si longtemps vaine, du fameux brigand Areski ben el Bachir, la femme du bandit fut internée à Alger : ainsi elle ne put plus le renseigner sur les mouvements de la police et des troupes envoyées contre lui.

(2) Voyez LARCHER et OLIER, *Institutions pénitentiaires de l'Algérie*, nº 42.

(3) Cette manière de faire a été vivement critiquée à la Chambre par M. Albin Rozet (séance du 31 mai 1901, *J. O.*, Ch. des dép., *Déb. parl.*, p. 1198). Nous avouons ne pas partager l'indignation de l'honorable député.

malgré les prohibitions ; c'est le moyen d'écarter d'un milieu qu'ils pourraient soulever les fanatiques qui trouvent qu'il tarde trop à venir, le Maître de l'heure qui doit balayer les Roumis à la mer (1).

La procédure est des plus simples : un ordre du gouverneur général (2).

Nous reconnaissons facilement qu'il est exorbitant, contraire aux principes les plus certains de notre droit public, attentatoire à la séparation des pouvoirs, que le gouverneur général, c'est-à-dire juridiquement un agent administratif, prononce ainsi, sans débats (3), une peine qui frappe les individus dans leur liberté. Cela paraît moins extraordinaire à qui sait que ces dérogations à la règle de la distinction des autorités administratives et judiciaires ne sont pas rares dans la législation algérienne. Le gouverneur, en vertu de pouvoirs analogues, frappe les individus et les tribus ou les douars dans leurs biens, par le séquestre et l'amende collective (4); les adminis-

(1) Les deux députés, MM. Morinaud et Le Moigne, ne donnaient donc des internés qu'une bien inexacte notion en employant pour les désigner les expressions « malfaiteurs » ou « malfaiteurs dangereux ».

(2) Depuis peu une commission est organisée au gouvernement général avec mission de préparer la décision du gouverneur, en assurant l'instruction des affaires relatives aux internements. Elle se compose d'un conseiller de gouvernement, d'un substitut du procureur général, du directeur du cabinet civil du gouverneur, du chef du service des affaires indigènes, du chef du 6e bureau du gouvernement général et du contrôleur général des services de police et de sûreté. Voyez l'arrêté du gouverneur général du 24 septembre 1899, Estoublon et Lefébure, *Code de l'Algérie annoté*, supplément de 1899, p. 43. La section musulmane des délégations financières a demandé qu'on adjoignît à cette commission un membre indigène. (Délégat. fin., *Procès-verbaux*, session de novembre 1899, p. 708).

(3) Sur ce point encore, M. Albin Rozet critiquait l'état législatif actuel : il voudrait que l'indigène pût faire plaider sa cause devant la commission du gouvernement général (séance du 31 mai 1901, *loc. cit.*).

(4) Sur ces deux peines, voyez : L. Rinn, Le régime pénal de l'indigénat en Algérie, le séquestre et l'amende collective, *Revue algé-*

trateurs des communes mixtes ont à l'égard des indigènes de véritables pouvoirs disciplinaires leur permettant d'infliger l'amende et l'emprisonnement (1).

Mais, tandis que les administrateurs tiennent leurs pouvoirs d'une loi (2), tandis qu'il est facile de trouver des textes qui permettent au gouverneur de prononcer le séquestre ou l'amende collective (3), il n'est point aisé de découvrir la disposition législative qui confère au gouverneur général le droit de prononcer l'internement des indigènes en Corse ou en Algérie (4). Il est impossible de trouver dans les recueils algériens les textes qui ont introduit l'internement dans notre droit pénal : ç'a été tout d'abord une mesure de guerre dont peu à peu des circulaires et des arrêtés ont réglementé l'emploi. Le droit de condamner les indigènes à l'internement a toujours été reconnu au gouverneur général : quand cette fonction fut supprimée par le fait de la constitution du ministère de l'Algérie, une décision du ministre, en date du 27 décembre 1858, indiqua dans quelles conditions le « commandant supérieur

*rienne et tunisienne de législation et de jurisprudence*, 1889 et 1890 ; Larcher et Olier, *Institutions pénitentiaires de l'Algérie*, nos 36-37.

(1) Sur les pouvoirs disciplinaires des administrateurs, voyez : Prévot-Leygonie, Les pouvoirs disciplinaires des administrateurs de communes mixtes en Algérie, *Revue algérienne et tunisienne*, 1890, 1re partie, p. 81 ; M. Colin, La prorogation des pouvoirs disciplinaires des administrateurs des communes mixtes en Algérie, *Revue politique et parlementaire*, t. XII, 1897, p. 102 ; l'exposé des motifs du projet devenu la loi du 21 décembre 1897, et le rapport de M. Et. Flandin à la Chambre des députés : *J. O.*, Ch. des dép., *Doc. parl.*, 1897, annexes nos 2431 et 2487, p. 1255 et 1354 ; Larcher et Olier, *Institutions pénitentiaires de l'Algérie*, nos 67-72 ; et nos articles reproduits *supra*, p. 75.

(2) Actuellement la loi du 21 décembre 1897, *Revue pénitentiaire*, 1898, p. 144.

(3) Pour le séquestre, ordonnance du 31 octobre 1845, et loi du 17 juillet 1874, art. 6 ; pour l'amende collective, loi du 17 juillet 1874, art. 6.

(4) Nous ne sommes donc pas surpris que M. le rapporteur Le Moigne n'ait point eu, à la tribune de la Chambre, le texte de la loi sous les yeux !

des forces de terre et de mer », alors le plus haut fonctionnaire de la colonie, pourrait prononcer cette peine (1).

En territoire de commandement, un arrêté du gouverneur général du 14 novembre 1874 réserve à la commission disciplinaire supérieure (2) — qui devait siéger à Alger, mais qui n'a jamais fonctionné — le droit de proposer, et par conséquent au gouverneur le droit de prononcer « l'éloignement de l'Algérie ou l'internement des indigènes signalés comme dangereux pour le maintien de la domination française ou de l'ordre public (3) ».

Mais en territoire civil on ne trouve même pas de texte analogue. On put même avoir quelques doutes sur le maintien de ce pouvoir quand, en 1881, les décrets de *rattachement* dépouillèrent le gouverneur général de la majeure partie de ses attributions pour ne lui laisser que des délégations (4). Certains gouverneurs, et notamment M. Tirman, hésitaient à faire usage de l'internement, parce qu'ils estimaient cette peine peu compatible avec un régime d'assimilation.

Aujourd'hui, on peut dire que le droit de frapper les indigènes de cette peine résulte, non seulement de la tradition, confirmée par les textes que nous avons cités (5), mais sur-

(1) Cette décision est reproduite par Ménerville, *Dictionnaire de la législation algérienne*, t. Ier, p. 80, v° *Affaires arabes*.

(2) Sur les commissions disciplinaires qui, concurremment avec les conseils de guerre, rendent la justice criminelle en territoire de commandement, voyez : L. Rinn, Le régime pénal de l'indigénat en Algérie ; les commissions disciplinaires, *Revue algérienne et tunisienne*, 1885 ; Larcher et Olier, *Institutions pénitentiaires de l'Algérie*, nos 59-62.

(3) Art. 14 : Estoublon et Lefébure, *Code de l'Algérie annoté*, p. 445.

(4) Le décret du 26 août 1881 qui énumérait en quelles matières le gouverneur de l'Algérie statuait par délégation du ministre de l'intérieur portait seulement sous la rubrique *Police générale* : « Pénitenciers indigènes... Internement provisoire des indigènes à l'intérieur de l'Algérie ». Voyez : Estoublon et Lefébure, *Code de l'Algérie annoté*, p. 559.

(5) Il faut remarquer d'ailleurs qu'aucun de ces textes ne vaut

tout des pouvoirs plus étendus reconnus au gouverneur par les décrets de *dérattachement*. Une dépêche du ministre de l'intérieur, du 27 décembre 1897, porte que « il appartient désormais au gouverneur général, en vertu des pouvoirs qui lui sont conférés par le décret du 31 décembre 1896 (1), de prononcer l'internement au dépôt de Calvi (Corse) ou dans une localité du territoire algérien, ainsi que la levée de cet internement, sauf à en rendre compte immédiatement au ministre (2) ».

La peine que le gouvernement prononce sous le nom d'internement est quelque peu protéiforme : elle prend les aspects les plus variés. Ordinairement privative, elle n'est parfois que restrictive de liberté. Généralement subie en Algérie, elle comporte parfois la transportation. Elle ne trouve sa place dans aucun des habituels classements.

Tantôt les indigènes que frappe cette peine sont envoyés au dépôt de Calvi, en Corse (3) : on peut alors la rapprocher de la détention ou de la déportation. Sous cette forme, l'internement leur est particulièrement pénible, non à raison de la perte de la liberté dont l'arabe fataliste s'accommode aisément, mais à raison de l'éloignement : suivant la parole du vieux cheikh, il vit difficilement « loin de l'odeur de l'Islam ».

comme document législatif : ils ne peuvent être considérés que comme réglementaires.

(1) Aujourd'hui, et à plus forte raison, par le décret du 23 août 1898, puisque ce décret a renforcé les « pouvoirs forts » que le décret du 31 décembre 1896 donnait au gouverneur.

(2) Estoublon et Lefébure, *Code de l'Algérie annoté*, supplément de 1896-1897, p. 128.

(3) On sait que les indigènes algériens condamnés à la réclusion ou à plus de trois années d'emprisonnement sont transférés dans les pénitenciers agricoles de Castellucio et de Chiavari, en Corse. (Cette note n'est plus exacte ; depuis que l'Algérie a l'autonomie financière et son budget spécial, les condamnés algériens ne sont plus transférés en Corse. Voyez, *infrà*, notre chapitre : Le budget spécial et les services pénitentiaires.)

Tantôt ils sont enfermés dans l'un des trois pénitenciers indigènes de l'Algérie (1). Ce sont des établissements *sui generis* relevant, non pas de l'administration pénitentiaire, mais du service des affaires indigènes. De ces pénitenciers, sis, l'un à Boukhanéfis, dans le département d'Oran, l'autre à Tademit, dans le Sud algérien, entre Djelfa et Laghouat, le troisième à Aïn-el-Bey, non loin de Constantine, nous n'avons visité que ce dernier (2). Nous avons constaté que, dans l'établissement visité tout au moins, le régime n'est point pénible et la surveillance n'est pas exagérément rigoureuse. Dans le vaste domaine, les uns taillaient les vignes, les autres regardaient paître des troupeaux, quelques-uns ramassaient des pierres, sous la garde d'un tirailleur, nonchalamment étendu, son fusil à côté de lui. L'établissement tout entier se trouvait sous la direction d'un caporal de zouaves. Dans ce pénitencier, les internés étaient mélangés avec d'autres indigènes condamnés à des peines d'emprisonnement par les commissions disciplinaires du territoire de commandement (3).

Tantôt enfin la peine consiste à assigner aux indigènes, loin de leur tribu, une localité ou un douar qu'ils ne peuvent quitter. L'internement cesse alors d'être comparable à la détention ou à l'emprisonnement, pour se rapprocher de l'interdiction de séjour ou de notre ancienne surveillance de la haute police (4).

L'internement, usité depuis les commencements de la conquête, présente cette curieuse particularité d'avoir singulièrement devancé dans la pratique les plus hardis novateurs du

(1) Sur les pénitenciers indigènes, voyez Larcher et Olier, *Institutions pénitentiaires de l'Algérie*, n° 129.

(2) En avril 1899, lors d'un voyage d'étude à travers les établissements pénitentiaires civils et militaires de l'Algérie.

(3) Sur ces commissions et les délits qu'elles répriment, voyez Larcher et Olier, *Institutions pénitentiaires de l'Algérie*, n° 62.

(4) M. Le Moigne donnait donc de l'internement une notion tout à fait insuffisante en ne le considérant que sous cette dernière forme.

droit pénal. C'est une peine indéterminée. Le plus souvent, le gouverneur ordonne, purement et simplement, l'internement, sans en spécifier la durée : il se prolonge alors jusqu'à ce qu'un nouvel ordre, donné dans les mêmes formes (1), fasse mettre l'interné en liberté ou lui permette de regagner son douar. Mais les raisons qui déterminent la levée de l'internement ne sont point de celles qui devraient, dans le régime des peines indéterminées que d'aucuns préconisent, décider la mise en liberté des condamnés : elles sont purement objectives, et nullement subjectives. L'internement cesse quand on pense que, dans la tribu calmée, l'interné ne sera plus une cause de trouble, quand, l'instruction terminée, sa présence ne peut plus gêner les opérations du juge, ou quand la commune se refuse à le nourrir plus longtemps.

C'est par ce côté particulièrement prosaïque — de l'entretien des internés — que l'internement a le plus souvent attiré l'attention de nos législateurs et de nos administrateurs. On ne s'est point demandé si cette peine était légitime, si elle n'est point aux mains du gouverneur un pouvoir exagéré, s'il ne conviendrait pas de déterminer les cas où elle peut être prononcée. La seule question qu'on se soit posée est celle de savoir qui supportera les frais de l'entretien des indigènes internés.

C'est précisément cette question de crédits qui nous a valu la bizarre et négative discussion du 1er février. Pour comprendre les conditions dans lesquelles était présenté l'amendement de MM. Marchal et consorts et la réponse que comportaient les interrogations de M. Demarçay, il faut savoir que les détails d'application sont réglés, pour l'internement en Algérie, par un arrêté du gouverneur général du 25 avril 1861 (2), et pour

(1) Voyez la dépêche du ministre de l'intérieur citée plus haut.

(2) Reproduit dans Ménerville, *Dictionnaire de la législation algérienne*, t. II, p. 18, et dans Estoublon et Lefébure, *Code de l'Algérie annoté*, p. 253.

l'internement en Corse par un règlement ministériel du 19 mars 1859 — visé par les arrêtés postérieurs, mais introuvable dans les recueils (1) — et par l'arrêté du gouverneur général du 20 février 1861 (2).

Pour la nourriture des indigènes en Algérie, l'allocation est fixée à 50 centimes par jour et par individu (3). Lors de la publication de l'arrêté, c'est-à-dire en 1861, ces frais étaient imputables au budget des centimes additionnels des subdivisions auxquelles appartenaient les indigènes internés. Ce budget ayant disparu, les charges de l'entretien des internés ont été nécessairement mises au compte des communes de plein exercice, mixtes ou indigènes, qui ont eu en partage le territoire des anciennes subdivisions. Mais un arrêté du gouverneur général n'a pas la vertu de rendre obligatoire une dépense communale que la loi ou le décret (4) ne déclare pas telle : l'administration n'aurait donc aucun moyen de recouvrer les frais d'internement au cas fréquent de mauvais vouloir des communes. Elle a tourné la difficulté : elle prend soin, surtout lorsqu'il s'agit d'individus appartenant à une commune de plein exercice, de se munir au préalable d'un engagement du conseil municipal de cette commune (5). Tant que le conseil ne s'est pas engagé à payer les frais d'interne-

(1) Ce texte ne se trouve pas dans le *Bulletin officiel de l'Algérie et des colonies* où il aurait dû être publié pour devenir obligatoire.

(2) Reproduit dans Ménerville, *loc. cit.*

(3) Telle est du moins la disposition de l'article 3 de l'arrêté du 25 avril 1861. Cette allocation paraît assez élevée si l'on considère le régime frugal, mais suffisant, des pénitenciers indigènes : la ration journalière comporte un kilo de pain, le café le matin, et une soupe renfermant 30 grammes de haricots ou de pois, et 30 grammes de riz, le soir ; de la viande le dimanche seulement, 150 grammes. Cependant la journée d'entretien a été depuis peu portée à 75 centimes.

(4) Il ne faut jamais oublier que l'Algérie est soumise au régime des décrets.

(5) Estoublon et Lefébure, *Code de l'Algérie annoté*, note sous l'arrêté du 25 février 1861, p. 243.

ment, elle laisse le malfaiteur en liberté. C'est à ce singulier usage, évidemment peu conforme aux règles d'une bonne police, que l'amendement défendu par M. Morinaud et combattu par M. Le Moigne avait pour but de mettre fin en ouvrant un crédit de 20.000 francs à l'administration.

## II

Les critiques sont faciles contre une semblable institution. On peut l'attaquer vivement, de même que toutes les règles spéciales à l'indigénat, en la signalant comme tout à fait contraire à la politique d'assimilation que nous devrions tenir, au dire de certains, vis-à-vis des arabes et des berbères (1). On peut, en s'appuyant sur les principes du droit criminel français, s'en prendre particulièrement à cette peine de l'internement, prononcée par un fonctionnaire de l'ordre administratif, pour des faits qu'aucun texte ne définit, pour une durée illimitée, suivant un régime inégal et variable.

Nous voulons bien que cette peine détonerait singulièrement dans notre législation métropolitaine (2) ; mais ici, en Algérie, nous ne pensons pas qu'il faille tenir grand compte de critiques ainsi tirées de principes qui ne sont pas vrais dans la

(1) Voyez notamment dans l'ouvrage de M. Paul Leroy-Beaulieu, *L'Algérie et la Tunisie*, le chapitre : De la politique à suivre à l'égard des indigènes.

(2) Remarquons que cette pratique d'internements ou de transportations prononcées par voie administrative existe dans quelques pays d'Europe.— En Russie, c'est une mesure politique : le « chef des gendarmes », c'est-à-dire le directeur de la haute police, fait arrêter, interner dans une ville ou transporter en Sibérie, sans aucun jugement, les individus qui lui paraissent dangereux ou même qui lui déplaisent. Voyez Anatole Leroy-Beaulieu, *L'Empire des tsars et les Russes*, 3e édit., t. II, p. 150 et s. ; et p. 400 et s. — En Italie, le *domicilio coatto* n'est guère autre chose qu'un internement administratif dans certaines îles assez éloignées des côtes italiennes. Voyez *Revue pénitentiaire* : *Table des vingt premières années*, Vo *Domicile forcé* ; et 1897, p. 950, 1238, 1442 ; 1898, p. 598, 1164.

civilisation musulmane. Ce qui nous importe surtout, ce sont les bons résultats qu'elle produit. Bien plus, il nous paraît que l'internement, appliqué méthodiquement à certaines catégories de malfaiteurs, pourrait rendre à la colonie un considérable service. Loin donc de conclure à sa suppression, nous lui donnerions volontiers une certaine extension.

Ce n'est pas sans raison que les algériens y voient l'un des meilleurs moyens d'obtenir cette sécurité dont ils sentent si vivement le besoin (1). Les assemblées, coloniales ou départementales, ont maintes fois manifesté leur prédilection pour cette peine que n'affaiblissent pas les lenteurs de l'instruction et du jugement. Dans un rapport qui reçut l'approbation des délégations financières (section des colons) lors de la première session de cette nouvelle assemblée, on disait : « La peine de l'internement, appliquée par le gouverneur général dans les cas où l'action de la justice est impuissante en raison de surprises de procédure, de faux témoignage ou d'autres causes, constitue un moyen particulièrement efficace dont, peut-être, on pourrait faire un emploi plus fréquent (2). » La section des non-colons manifestait plus brièvement son sentiment non moins favorable à l'internement : « Excellent moyen », dit le rapport (3).

Cette peine ne soulève de la part des indigènes aucune protestation ; elle est, au contraire, beaucoup mieux que nos faibles et insuffisantes pénalités prononcées par de lentes et

(1) Il ne faut jamais oublier, dans l'étude des questions pénitentiaires algériennes, que la criminalité extrêmement élevée, triple probablement de celle de la métropole, est l'un des maux les plus certains de l'Algérie. Voyez notre étude sur la criminalité algérienne dans nos *Institutions pénitentiaires de l'Algérie*, nos 10-24, et, *infrà*, notre important chapitre sur le problème de la sécurité.

(2) Délégations financières algériennes, session de décembre 1898 : *Proc.-verb.*, p. 109.

(3) *Ibid.*, p. 569.

formalistes juridictions, adaptée aux notions musulmanes. Toujours dans la même session des délégations financières, un délégué de la section des indigènes (1) disait : « L'arabe ne comprend pas la séparation des pouvoirs. Il ne reconnaît qu'une autorité pour l'administrer, le juger et lui rendre justice. Cette autorité ne peut être que celle du représentant de l'administration. » Et un autre membre de la même section (2) ajoutait : « L'autorité judiciaire, beaucoup trop lente dans sa procédure, ne convient pas aux indigènes... C'est l'autorité administrative seule qui, armée de pouvoirs suffisants, peut mettre un terme aux déprédations actuelles, et donner aux colons européens, comme aux agriculteurs indigènes, la sécurité à l'aide de laquelle la colonisation prendra un vigoureux essor. » Et il concluait en approuvant la pratique des internements prononcés par le gouverneur général (3).

Nous n'éprouvons donc aucun embarras en ce qui concerne la régularité ou la légitimité de l'internement. C'est le cas, modifiant une pensée célèbre, de dire : vérité d'un côté de la Méditerranée, erreur de l'autre. Le principe de la séparation des pouvoirs est excellent dans une société civilisée, qui connaît les bienfaits d'une constitution représentative, d'un gouvernement parlementaire, d'une savante hiérarchie judiciaire. Il n'est point de mise avec des tribus musulmanes qui ont de la justice et du droit une notion si différente de la nôtre et qui portent toute leur admiration et tout leur respect

(1) M. Bouthiba el Hadj Benyamina : *ibid.*, p. 641.

(2) M. El Hadj Lakhadar ben Mohammed ben Taïeb : *ibid.*, p. 643.

(3) Il y a six ans, une commission interdépartementale formée de délégués des trois conseils généraux se réunit à Alger pour délibérer sur la question de la sécurité ; le rapport qui a exprimé, sous forme de vœux, le résultat de ses travaux signalait comme l'un des remèdes à la situation *l'extension de l'internement des indigènes suspects de département à département ou en Corse.* Les conseils généraux adoptèrent ce vœu : voyez notamment Cons. gén. d'Alger, session d'avril 1894, *Proc.-verb.*, p. 465.

vers la force. Qu'un châtiment suive toujours et rapidement le crime, tel est le but à atteindre : notre procédure ne l'atteint pas ; des mesures administratives l'atteignent ; donc celles-ci doivent être préférées à celles-là. Nous ne mettons à l'application de l'internement que cette condition, évidemment essentielle, que le gouverneur ne le prononce qu'à bon escient : la récente constitution d'une commission chargée d'examiner les demandes d'internement donne à cet égard complète satisfaction. Il faudrait même se garder de réglementer cette peine quant aux cas où elle peut être prononcée ; car cette réglementation ferait disparaître sa principale utilité qui est de suppléer aux insuffisances et aux lacunes de notre législation lorsqu'on l'applique à des populations musulmanes.

L'internement recevrait une considérable extension si on réalisait un projet dû à M. Sabatier, directeur de l'administration pénitentiaire de l'Algérie. Notre belle colonie souffre énormément de l'insécurité : le vol surtout y est un fléau (1). Or, grâce à sa longue expérience de la vie algérienne, grâce aux observations qu'il a pu faire dans les établissements dont il a la haute direction, M. Sabatier a établi : 1° que les condamnés, renvoyés dans leur tribu à la fin de leur peine, y reprennent leur ancienne profession de voleurs et exercent des représailles fréquentes sur les indigènes qui les ont jadis dénoncés ; 2° que certaines tribus vivent à peu près exclusi-

(1) La question de la sécurité est toujours inscrite à l'ordre du jour de toutes les assemblées algériennes ; elle a été particulièrement étudiée en 1893 par la commission interdépartementale, dont nous signalions plus haut une des résolutions ; mais elle est loin d'avoir reçu sa solution, qui ne peut se trouver que dans un ensemble très complexe de mesures relatives à l'organisation judiciaire, au régime pénitentiaire, à l'assistance publique et à la propriété foncière. Voyez, *infrà*, notre long chapitre sur le problème de la sécurité.

vement du vol (1). Dans ces conditions deux mesures paraissent indiquées comme répondant très directement aux deux observations : 1° on internerait, ou on cantonnerait dans une région déterminée les indigènes condamnés pour vol qui auraient accompli leur peine ; ils y seraient soumis à une certaine surveillance et y trouveraient les moyens d'y vivre par le travail, comme agriculteurs, bergers ou artisans ; 2° on internerait dans la même région les fractions indigènes qui seraient convaincues, à la suite d'une enquête administrative, de faire du vol une véritable industrie.

Lors de la discussion à laquelle ce projet, présenté sous forme de vœu, a donné lieu au conseil supérieur en janvier 1899, ces deux mesures n'ont point rencontré une égale faveur (2).

La première, comportant l'internement individuel des condamnés pour vol, fut généralement approuvée. M. le premier président Ducroux fit même observer que ce ne serait pas autre chose qu'une nouvelle application du principe sur lequel repose la surveillance de la haute police : mieux que de cette peine disparue de notre législation, on pourrait rapprocher cette mesure du *domicilio coatto* du code pénal italien. Les

(1) M. Sabatier a fait dresser, suivant le nombre des condamnés pour vol qui passent dans ses prisons et en les répartissant selon leur origine, un graphique qui montre combien est variable l'aptitude au vol des différentes tribus. Alors que dans le département d'Alger, il y a en moyenne 1 voleur sur 2.000 indigènes, que telle commune, comme celle de Gouraya, n'en compte même que 1 sur 7.200, certaines tribus atteignent une proportion effrayante : les Ouled Hellal comptent 1 voleur pour 399 habitants, les Baghdoura 1 pour 297. « Dans ces tribus, les voleurs sont tenus en particulière considération, et le plus bel éloge qu'on puisse faire d'un homme est de dire de lui qu'il est un homme de nuit. »

(2) Conseil supérieur, session de janvier 1899 : *Proc.-verb.*, p. 752-764. — Voyez aussi la communication de M. Sabatier aux délégations financières, section des colons, lors de la session de décembre 1898 : Délég. financ. alg., session de décembre 1898, *Proc.-verb.*, p. 87.

seules difficultés que cette première mesure puisse faire naître sont des difficultés d'application. — Il faudrait d'abord choisir un territoire assez vaste pour nourrir les internés, assez facile à surveiller, situé assez au centre de la colonie pour que les transfèrements n'y soient pas trop coûteux : cet idéal serait facilement réalisable si l'Algérie avait, comme l'Italie, le long de ses côtes quelques petites îles ; mais la ligne presque droite de la côte algérienne ne présente aucune île, à peine quelques rochers inhabitables. M. le directeur de l'administration pénitentiaire avait prévu et supprimé la difficulté, en choisissant une vaste superficie de 150 à 200 kilomètres carrés, non loin du pénitencier agricole de Berrouaghia, présentant une étendue suffisante, un sol assez varié pour permettre diverses cultures, une situation satisfaisante au point de vue de la surveillance : on y grouperait facilement les 8.000 ou 10.000 repris de justice, malfaiteurs de profession, qui désolent l'Algérie. — Comment ensuite, et c'est la seconde difficulté, faire passer dans notre législation cet internement des voleurs ? Ne faudrait-il pas une loi ? De là les lenteurs qui accompagnent ordinairement tous les travaux législatifs ; de là des craintes non chimériques : le parlement, et surtout le Sénat, si soucieux du principe de la liberté individuelle, consentirait-il à ce qu'une condamnation correctionnelle eût pour conséquence une peine perpétuelle (1) ? Mais, à notre sens, point n'est besoin d'une loi. Le gouverneur général a le droit, qu'on ne lui a jamais contesté, de prononcer des internements comme il l'entend : il n'y aurait aucune irrégularité à ce qu'il se fit donner par l'administration pénitentiaire un état périodique des condamnés pour vol sur le point d'être libérés, et à ce qu'il prît contre eux un arrêté d'internement ; et comme lieu d'internement il

(1) La crainte n'est pas chimérique pour qui se souvient des difficultés avec lesquelles on a obtenu le vote de la loi du 21 décembre 1897 sur les pouvoirs disciplinaires des administrateurs. Voyez LARCHER et OLIER, *Institutions pénitentiaires de l'Algérie*, n° 72.

indiquerait, toujours et pour tous, le même lieu, la colonie d'un nouveau genre fondée par l'administration pénitentiaire (1).

La seconde mesure soulève de plus graves difficultés. Il s'agit en effet de frapper d'internement, non plus des individus condamnés par les tribunaux, mais des collectivités, des fractions indigènes. Cette notion même qui consiste à frapper toute une tribu ou tout un douar à raison des fautes, fussent-elles réitérées, de ses membres, est en contradiction avec l'idée que nous nous faisons de la justice. Mais il ne faut pas oublier que l'Algérie connaît et pratique encore la responsabilité collective : pour certains faits qui impliquent généralement la complicité de tout un groupement, et notamment pour les incendies de forêts, le gouverneur général prononce l'amende et le séquestre qui atteignent toute la fraction déclarée responsable. Cette responsabilité peut exister toutes les fois que la tribu ou le douar, par sa résistance aux mesures ordonnées par l'autorité, par sa complicité en recélant les auteurs des crimes, se solidarise avec les coupables. Ce serait une mesure de même nature qu'il s'agirait de prendre. Il est certaines agglomérations où chaque famille a un de ses membres au bagne. La mesure n'est-elle pas alors opportune ? et ne peut-elle pas trouver une justification dans les règles spéciales de la législation algérienne ? Ce sont là des questions qui n'ont pas été discutées avec toute l'ampleur qu'elles méritent : la discussion fut renvoyée à une session ultérieure, et elle n'a pas été reprise à la session de décembre 1899.

Quant à nous, nous approuvons sans hésitation la première mesure qui ne paraît en aucune façon critiquable : facilement

(1) Remarquons encore que, dans ces limites, l'internement ne s'applique qu'à des condamnés, l'administration complétant en quelque sorte l'œuvre insuffisante de la justice. Nous n'admettrions pas que, comme le demandait M. Dufoix, préfet de Constantine, l'internement fût employé « à titre préventif ».

réalisable, parfaitement régulière en l'état actuel de la législation, elle aurait certainement une influence décisive sur la sécurité en Algérie. Quand les 10.000 voleurs qui infestent la colonie et sont la terreur des agriculteurs seront goupés sous la surveillance de gardiens vigilants, on connaîtra une sécurité que depuis longtemps toutes les assemblées algériennes appellent de leurs vœux. La seconde mesure mériterait, à notre avis, d'être essayée. Ce serait une bien curieuse expérience que cette réunion sur un même territoire de toutes les tribus voleuses ; ne pouvant plus entre elles pratiquer le vol, elles seraient contraintes à gagner leur vie par un travail régulier. Qui sait si alors on n'obtiendrait pas un joli résultat d'éducation sociale : les enfants de ces tribus, habitués à une vie laborieuse, apprenant par l'expérience que le bien d'autrui doit être respecté, deviendraient peut-être honnêtes (1) ? Tout au moins ce drainage, individuel et collectif, des voleurs de la colonie aurait un effet certain dans le sens d'une diminution de la criminalité et d'une augmentation de la sécurité ; c'est un but qui vaut bien la peine d'être poursuivi.

(1) Nous ne nous faisons pas illusion sur cette moralisation des tribus voleuses par l'internement : la moralisation est un mot à peu près vide de sens quand il s'agit de populations musulmanes, tant leur notion de la morale diffère de la nôtre ; en outre, ce n'est généralement pas en agglomérant tous les rebuts sociaux qu'on crée une population honnête. Mais nous ferons cependant observer, en faveur de cette possibilité — je dis seulement *possibilité* — d'un dressage des jeunes indigènes de ces tribus, que l'agglomération ne serait pas comparable à celle d'une prison ou d'un dépôt : les tribus internées seraient réparties sur un territoire de 150 à 200 kilomètres carrés, c'est-à-dire l'équivalent d'une dizaine de communes ou d'un canton de la métropole.

# L'ÉDUCATION CORRECTIONNELLE (1).

A l'occasion de la discussion que poursuit depuis trois séances la Société générale des prisons, notre secrétaire général m'a invité à exposer, en une brève note, l'organisation et le régime actuels des maisons de correction dans notre belle colonie algérienne. C'est avec grand plaisir que je défère à cette invitation, mais je prie les lecteurs de la *Revue* de ne point se montrer critiques trop sévères. Le temps très court dont je disposais ne m'a pas permis d'examiner la question avec tout le soin qu'elle mérite ; je leur présente, non pas une étude approfondie, mais seulement une esquisse, les résultats d'une rapide enquête, quelques documents réunis à la hâte.

Exposant le régime des maisons de correction de la métropole, M. le conseiller Flandin, au début de son magistral rapport, disait que, parmi les problèmes de la science pénitentiaire, il n'en est pas de plus digne de notre sollicitude. En Algérie, il ne perd rien de son importance ; mais, comme beaucoup d'autres (2), il se présente sous un jour tout différent.

On paraît longtemps s'en être désintéressé. Ce n'est que depuis que l'administration pénitentiaire algérienne a conquis son autonomie (3) et qu'elle a été placée sous la direction d'un homme aux idées larges et élevées (4), que cette délicate ques-

(1) *Revue pénitentiaire*, numéro d'avril 1900, p. 632.

(2) Voyez par exemple, dans la *Revue pénitentiaire*, notre lettre sur *Le droit de grâce en Algérie*, 1899, p. 819, [reproduite *infrà*, p. 133],et notre article sur *Le vagabondage et la mendicité en Algérie*, 1899, p. 1009, [reproduit *suprà*, p. 35].

(3) Décrets du 4 juin et du 1er octobre 1898, *Revue pénitentiaire*, 1898, p. 1158.

(4) M. Sabatier, *Revue pénitentiaire*, 1898, p. 1159.

tion a été sérieusement considérée : elle paraît aujourd'hui en voie de solution.

Ainsi que l'a exposé notre rapporteur, la France connaît trois catégories d'établissements entre lesquelles se répartissent les enfants qui, avant l'âge de seize ans, ont comparu en justice et qui n'ont pu être rendus à leur famille : 1° les *colonies correctionnelles*, qui reçoivent les mineurs de seize ans condamnés à un emprisonnement de plus de deux ans et les insubordonnés des colonies pénitentiaires ; — 2° les *colonies pénitentiaires*, où sont placés les mineurs condamnés à une peine de six mois à deux ans d'emprisonnement, et ceux qui, acquittés comme ayant agi sans discernement, sont envoyés par le tribunal dans une maison de correction (1); — 3° les *écoles de réforme*, qui reçoivent l'enfant acquitté lorsqu'il a moins de douze ans au moment de sa comparution en justice (2).

L'Algérie ne connaît pas cette division tripartite. L'organisation y est d'une simplicité toute rudimentaire : pour les garçons, un établissement qui fut M'zéra, qui est Birkadem, qui sera Sidi-Khalifa ; pour les filles, un quartier de la maison centrale du Lazaret. Et nous observons ici un phénomène qui n'est pas très rare dans l'ordre social : cette organisation d'une excessive simplicité, qui doit son existence, non point à un plan d'ensemble savamment conçu, à des théories de la science pénitentiaire ou aux données de la pédagogie, mais uniquement aux circonstances, et plus particulièrement aux nécessités budgétaires, n'est point la plus mauvaise. Il se trouve que cette situation, susceptible sans doute dans le détail d'améliorations nombreuses, répond assez bien à l'état de l'enfance criminelle en Algérie.

(1) Les mineurs condamnés à moins de six mois d'emprisonnement restent dans les maisons départementales où un quartier doit leur être spécialement affecté.

(2) Voyez l'exposé de M. le conseiller Flandin, à la séance de la Société générale des prisons du 17 janvier 1900, *Revue pénitentiaire*, 1900, p. 222.

Au sud de la Méditerranée, le problème de l'éducation correctionnelle se présente dans des termes tout autres que dans la métropole. En France, les jeunes détenus confiés à l'administration sont à peu près exclusivement de jeunes français : il s'agit donc, dans nos écoles de réforme et dans nos colonies pénitentiaires, de refréner par une sévère discipline les instincts pervers qu'a manifestés le jeune délinquant et de le mettre à même de prendre au sortir de l'établissement, sa place dans notre société moderne, commerçante, industrielle autant qu'agricole. Le personnel des jeunes détenus algériens est tout autre ; du curieux mélange ethnique qui forme la population de la colonie, les divers éléments sont inégalement représentés : de français, un petit nombre ; quelques étrangers ; et surtout une énorme majorité d'indigènes (1). On trouve d'ailleurs, dans ce microcosme du quartier des jeunes détenues au Lazaret ou du vieux pénitencier de Birkadem, une image assez exacte de l'Algérie criminelle : peu de français, car le français est de beaucoup, dans la population algérienne l'élément le plus satisfaisant ; des étrangers, dont le nombre, si on le compare à la proportion de la population étrangère dans la population totale de la colonie, manifeste une délinquence extraordinairement élevée ; enfin la masse des indigènes, presque tous enfermés pour des faits très graves, manifestant à la fois la précocité et la criminalité des arabes et des berbères (2).

(1) En totalisant les garçons de Birkadem et les filles du Lazaret, on arrive à 229 jeunes détenus, se décomposant : en français, 23 ; israélites, 2 ; étrangers, 18 ; indigènes,186. Ce qui, pour cent,donne cette proportion : français, 10,04 ; israélites, 0,87 ; étrangers, 7,86 ; indigènes, 81,22.

(2) Dans notre étude sur la criminalité algérienne, nous avons dégagé, d'après les plus récentes statistiques, les moyennes suivantes :

Sur 10.000 français, il y a 1,63 accusés et 67 prévenus.
— 10.000 indigènes — 2,30 — 43 —
— 10.000 étrangers — 3,27 — 174 —

La criminalité des étrangers est donc plus que double de celle

Lorsque les détenus des maisons de correction sont ainsi, non plus des français, mais à peu près exclusivement des indigènes, il faut leur donner une éducation différente, pour qu'elle réponde au milieu social dans lequel ils se trouveront replongés à leur libération ; il faut tenir compte des aptitudes et des préjugés de la race. Il serait insensé d'adorner la mémoire d'un jeune kabyle des détails de l'histoire de France (1), de lui apprendre la fabrication d'objets qui ne sont point usités dans son pays natal. Il serait vain de tenter de le mettre à un métier qui nécessite quelque effort intellectuel, l'indigène algérien étant par sa nature même incapable de tout travail de l'esprit. Ce serait faire œuvre inutile, et même nuisible, que de donner aux petites mauresques un métier dont elles n'auraient pas l'emploi dans la semi-liberté qu'elles retrouveront à leur libération. Le but des établissements algériens de jeunes détenus doit être : 1° d'assurer la garde d'enfants qui ont déjà donné la mesure de leur nocivité ; 2° de leur donner une éducation en rapport avec l'état social et économique de l'Algérie. Notre colonie est essentiellement agricole : l'agriculture est, sous une forme encore bien rudimentaire, la seule ressource de l'indigène ; c'est donc l'agriculture et les métiers agricoles qu'il faut enseigner aux jeunes détenus. Quant aux filles, ce sont surtout les soins du ménage, la couture qu'il faut leur apprendre.

Nous sommes absolument partisan, pour les établissements français, des classifications suivant l'âge et suivant les antécédents : c'est par des classements intelligents qu'on réalise,

des français. Et quant aux indigènes, les chiffres de la statistique sont tout à faits insuffisants à raison du très grand nombre des crimes et des délits qu'ils commettent et qui restent impunis. Voyez Emile Larcher et Jean Olier, *Les institutions pénitentiaires d'Algérie*, n^os^ 19-24.

(1) On a beaucoup ri jadis de l'histoire, racontée par Paul Bert, de cet instituteur de Kabylie qui avait appris par le menu à ses élèves les péripéties de la rivalité de Frédégonde et de Brunehaut.

dans la mesure praticable, cette individualisation qui seule peut, à l'éducation correctionnelle comme à la peine, faire rendre ses effets utiles. Mais nous ne serons point surpris si, en Algérie, on n'a pas procédé aux mêmes classements ; il en est une excellente raison : c'est que l'état civil des indigènes n'est que d'institution toute récente, et il s'en faut que cette organisation soit un fait accompli ; si bien que l'administration, pas plus que les tribunaux, ne sont exactement fixés sur l'âge des enfants. Les fiches individuelles ne portent que cette mention approximative : né vers 18... ; et parfois encore l'erreur est manifeste. On m'a signalé à Birkadem, un grand gaillard, paraissant au moins dix-huit ans, qui venait, sur la réponse affirmative du jury à la question de minorité de seize ans, d'être envoyé en correction jusqu'à vingt ans.

Si, dans une visite au quartier du Lazaret ou au pénitencier de Birkadem, on apportait les mêmes idées, les mêmes préoccupations qu'à parcourir les maisons de correction de la métropole, on porterait certainement contre l'administration algérienne des critiques injustes. Il faut se bien pénétrer de la très grande différence des milieux, de l'insuffisance des moyens ; et alors on reconnaît que l'administration algérienne, malgré toutes les imperfections de son œuvre, mérite quelques éloges (1).

## I

Les jeunes détenues forment à la maison centrale du Lazaret (2), à Mustapha, un quartier : ce quartier se réduit même à une salle, qui sert à la fois d'atelier, de réfectoire et de dor-

(1) Nous remercions sincèrement M. Larue, directeur de la maison centrale du Lazaret et du bureau technique, et M. Legroux, directeur de la colonie de Birkadem, qui nous ont fourni la plupart des renseignements qui vont suivre.

(2) Sur cet établissement, voyez : A. Rivière, *Revue pénitentiaire*, 1888, p. 664 ; E. Larcher et J. Olier, *Institutions pénitentiaires de l'Algérie*, n° 100.

toir. Ce qui s'explique par le petit nombre d'enfants qui s'y trouvent.

Le Lazaret recueille toutes les jeunes filles mineures de seize ans (1), condamnées à plus de trois mois d'emprisonnement (2) (art. 67 et 69 du code pénal) ou envoyées dans une maison de correction (art. 66) par les cours et tribunaux d'Algérie et de Tunisie. Le même quartier reçoit aussi les jeunes prévenues ou accusées qui doivent comparaître devant les tribunaux d'Alger, et les enfants détenues par voie d'autorité paternelle. Or, quand pour la première fois, en décembre 1898, j'ai visité l'établissement, elles étaient au total onze, dont une fillette détenue par voie d'autorité paternelle, que la surveillante avait séparée des autres enfants en la mettant dans une salle voisine de la chapelle. Le 27 mars 1900, elles étaient treize.

A l'inverse de ce qui se passe en France, où les condamnations d'enfants sont rares (3), presque toutes les jeunes détenues du Lazaret sont des condamnées ; les juges ou le jury ont reconnu leur culpabilité avec discernement ; mais, conformément aux articles 67 et 69 du code pénal, il n'a été prononcé qu'une peine d'emprisonnement, avec l'atténuation due à l'excuse de minorité. Les faits qui ont entraîné la condamnation sont en général fort graves ; les plus fréquents sont l'infanticide (4), l'homicide (5), le vol. On ne poursuit pas les

(1) Ou, plus exactement, déclarées telles par les tribunaux, car, pas plus pour les filles que pour les garçons, l'état civil ne permet de connaître l'âge exact.

(2) Il est rare qu'un mineur, garçon ou fille, encoure une peine d'emprisonnement inférieure à trois mois, à raison de la gravité des faits qui déterminent des poursuites contre des enfants.

(3) Un dixième seulement des jeunes détenus seraient des condamnés d'après M. Louis Rivière (*Revue pénitentiaire*, 1900, p. 408).

(4) La nubilité de la femme indigène est très précoce : elle apparaît entre dix et treize ans (Dr Kocher, *De la criminalité chez les arabes au point de vue de la pratique médico-judiciaire en Algérie*, thèse de Lyon, 1883, p. 37).

(5) Parfois avec une incroyable cruauté : dernièrement, non loin

enfants qui commettent des délits peu graves ou considérés comme tels : si les parquets faisaient arrêter et condamner ou envoyer en correction les petites mendiantes qui, pour provoquer la charité du voyageur, oublient volontairement les règles de la plus élémentaire pudeur (1), le quartier du Lazaret, et même le Lazaret tout entier, serait bien insuffisant.

En nous enquérant de l'origine des jeunes détenues du Lazaret et des crimes qu'elles avaient commis, nous avons trouvé au point de vue de la criminalité des filles mineures de seize ans, la confirmation de trois lois générales que nous avons précédemment dégagées de l'ensemble de la criminalité algérienne : 1° l'énorme criminalité des étrangers et des indigènes et la relative honnêteté de la population française (2) : les étrangers et les musulmans seuls ont des filles

de Blida, une petite mauresque de douze ans a jeté dans l'eau bouillante l'enfant de ses maîtres, âgé de quatre ans ; on se demande quel était le mobile. [Nous pouvons aujourd'hui ajouter que le mobile a apparu à l'audience de la cour d'assises : la mauresque entretenait depuis plusieurs mois — qu'on remarque bien qu'elle avait douze ans — des relations avec un domestique espagnol de la même maison, et elle a commis son crime pour se venger du congédiement de son amant.]

(1) Comp. notre article sur le vagabondage et la mendicité en Algérie, *Revue pénitentiaire*, 1898, p. 1009 (reproduit *suprà*, p. 35). J'ai vu, notamment à Biskra et à Sidi-Okba, de grandes filles de dix ou douze ans qui, en signe de remerciement pour un sou jeté dans la poussière, relevaient très haut leur courte gandoura, leur unique vêtement. La pudeur est d'ailleurs un sentiment que la mauresque ignore. Voyez : Dr Bertholon, Esquisse de l'anthropologie criminelle des tunisiens musulmans, *Archives de l'anthropologie criminelle et des sciences pénales*, t. IV, 1889, particulièrement p. 410 et 415 ; M. Wahl, *L'Algérie*, 3e édit., p. 193.

(2) Nous qualifions seulement de relative l'honnêteté de la population française d'Algérie, car, de plus en plus pénétrée par l'élément étranger, elle a une criminalité sensiblement supérieure à celle de la métropole : 10.000 français d'Algérie fournissent 1,63 accusés et 67 prévenus ; pour un même nombre d'habitants de la France, on a 0,89 accusé et 58 prévenus (chiffres de 1897).

au quartier de correction du Lazaret ; — 2° la minime délinquence de la femme dans le midi : nous trouvons 13 filles seulement au Lazaret, alors que 216 garçons sont détenus à Birkadem et à Sidi-Khalifa (1) ; — 3° la fréquence des crimes de sang : assassinats, meurtres, coups et blessures, infanticides sont les infractions qu'ont commises la plupart des jeunes détenues (2).

Les jeunes détenues reçoivent une instruction primaire et une éducation professionnelle. L'instruction leur est donnée par une surveillante pourvue du brevet (3), à raison de cinq heures d'école par jour : on se félicite généralement des résultats ; les jeunes mauresques montrent à l'étude la même précocité intellectuelle que dans le crime (4). L'éducation professionnelle consiste en des travaux de couture pour le vestiaire pénitentiaire du département. Quant à l'éducation morale, elle existe pour les européennes : le curé de l'Agha remplit les fonctions d'aumônier.

(1) C'est un phénomène général que, plus on va vers le midi, moins le sexe féminin fournit d'accusés et de prévenus aux tribunaux. C'est déjà visible, dans la métropole, à la comparaison des départements septentrionaux et méridionaux : alors que, sur les accusés déférés aux cours d'assises de France, les femmes forment, année moyenne, 15,3 0/0 (en 1897, 13,9 0/0), cette proportion dans les départements très criminels de la Provence n'excède pas 8 0/0. Cf. Henri Joly, *La France criminelle*, p. 389. Cette différence de criminalité entre les sexes s'accentue au fur et à mesure qu'on va vers le midi : voyez pour l'Espagne, A. Rivière, *Revue pénitentiaire*, 1897, p. 892 ; pour l'Italie, L. Paoli, *ibid.*, p. 885. Le maximum d'écart nous paraît fourni par l'Algérie où le sexe féminin ne compte pas pour plus de 2,8 0/0 des accusés et 3,8 des prévenus (*Institutions pénitentiaires de l'Algérie*, n[os] 11 et 16).

(2) Les meurtres, assassinats, etc., sont presque aussi nombreux pour les 4 millions d'habitants du territoire civil de l'Algérie que pour les 38 millions et demi d'habitants de la métropole. Voyez les statistiques dans les *Institutions pénitentiaires de l'Algérie*, n° 13. Cf. Dr Kocher, *op. cit.*, p. 95 et s.

(3) Tout le personnel du Lazaret est laïque ; il ne semble pas qu'il y ait lieu de s'en plaindre.

(4) Observation exacte aussi pour les garçons. V. *infrà*, p. 118.

## II

A. — De 1868 à 1898, les garçons qui devaient, en vertu de l'article 66 ou des articles 67 et 69, être envoyés dans une maison de correction, étaient placés à la colonie agricole privée de jeunes détenus de M'Zéra (1). C'était, à l'extrémité orientale de la magnifique plaine de la Mitidja, à quelque 33 kilomètres d'Alger, une vaste exploitation où les enfants étaient employés à des travaux agricoles, principalement à la culture de la vigne et des céréales.

A tous points de vue, cet établissement méritait les plus vives critiques (2). Suivant une expression qui caractérise bien ce qu'était M'Zéra, on y pratiquait moins l'amendement de l'enfant par la terre que l'amendement de la terre par l'enfant. Le régime auquel les jeunes détenus étaient soumis ne tendait en aucune façon à leur éducation professionnelle : le seul but poursuivi était de tirer de leur travail le plus grand bénéfice. L'établissement avait, dans les environs et à Alger, la plus détestable réputation : la surveillance y laissait énormément à désirer ; et tous les vices qui trop facilement se développent dans une agglomération de jeunes vauriens, et surtout parmi des indigènes (3), y florissaient extraordinairement. Au point de vue financier, l'État versait au propriétaire une redevance qui s'est maintenue à 1 fr. 20 c. par jour et par

(1) Fondée par arrêté du gouverneur général du 12 mai 1868 pour 120 jeunes détenus : Ménerville, *Dictionnaire de la législation algérienne*, t. III, v° *Jeunes détenus*, p. 187. — Sur cette colonie, voyez *Revue pénitentiaire*, 1888, p. 671 et 1033 ; 1891, p 419.

(2) Ces critiques avaient été portées à la tribune du Sénat par M. Gérente, lors de la discussion du budget de 1897 : *Revue pénitentiaire*, 1897, p. 741. Il y fut fait allusion à la Chambre lors de la discussion du budget de 1898 : *Revue pénitentiaire*, 1898, p. 422.

(3) Sur la sodomie, très fréquente chez les arabes, voyez : Dr Kocher, *op. cit.*, p. 161 et s. ; Dr Bertholon, article cité, *Archives de l'Anthropologie criminelle*, t. IV, 1889, p. 418.

enfant jusqu'en 1895 et qui ne fut ramenée à 80 centimes que de 1895 à 1898.

Le traité qui liait l'État au propriétaire de M'Zéra fut dénoncé par celui-ci au moment même où se réalisait l'autonomie de l'administration pénitentiaire algérienne. Il fallut, en toute hâte, trouver un local pour recevoir les anciens pensionnaires de cet établissement ; le choix de l'administration était très restreint ; il s'arrêta, à peu près nécessairement, sur un ancien pénitencier militaire qui domine le village de Birkadem, à 11 kilomètres au sud d'Alger. C'est là qu'un arrêté du gouverneur général du 11 août 1898 créa la colonie publique de jeunes détenus.

B. — Nous avons visité cet établissement le 30 mars 1900.

Nous passons rapidement sur l'établissement lui-même ; les critiques que lui adressait M. Sabatier, dans son rapport au gouverneur général, ne sont que trop exactes :

« D'abord les locaux sont insuffisants, et dans les dortoirs exigus les enfants se partagent l'air à raison de 8 ou 9 mètres cubes par lit. Tout est vieux, délabré, tombé en ruines, malgré les cercles de fer qui étreignent les murs. En effet, placés au sommet d'une colline, sur un sol argileux et glissant, les bâtiments se lézardent chaque jour de plus en plus Tel est le terrain d'assiette qu'une construction nouvelle serait bientôt aussi lézardée que l'ancienne.

« D'autre part, l'espace manque et il n'existe ni ateliers ni emplacement pour l'apprentissage de métiers, ni le moindre terrain de culture, alors que l'établissement de Birkadem est officiellement appelé colonie *agricole* de jeunes détenus.

« Enfin, l'eau d'alimentation y est rare : un puits placé au centre de l'établissement et ainsi mis à la portée de toutes les contaminations, est seul à la fournir. Encore sa profondeur est-elle de plus de 60 mètres, et je me demande vraiment si durant les chaleurs de l'été, même en rationnant le personnel on suffirait aux plus impérieux besoins (1). »

Ce que nous désirions surtout par notre visite, c'était nous rendre compte de ce qu'est la population de l'établissement, du régime qui y est observé et, d'après cela, de ce que pourra être la future colonie de Sidi-Khalifa.

L'effectif des jeunes détenus algériens varie de 210 à 230. Au jour de notre visite, le contrôle de l'établissement, qui comprend, avec les enfants internés au pénitencier, ceux qui, dans la Grande-Kabylie, commencent les travaux de la nouvelle maison, mentionnait 216 noms. Au point de vue de leur origine ethnique ils se répartissaient en : 23 français, 2 israélites, 16 étrangers, 175 indigènes. Ce qui vient confirmer ce que nous disions, à propos de la population enfantine du Lazaret, de la criminalité des étrangers et des indigènes (2).

(1) *Exposé de la situation générale de l'Algérie*, janvier 1899, 6e annexe.

(2) En ramenant à la proportion pour cent, nous trouvons que les divers éléments de la population de la colonie de Birkadem se répartissent :

| | | | |
|---|---|---|---|
| Français . . . . | 10,65 0/0 | Etrangers. . . . | 7,40 0/0 |
| Israélites . . . . | 0,93 0/0 | Indigènes. . . . | 81,02 0/0 |

En regard, la population de l'Algérie se répartit ;

| | | | |
|---|---|---|---|
| Français . . . . | 7,28 0/0 | Etrangers. . . . | 4,83 0/0 |
| Israélites. . . . | 1,11 0/0 | Indigènes. . . . | 86,34 0/0 |

La criminalité relativement élevée des jeunes français s'explique par deux observations : 1° Les français habitant surtout les villes et les centres, leurs délits sont plus sûrement réprimés que ceux des indigènes ; 2° La population française d'Algérie comprend maintenant,dans une proportion supérieure au quart, des étrangers d'origine que la loi du 26 juin 1889, inconsidérément rendue applicable à l'Algérie, a francisés. On s'en convainc en remarquant les désinences italiennes ou espagnoles des noms d'un certain nombre de jeunes français détenus à Birkadem. La proportion des indigènes, moindre à la maison de correction que dans la population,s'explique par une raison inverse de celle que nous donnions pour les français : bien des crimes, commis dans la brousse ou dans les agglomérations indigènes, demeurent inconnus de la justice française.

Ils viennent de tous les points de l'Algérie, et aussi de Tunisie. En principe, tout enfant dont un tribunal de la colonie ou du protectorat prononce l'envoi dans une maison de correction ou qui est condamné à plus de six mois d'emprisonnement est dirigé sur Birkadem. De plus, à raison de la proximité d'Alger, on y transfère tous les enfants provenant du tribunal d'Alger, quelle que soit la durée de la détention qu'ils ont à subir. Si bien que l'établissement, non seulement cumule la triple qualité de colonie correctionnelle, de colonie pénitentiaire et d'école de réforme, mais encore supplée à l'insuffisance du quartier qui, dans la trop étroite prison de la Casba, est affecté aux jeunes détenus.

Les condamnés sont plus nombreux à Birkadem que dans les établissements d'éducation corectionnelle de la métropole. Au lieu du dixième, ils constituent un peu plus des trois dixièmes de la population (exactement : 31,5 0/0). D'après la statistique dressée au 31 décembre 1898, sur 219 enfants détenus à cette date, 150 étaient à la disposition de l'administration à la suite d'un acquittement dû au défaut de discernement et 69 étaient condamnés à l'emprisonnement. Ici, comme partout, il y a lieu de faire cette remarque que les mineurs acquittés ont généralement une détention plus longue à subir que ceux qui ont été reconnus coupables. Généralement les acquittés sont envoyés en correction jusqu'à vingt ans, parfois seulement jusqu'à dix-huit, ce qui représente une détention minima de deux ou quatre ans, s'élevant souvent à 6, 8 ou 10 ans. Or, les condamnations ont rarement une durée aussi longue : beaucoup n'excèdent pas deux ans (1). Il paraît toujours d'une injustice flagrante que le

(1) Voici au surplus la répartition, suivant leur durée, des 69 condamnations en cours au 31 décembre 1898 :

| | | | |
|---|---|---|---|
| De plus de 12 ans . . . | 1 | De 2 à 4 ans . . . . . . | 12 |
| De 8 à 10 ans. . . . . | 9 | De 1 à 2 ans . . . . . . | 20 |
| De 6 à 8 ans . . . . . | 2 | Un an . . . . . . . . | 5 |
| De 4 à 6 ans . . . . . | 14 | Moins d'un an . . . . | 6 |

coupable soit soumis à une détention moins longue que l'innocent.

Si on recherche la nature des faits qui ont motivé leur comparution en justice, on relève comme principaux délits : les vols qualifiés, 12 ; les vols simples, 132 ; les meurtres et coups et blessures, 37 (1) ; attentats à la pudeur, 28. Parmi les « délits divers » dont la statistique ne fournit pas le détail, on m'a signalé la relative fréquence des tentatives de déraillement et des incendies.

L'âge auquel ils avaient commis le délit était :

| | | | |
|---|---|---|---|
| Inférieur à 8 ans . | 1 | De 14 à 15 ans. . . | 55 |
| De 8 à 10 ans. . . | 5 | De 15 à 16 ans. . . | 61 |
| De 10 à 12 ans . . | 35 (2) | Supérieur à 16 ans. | 1 (3) |
| De 12 à 14 ans . . | 61 | | |

Au point de vue de leurs antécédents judiciaires, 27 étaient des récidivistes (4) : 18 ayant déjà subi une, 7 ayant subi 2, 1 ayant subi 3 et un autre 4 condamnations avant le fait qui avait motivé leur détention actuelle.

L'instruction est rare parmi les enfants qui arrivent à Birkadem : sur 219, 207 étaient absolument illettrés, 1 savait lire, 3 lire et écrire, 5 lire, écrire et calculer ; 3 avaient une instruction primaire assez complète (5).

(1) L'un d'eux avait commis le crime assez rare de castration. Il y a plusieurs parricides.

(2) Donc une école de réforme aurait, en Algérie, 41 enfants.

(3) Celui-ci était un des cas très rares d'application de l'article 8 de la loi du 27 mai 1885 : il avait, avant sa majorité, encouru la relégation.

(4) Ou du moins avaient été reconnus tels par le tribunal. Les enfants indigènes comme les adultes dissimulent facilement et fréquemment leur identité. Souvent des enfants envoyés à Birkadem comme délinquants primaires ont été reconnus pour d'anciens pensionnaires par leurs camarades et par les gardiens. Sur la difficulté d'établir la récidive, voyez *Institutions pénitentiaires de l'Algérie*, nos 20 et 31.

(5) A noter parmi ces trois détenus instruits, deux kabyles pour

Ces enfants dont nous connaissons ainsi l'origine et le passé (1), que deviennent-ils à Birkadem ?

A leur arrivée, on les place dans un quartier d'observation, mais d'observation hygiénique seulement (2). Il y aura peut-être un quartier d'observation morale dans le futur établissement de Sidi-Khalifa. Ils restent au quartier d'observation de quinze à vingt jours, c'est-à-dire jusqu'à ce que le médecin de l'établissement reconnaisse qu'ils peuvent, sans danger de contamination, être versés avec les autres.

Nous n'insisterons pas longuement sur l'éducation morale, religieuse et professionnelle qui leur est donnée. La colonie de Birkadem n'a reçu aucun des très nombreux instituteurs nommés dans les colonies pénitentiaires (3) ; à telle enseigne que, lors de notre visite, l'école n'était plus faite depuis quelque temps, à raison de l'absence momentanée du gardien commis-greffier, qui, avec l'aide de moniteurs pris parmi les quelques enfants non illettrés de la colonie, donne l'instruction aux enfants (4). Quand elle est faite, l'école donne

vus du certificat d'études primaires : singulière corrélation entre l'instruction et le crime !

(1) Ce n'est pas, remarquons-le, par la notice individuelle que le parquet fournit à l'administration pénitentiaire que l'on peut connaître les enfants ! Cette notice est d'une inconcevable brièveté : elle énonce, tout juste, l'état civil de l'enfant et le *genre* d'infraction qui a motivé l'emprisonnement ou l'envoi en correction. On n'y trouve aucune indication ni sur les circonstances du délit, ni sur les antécédents de l'enfant, ni sur la famille. — D'ailleurs, sur la valeur que pourraient avoir les papiers provenant du parquet, voyez les judicieuses observations de M. Puybaraud, *Revue pénitentiaire*, 1900, p. 420.

(2) Lors de notre visite, ils étaient treize. J'ai fait cette remarque que sur ce nombre il y en avait cinq qui avaient déjà passé par la maison.

(3) *Revue pénitentiaire*, 1898, p. 1290.

(4) Ayant eu occasion de visiter de nouveau la colonie de Birkadem en mai 1901, j'ai constaté avec plaisir que cette grave lacune était comblée. Une jeune institutrice faisait l'école et se louait beaucoup de l'application de ses élèves : elle espérait en présenter quelques-uns à l'examen du certificat d'études primaires.

de bons résultats : les petits indigènes y montrent cette vive intelligence qui nous surprend tant, quand nous la comparons à l'indolence bête de l'adulte (1).

Le service religieux n'est point assuré (2).

Quant à l'éducation professionnelle, elle ne peut être donnée que d'une façon tout à fait insuffisante. Les apprentis maçons que nous avions vus l'an dernier construire et démolir des maisons et des mosquées (3), sont en ce moment, avec leurs gardiens contremaîtres, à Sidi-Khalifa où on tire parti de leurs talents. Au pénitencier de Birkadem, on emploie une soixantaine d'enfants aux services généraux : buanderie, corvées, etc. Lors de notre visite, quelques-uns travaillaient dans un sombre atelier de menuiserie ; d'autres faisaient le pain ; quatre cuisiniers préparaient un couscouss fort appétissant ; une dizaine, sous la direction d'une surveillante lingère, entretenaient le vestiaire de l'établissement. Somme toute, le plus grand nombre, surtout parmi les petits, jouissaient d'une oisiveté à peu près complète. On nous a expliqué pourquoi : naguère il y avait un atelier de sparterie qui donnait du travail à tous ceux qui étaient inoccupés ; mais on produisait trop ; l'entrepreneur ne pouvait en utiliser tous les produits, et on craignait que leur vente ne provoquât les réclamations des producteurs libres ; on cessa la fabrication.

(1) Phénomène constaté par tous les anthropologistes, mais dont on n'a pas l'explication : ossification précoce des sutures du crâne, ou abrutissement résultant des habitudes vicieuses ? (Dr Kocher, *op. cit.*, p. 36).

(2) Cela tient à ce que l'établissement, provisoire, n'a aucun local pouvant servir de chapelle, et qu'il ne serait pas possible de conduire à l'église du village, sans risque de scandale, les trente-cinq ou quarante enfants catholiques. Quant aux musulma s,on leur laisse toute liberté pour l'observation de leurs prescriptions religieuses,et notamment pour l'observation du jeûne du Ramadan.

(3) *Institutions pénitentiaires de l'Algérie*, n° 105.

Quant à l'éducation agricole, il ne saurait en être question à l'établissement même. Le domaine de Birkadem a une superficie totale de 1 hectare 45, dont la plus grande partie est occupée par les bâtiments et les cours. C'est à peine si, en dehors de l'enceinte, il y a place pour quelques mètres de potager. L'an dernier, on avait loué à des propriétaires de Birkadem, pour les travaux des vignes, un certain nombre d'enfants, suivant un tarif rémunérateur (1). Mais l'administration a dû abandonner cette pratique des chantiers extérieurs : le travail était trop irrégulier ; certains chantiers trop éloignés imposaient matin et soir aux enfants une course fatigante ; parfois les propriétaires demandaient des détachements trop peu nombreux pour comporter un gardien ; enfin, et surtout, les propriétaires auxquels, pour une raison ou pour une autre,on refusait de louer des jeunes détenus, faisaient réclamations sur réclamations. On y a mis fin en supprimant les chantiers extérieurs.

Malgré cette oisiveté, la discipline n'est pas mauvaise. Le plus souvent la réprimande suffit ; quelques heures passées à la salle de discipline calment les mauvaises têtes ; ce n'est que tout à fait rarement, et pour des méfaits graves, que le directeur ordonne la cellule. Les récompenses consistent en gratifications en nature (supplément de vivres, café) et en galons de bonne conduite donnant le titre de prévôt. Il n'y a ni quartier de discipline, ni quartier de récompense. Le travail n'est pas rémunéré : ni bons points, ni pécule.

La nuit, les enfants ont des dortoirs séparés en quatre groupes, suivant l'âge et l'origine. Nous craignons fort que dans ces dortoirs, qui ne sont en rien cellulaires, où les lits

(1) Voici quel était ce tarif : de 10 à 12 ans , 40 centimes ; de 12 à 14 ans , 50 centimes ; de 14 à 16 ans , 70 centimes ; de 16 à 17 ans , 80 centimes ; au-dessus de 17 ans, 1 franc. — Comme on ne louait guère d'enfants au-dessous de quatorze ans, la journée produisait en moyenne 80 centimes.

sont très rapprochés, les vices si répandus dans la population indigène, si florissants naguère à M'Zéra, ne soient encore pratiqués.

L'hygiène générale est bonne. Le médecin de Birkadem fait de fréquentes visites. Les maladies qu'il a le plus fréquemment à soigner sont les affections syphilitiques, qui rongent la population indigène.

Bref, l'impression générale qui reste d'une visite à Birkadem est l'absolue insuffisance des locaux, et aussi l'insuffisance du personnel (1), qui cependant tire le meilleur parti possible d'un établissement qui n'était aucunement fait pour devenir une colonie de correction.

C. — Fort heureusement, Birkadem n'est que provisoire : à Sidi-Khalifa tout cela va s'améliorer.

Dès que fut licenciée la colonie privée de M'Zéra, M. Sabatier s'est préoccupé de trouver un domaine sur lequel installer la colonie publique, Birkadem ne pouvant être définitif. Il avait songé d'abord à un terrain nommé Bled Baroud, dans la tribu des Irril-N'zceri, commune mixte du Haut-Sébaou, c'est-à-dire en pleine Kabylie, tout à fait sur la limite est du département d'Alger (2). Mais la faculté d'accès a fait préférer un autre domaine, Sidi-Khalifa, situé également en Kabylie, mais sur la côte, près de la route de Bougie à Port-Gueydon et à 17 kilomètres à l'est de ce centre, chef-lieu de la commune mixte d'Azeffoun..

Le domaine, non encore arpenté, présente au moins 500 hectares de terres bien situées, sur un plateau qui domine la Méditerranée. Dès maintenant, deux détachements tout à fait séparés, l'un de quarante-trois enfants de Birkadem, sous la

(1) Six gardiens seulement à Birkadem, pour 173 enfants.

(2) Rapport de M. Sabatier : *Exposé de la situation générale de l'Algérie*, janvier 1899, 6e annexe, p. 230.

direction d'un conducteur des travaux et de cinq surveillants, l'autre fourni par le pénitencier de Berrouaghia, font les terrassements et construisent les premiers bâtiments. Dès que ces bâtiments pourront abriter deux cents enfants, la colonie sera transférée.

Alors, suivant les intentions de M. Sabatier, l'éducation des enfants sera essentiellement agricole. « La profession dont la pratique doit, après suffisante instruction primaire, leur être donnée tout d'abord, est la profession agricole (1). Le champ est en Algérie l'atelier par excellence... Il sera aisé d'apprendre à nos enfants, non seulement le maniement de la charrue et la culture des arbres, mais encore la culture maraîchère, véritable synthèse de l'agriculture tout entière. » Le climat très tempéré de la côte, le sol vierge du domaine permettront des cultures très variées. Le domaine pourra facilement, au bout de quelques années, suffire à l'alimentation de l'établissement.

Mais, « comme de douze à vingt ans, les jeunes gens ont le temps de se former non seulement à l'agriculture, mais encore à des métiers professionnels ; comme, d'autre part, les travaux agricoles sont arrêtés à certaines époques ou n'exigent qu'une main-d'œuvre beaucoup moindre, il était logique d'ajouter au programme d'enseignement agricole, *auquel tous seront astreints*, le programme de professions particulières.

« Quelles pouvaient être celles-ci ?

« Une première observation s'impose. Les diverses professions sont en Algérie très inégalement réparties entre nos nationaux. Tandis que les métiers du bois sont communément pratiqués par des français, ceux de la pierre (maçons, carriers, etc.) le sont en très grande majorité par des italiens ou des espagnols (2).

(1) Sur la préférence que méritent les travaux de la terre dans l'éducation des jeunes détenus, voyez : Puybaraud, *Revue pénitentiaire*, 1900, p. 423.

(2) Cf. le beau roman de Louis Bertrand, *Le Sang des Races.*

« L'Algérie est et doit être terre française. Il me paraît légitime d'éviter dans toute la mesure du possible que la main-d'œuvre libre de nos nationaux soit concurrencée, et d'orienter de préférence nos jeunes détenus vers la pratique des métiers qui sont restés encore monopoles étrangers. » D'où l'idée de créer une école de maçonnerie, d'extraction et de taille de la pierre à laquelle seraient envoyés soixante enfants. « Vingt seulement seraient dressés aux travaux du bois, et vingt autres aux travaux du fer. Quelques-uns serviraient d'apprentis aux boulangers de l'établissement. D'autres, en petit nombre, apprendront les métiers du cuir (sellerie, cordonnerie).

« La distribution des enfants entre ces divers ateliers aurait lieu suivant leurs aptitudes physiques et leurs inclinations personnelles, tout en tenant compte d'une distinction à établir entre les jeunes détenus suivant leur degré de moralité (1). »

Nous ne pouvions mieux faire que de laisser la parole à M. Sabatier. Nous compléterons seulement ce projet par quelques renseignements et quelques observations.

Nous avons suffisamment fait pressentir déjà notre manière de voir sur le genre de travaux auquel il convient d'employer des enfants presque tous indigènes, pour ne faire qu'approuver sans réserve le fond même du projet. Une ferme modèle, où les enfants apprendront l'agriculture et ses diverses branches, arboriculture, viticulture, jardinage, où certains acquerront en sus la pratique des métiers accessoires à l'agriculture, charronnage, maçonnerie, travail du fer, dans la mesure nécessaire au bon entretien d'une exploitation : c'est tout à fait ce qui convient pour l'éducation des jeunes détenus algériens. Aux excellentes raisons que nous avons transcrites, nous ajouterons celle-ci : dans le travail de la terre, on peut

(1) Rapport de M. Sabatier, *loc. cit.*, p. 231-232.

utiliser toutes les forces, même celles d'enfants n'ayant pas douze ans ; pour tous, les divers travaux agricoles alterneront utilement avec les heures d'école.

Nous savons que M. Sabatier procédera à la mise en exploitation du domaine en s'entourant des meilleurs renseignements : il compte notamment faire appel à la savante expérience de M. le Dr Trabut, professeur à l'École de médecine d'Alger et directeur du service botanique.

Ce que nous soulignons avec plaisir dans le projet, ce sont les répartitions à opérer entre les jeunes détenus suivant leur degré de moralité. Grâce à l'étendue du domaine, à la facilité de construire des bâtiments (1), on pourra, dans le même établissement, réaliser une partie des avantages que présente ailleurs la multiplicité des prisons et la diversité des types. Point n'est besoin de connaître très exactement la date de la naissance des enfants pour loger dans un bâtiment spécial et pour faire travailler à des chantiers distincts les enfants qui paraissent âgés de moins de douze ans lors de leur arrivée à la maison de correction : on aura ainsi l'équivalent d'une école de réforme. On maintiendra évidemment la distinction entre européens et indigènes qui existe déjà à Birkadem ; mais ceux-ci sont assez nombreux pour que parmi eux on opère des sélections. N'y aura t-il pas lieu de mettre les récidivistes et les plus mauvaises têtes dans un quartier de discipline ? Peut-être devra-t-on créer, à l'inverse, un quartier de récompense ? Peut-être fera-t-on bien aussi, pour savoir dans quelle catégorie mérite d'être classé l'arrivant, de le placer pendant quelques semaines dans un quartier d'observation, non plus seulement d'observation hygiénique, mais bien d'observation morale ?

Nous appelons particulièrement l'attention de l'administra-

(1) Ce sera le meilleur emploi des élèves de l'école de maçonnerie.

tion sur la nécessité impérieuse qu'il y a à construire des dortoirs cellulaires. Nous sommes, quant à nous, absolument opposé à la cellule de jour pour les enfants : elle doit être une punition, rarement infligée et pour une très courte durée. Mais la cellule de nuit est indispensable pour éviter les contacts du dortoir. C'est plus nécessaire encore en Algérie qu'ailleurs. Les vices contractés à M'Zéra continuent à Birkadem, malgré la plus active surveillance : on n'y mettra fin que par l'isolement individuel dès le travail terminé. La seule difficulté que rencontre cette urgente réforme est, sans doute, d'ordre financier : la cellule revient plus cher que le dortoir ordinaire. Mais l'administration algérienne elle-même a trouvé la solution : le dortoir avec séparation en grillage entourant chaque lit (1). Cela a tous les avantages du dortoir au point de vue de la surveillance et de l'aération ; cela a ceux de la cellule au point de vue de l'isolement, et c'est peu coûteux.

Nous ferons une dernière remarque. Le travail des enfants dans le domaine de Sidi-Khalifa étant rémunérateur pour l'administration, celle-ci pourra récompenser le zèle et l'activité par des bons points évaluables en argent. C'est le seul stimulant efficace. Ce sera aussi pour l'enfant un moyen de se constituer un pécule qui facilitera singulièrement son reclassement. Il y a là, à notre sens, un des éléments de solution du problème de la libération qui, malgré tous les soins qu'y apporte actuellement M. le directeur de la colonie de Birkadem, ne nous paraît pas avoir reçu la solution qu'il comporte (2).

(1) En visitant la maison centrale de Lambèse, nous avons remarqué un vaste dortoir comprenant ainsi quatre-vingt-trois cellules grillagées. Si nos souvenirs sont exacts, le prix de revient de la cellule n'excédait pas 70 francs.

(2) M. le directeur s'entoure, au moment de la libération, de renseignements sur la famille du libéré, le travail que celui-ci pourra trouver, etc... Il habille de neuf le libéré, lui remet un jour de vivres (750 grammes de pain, 250 grammes de figues) et une indemnité de 1 fr. 50 par jour de route, et lui donne une lettre le recom-

L'administration pénitentiaire de l'Algérie, fière de son autonomie, a déjà réalisé d'utiles réformes ou d'intéressantes expériences, dans le recrutement et l'avancement de son personnel, l'emploi de la main d'œuvre pénale, etc. Aujourd'hui s'offre à elle la tâche délicate d'organiser une colonie de jeunes détenus : le bonheur avec lequel elle en a tracé le projet nous permet de bien augurer de l'exécution.

---

## *Post-scriptum*

Cette étude, écrite dans l'espoir de l'amélioration énorme qu'allait réaliser la création d'une colonie agricole de jeunes détenus, appelle aujourd'hui un *post-scriptum* désolé.

Des sections de détenus de Berrouaghia et de jeunes détenus de Birkadem s'étaient mises à l'œuvre sur le plateau de Sidi-Khalifa, avaient fait les terrassements, élevé les premiers bâtiments. Quelques cas de fièvre paludéenne, et aussi la susceptibilité des délégations financières, paraissent devoir faire tout échouer.

Des cas de fièvre signalés, dont un très petit nombre seulement ont été mortels, nous ne disons rien. Une enquête médicale a établi que le domaine choisi pour la nouvelle colonie n'était pas particulièrement malsain. Quelques travaux de drainage ont fait disparaître les flaques d'eau stagnante. D'ailleurs tous les algériens savent qu'il n'est pas possible de travailler la terre vierge sans provoquer des cas de paludisme.

Ce qui a déterminé dans les délégations un courant défavorable, ce sont les reproches d'ordre administratif adressés à l'administration pénitentiaire à l'occasion de la fondation de

mandant aux bons soins des autorités. Malgré cela, il arrive trop souvent que l'enfant vend ses vêtements neufs pour se procurer quelque argent, reprend sa vie de vagabondage, et quelques semaines plus tard rentre à l'établissement.

Sidi-Khalifa : l'installation de cet établissement aurait été entreprise sans autorisation préalable et sans crédits spéciaux et poursuivie à l'aide de pratiques irrégulières. La vérité est qu'on avait employé aux constructions de la nouvelle colonie les crédits alloués pour l'enseignement professionnel des jeunes détenus : en d'autres termes, au lieu de leur faire construire dans la cour du vieux pénitencier de Birkadem des mosquées ou des maisons qu'ils démolissaient le lendemain, on utilisait leurs talents de maçons à l'édification des bâtiments qui devaient les recevoir. Ce procédé a été jugé par les délégations financières abominable. Le crédit de 50.000 francs demandé par le gouvernement pour « constructions et exploitations agricoles », c'est-à-dire pour Berrouaghia et Sidi-Khalifa a été réduit à 25.000 francs (Voyez l'assez vive discussion qui s'est engagée à la réunion plénière du 26 juin 1901, *Proc.-verb.*, p. 1570). De plus, une commission dans laquelle ne figurait aucun médecin, a déclaré Sidi-Khalifa un véritable marais pontin.

Aujourd'hui Sidi-Khalifa est abandonné. Des travaux évalués à une centaine de mille francs demeurent, par une singulière économie, exposés aux intempéries et se dégradent. Tous les jeunes détenus sont rentrés à Birkadem, où l'exiguïté du domaine ne permet pas de leur donner l'instruction agricole que devrait comporter essentiellement la colonie. Que fera-t-on ?

Maintenir la colonie de jeunes détenus à Birkadem n'est pas une solution. Tout y est insuffisant et ne peut être que provisoire : les dortoirs en commun, trop étroits, ne réalisent en aucune façon les conditions indispensables d'hygiène physique et morale.

Transfèrera-t-on, ainsi qu'il en a été question, les jeunes détenus à Berrouaghia ? Mais il paraît impossible d'implanter une colonie d'enfants à côté d'une maison centrale. Ce serait, l'expression rend bien la pensée, le petit séminaire à côté du grand. Ce serait la corruption certaine des jeunes délinquants par les vieux récidivistes du pénitencier. De plus, il faudrait de coûteux travaux d'aménagement pour approprier imparfaitement la détention ou une partie de la détention de Berrouaghia au nouvel emploi de cet établissement : la dépense serait certainement plus élevée que pour l'achèvement de Sidi-Khalifa.

En reviendra-t-on au système des colonies privées ? Il faut bien dire que l'expérience de M'Zéra, qui ne s'est que trop prolongée, doit dégoûter à tout jamais de semblable système : il ne paraît pas praticable en Algérie.

Dans ces conditions, nous pensons que l'abandon de Sidi-Khalifa est une grosse erreur. Et nous déplorons de voir se prolonger indéfiniment le régime provisoire de Birkadem.

# LE RÉGIME ALIMENTAIRE DES DÉTENUS (1).

Nous signalons ici une intéressante expérience faite par l'administration pénitentiaire algérienne pour la nourriture des détenus.

Dans un très curieux rapport au gouverneur général (2), le directeur de cette administration faisait une judicieuse critique du régime alimentaire traditionnel des prisonniers, le même en Algérie que dans toutes les prisons de France, du midi ou du nord. Ayant pour base les féculents (légumes secs, riz, pommes de terre), il fournit au détenu une quantité superflue de carbone ; mais il est manifestement insuffisant en albuminoïdes, en graisse, en acides végétaux (très utiles dans les pays chauds) et en sucre.

Si les individus ayant longtemps séjourné dans les établissements pénitentiaires sont atteints de cette anémie, de cet abrutissement qui les rend inaptes à tout travail et les conduit fatalement à la récidive, la cause en est à l'insuffisance prolongée de la nourriture. La question de l'amélioration du régime a donc une importance qui n'apparaît pas au premier abord : elle se rattache très directement aux moyens de préve-

(1) Cette note a paru dans la *Revue pénitentiaire*, numéro de mars 1901, p. 614. En la réimprimant, nous l'avons mise au courant des modifications que l'expérience a fait apporter au plus récent cahier des charges, celui du département de Constantine, approuvé le 6 mai 1901.

(2) Ce rapport, en date du 1er août 1899, est reproduit dans le *Recueil des textes législatifs et réglementaires relatifs à l'administration pénitentiaire de l'Algérie*, que cette administration vient de faire publier par son imprimerie de Berrouaghia, p. 119.

nir la récidive. S'il convient d'amender le condamné, il est nécessaire de ne pas le débiliter.

Le problème à résoudre était, sans augmenter le coût de la journée d'entretien, de procurer au détenu une meilleure alimentation. On en a trouvé la solution dans une judicieuse utilisation des produits algériens Au riz étranger, pauvre en albuminoïdes, dépourvu de graisse, on a substitué partiellement le *gourchala* ou couscouss de seconde qualité. On a introduit dans la pitance des figues sèches, riches en albuminoïdes et en sucre, se conservant et se transportant facilement (1). La viande du dimanche, qui jusqu'ici était bouillie, c'est-à-dire privée de ses éléments nutritifs et transformée en un bouillon, excellent excitant, mais inapte à calmer la faim, doit être désormais rôtie ou grillée. Enfin on fait entrer dans l'alimentation le poisson frais ou sec, très riche en albuminoïdes.

La réforme proposée a reçu l'approbation du gouverneur général (arrêté du 1er août 1899) ; mais elle ne peut recevoir application qu'au fur et à mesure que se renouvellent les adjudications. Elle est en vigueur dans la circonscription d'Oran depuis le 1er janvier 1900, et elle s'applique dans celle de Constantine depuis le 16 juillet 1901.

On sait que les détenus, outre qu'ils reçoivent 850 grammes de pain, font deux repas : une soupe le matin, une pitance le soir. Voici comment sont fixées, dans le nouveau régime, les quantités de ces deux repas (2).

Pour cent détenus, la soupe contient : 3 kilos de légumes secs, 10 kilos de légumes frais, 700 grammes de graisse de bœuf, 10 kilos de pain, 900 grammes de sel, et 10 grammes

(1) Ce qui en fera un élément important de la nourriture des sections mobiles qui iront exécuter des travaux publics dans le sud.

(2) D'après le cahier des charges de la circonscription de Constantine.

de piment fort ou 15 grammes de poivre. Les légumes secs sont alternativement 2 kilos de haricots et 1 kilo de lentilles ; ou inversement, 2 kilos de lentilles et 1 kilo de haricots ; ou encore on peut remplacer les 2 kilos de lentilles par 3 kilos de pois chiches.

Les dimanches et jours fériés, la soupe est remplacée par un café sucré, à raison de 10 grammes de café et 15 grammes de sucre par détenu, et par une ration de 400 figues sèches par 100 détenus.

La pitance est ainsi réglée pour chaque jour de la semaine, en comptant toujours pour 100 détenus :

Le lundi : 12 kilos de lentilles cuites à l'eau, revenues dans 900 grammes de graisse de bœuf et assaisonnées avec un litre et demi d'huile et un litre et demi de vinaigre fort.

Le mardi : Légumes frais (quantité et assaisonnement variables suivant les espèces [1]), et 400 figues sèches.

Le mercredi : 12 kilos de haricots revenus dans 900 grammes de graisse de bœuf et 1 kilo d'oignons ou de tomates.

Le jeudi : Légumes frais et 400 figues sèches.

Le vendredi : 8 kilos de morue, revenus dans 700 grammes d'huile, 100 grammes d'ail et 60 grammes de persil haché. Jeter sur le tout 8 kilos de haricots cuits à l'eau avec 200 grammes de graisse de bœuf.

Le samedi : 9 kilos de pois chiches ou cassés, 2 kilos de haricots, 1 kilo d'oignons, 900 grammes de graisse de bœuf.

Le dimanche et les jours fériés : 15 kilos de viande de bœuf ou 18 kilos de mouton ou 24 kilos d'autre viande (2). La viande rôtie ou grillée est versée, avec les 900 grammes de graisse avec lesquels elle a été cuite, sur 8 kilos de riz ou 16 kilos de pommes de terre.

(1) Le cahier des charges indique les proportions de 13 plats différents, en spécifiant que le même plat ne peut être servi deux fois dans la même semaine.

(2) Autre toutefois que celle du porc ou du sanglier, proscrite par la religion des indigènes, musulmans ou israélites.

Le mardi et le jeudi, l'entrepreneur peut substituer aux légumes frais et aux figues une pitance de poisson frit ou grillé : la ration est alors de 175 grammes par détenu, arrosés de 10 grammes d'huile.

Dans la mesure où il a été expérimenté, ce régime donne de bons résultats.

Au point de vue hygiénique, il est indiscutablement supérieur à l'ancienne alimentation. Là où celle-ci ne fournissait au détenu que 81 gr. 65 d'azote d'origine exclusivement végétale, le nouveau régime donne 97 gr. 25 d'azote d'origine variée (légumes, poisson, viande) (1). La graisse entre dans l'alimentation d'une façon beaucoup plus abondante ; le sucre et le vinaigre y sont introduits.

Les détenus se sont montrés, paraît-il, généralement satisfaits des nouveaux mets qui leur étaient offerts, moins abondants peut-être que la sempiternelle pitance, mais plus variés.

Enfin, au point de vue pécuniaire, l'adjudication, suivant le nouveau cahier des charges a été obtenue, dans la circonscription d'Oran, avec une réduction de 0 fr. 05 sur la journée d'entretien.

(1) Cette ration est encore inférieure cependant à la ration d'entretien qui, d'après les hygiénistes, doit être de 118 à 120 grammes.

# L'EXERCICE DU DROIT DE GRACE (1).

Monsieur le secrétaire général,

Je vois dans le numéro de mai de la *Revue pénitentiaire* que notre société doit consacrer sa séance de juin à la discussion du rapport de M. G. Picot sur *Le droit de grâce dans ses rapports avec la science pénitentiaire.* Nul doute que notre savant président ne mette admirablement en relief toutes les importantes questions que soulève ce sujet. Mais peut-être trouverez-vous quelque intérêt à connaître les conditions toutes spéciales dans lesquelles fonctionne le droit de grâce de ce côté de la Méditerranée.

J'espère que vous avez déjà reçu le travail que nous avons entrepris, mon collègue J. Olier et moi, sur les *Institutions pénitentiaires de l'Algérie* (2) : vous y verrez que nous n'avons guère pu faire, en deux endroits (nos 27 et 123), que de brèves allusions au problème qui va faire l'objet de vos délibérations. C'est pour cela que je me permets de vous communiquer d'une façon un peu plus explicite notre sentiment ; vous en tirerez tel parti que vous jugerez utile dans la discussion de mercredi.

(1) *Revue pénitentiaire*, juin 1899, p. 819 et s. — Cette lettre n'était pas destinée à la publicité. Mais M. A. Rivière, à qui elle était adressée, a jugé qu'elle pouvait offrir quelque intérêt aux membres de la Société des prisons, alors surtout qu'allait s'engager une discussion sur le droit de grâce, et il l'a insérée dans le numéro de la *Revue pénitentiaire* qui a précédé la discussion.

(2) Notre ouvrage *Questions criminelles et sociales : les Institutions pénitentiaires de l'Algérie*, venait en effet de paraître, et M. R. Saleilles a bien voulu lui consacrer, dans le numéro suivant de la *Revue pénitentiaire*, un magistral compte rendu.

Parmi les condamnés que nous avons visités dans notre récent voyage à travers les établissements pénitentiaires de l'Algérie, il est deux catégories bien distinctes, auxquelles la grâce s'applique dans des conditions très différentes et pour lesquelles il faut, sur ce point comme sur beaucoup d'autres, porter des jugements opposés : les condamnés civils et les condamnés militaires.

I. — Dès qu'on aborde, relativement à l'Algérie, la discussion de l'un des multiples problèmes de la science pénitentiaire, on trouve que les données deviennent tout autres que dans la métropole. Si, en principe, les institutions et les lois y sont les mêmes qu'en France, le milieu algérien est extrêmement différent du milieu français. Plus des 86 centièmes de la population appartiennent à des races et surtout à une civilisation, l'Islamisme, qui les sépare profondément des 13 ou 14 autres centièmes, agglomérat singulier des rebuts de toutes les races latines riveraines de la Méditerranée occidentale. Dans ce milieu sévit une criminalité extraordinairement élevée, que nous pouvons affirmer plus que double, probablement triple de la criminalité de la France continentale : c'est du moins ce qui résulte des recherches auxquelles nous nous sommes livrés (Voyez les n^os^ 10 et 24 de notre travail).

On comprend immédiatement que dans ce milieu le problème ne soit plus aussi simple qu'en France et qu'il se pose dans des termes absolument différents, suivant l'origine des individus qu'il s'agit de faire bénéficier de la grâce.

A l'égard des européens, les règles qui, en France, président ou doivent présider à l'application de la clémence présidentielle, règles qu'a si bien dégagées le regretté M. Lacointa (*Institutions pénitentiaires de la France*, p. 408 et 409), peuvent s'appliquer aux condamnés des tribunaux algériens. Il faut seulement observer que, à raison même du chiffre élevé de la criminalité, la préoccupation de ne pas nuire à la justice doit être ici dominante ; que la grâce détruit en grande partie l'effet d'intimidation que doit produire la condamnation ; et que l abrègement d'une peine, que les tribunaux prononcent déjà trop courte, l'empêche de produire son résultat d'amendement, résultat qui, dans un milieu plus pervers, ne s'obtient que par une durée plus longue. D'où il faut conclure que la faveur de la grâce doit être plus exceptionnelle ici que partout ailleurs.

A l'égard des indigènes, on arrive à poser en principe que le droit de grâce ne devrait jamais s'exercer. Lorsqu'on a quelque peu séjourné en Algérie, on acquiert cette conviction qu'on ne peut obtenir vis-à vis du musulman une répression efficace qu'autant qu'on emploie à son égard un système de juridictions et de peines correspondant à ses idées sur la matière : c est parce que les Chambres françaises n'ont jamais compris cette vérité que l'Algérie vit dans cet état d'insécurité qui, avec quelques autres causes, paralyse l'essor de la colonisation (1). Or l'arabe et le kabyle n'ont pas la moindre notion de la séparation des pouvoirs ; ils ne conçoivent pas que le jugement et l'exécution émanent d'autorités différentes, l'une pouvant modifier et même anéantir la décision rendue par l'autre : c'est le *beylik*, c'est l'autorité unique qui condamne et qui exécute. Etant donnée cette manière d'envisager les choses, l'indigène en arrive à considérer que grâcier, c'est reconnaître que le jugement était mal rendu : la clémence devient à ses yeux l'aveu d'une injustice commise, ou tout au moins un signe de faiblesse. Dans une intéressante étude sur la question de la sécurité, un de nos collègues de l'Ecole de médecine, bien au courant des mœurs et des pensées des indigènes, s'exprimait ainsi : « Pour l'indigène, la commutation de la peine de mort est un recul de la part de l'autorité

(1) C'est une idée que nous avons développée et précisée depuis dans nos articles sur le problème de la sécurité. *Infrà*, p. 155.

qui n'a ni la force, ni le courage d'exécuter la décision des juges. Il n'y voit pas un acte de clémence, mais bien une transaction que le gouvernement est obligé d'accepter vis-à-vis de l'Islamisme (1). » Faiblesse, concession à l'Islam, voilà ce que devient la grâce pour l'indigène ; or, il ne respecte la justice qu'autant qu'elle est sévère et même impitoyable : l'arabe a toujours eu pour nos officiers le plus grand respect, parce que dans la répression ils sont toujours énergiques ; il méprise nos juges parce qu'ils prononcent des peines insignifiantes ou qu'on n'exécute pas.

En fait, on n'abuse pas de la grâce en ce qui concerne les peines privatives de liberté. Mais on en fait un usage beaucoup trop fréquent, quand la peine prononcée est la peine capitale. Un quart au plus des condamnations à mort sont suivies d'exécution : vous pouvez voir les statistiques dans notre travail, n° 27 (2). Et voici un exemple tout récent de l'abus que nous signalons :

En décembre 1898, la cour d'assises de Constantine eut à juger une affaire particulièrement grave de pillage et d'assassinat, l'affaire des *quarante*. Une bande d'indigènes avait cerné une ferme isolée. Savamment commandée, elle s'était divisée en deux détachements : l'un attaquait et envahissait la ferme, tandis que l'autre fusillait les assiégés qui essayaient de fuir. Quatre personnes avaient été tuées. On déféra à la

(1) Dr TROLARD, *La sécurité en Algérie* (une broch., Alger, 1893), p. 82.

(2) Nous reproduisons ces statistiques, en les complétant par des chiffres plus récents ; la proportion demeure sensiblement la même.

| | Algérie | | France | |
|---|---|---|---|---|
| | Condamnations | Exécutions | Condamnations | Exécutions |
| 1892. . . . . . . . | 25 | 4 | 27 | 9 |
| 1893. . . . . . . . | 44 | 12 | 37 | 15 |
| 1894. . . . . . . . | 40 | 15 | 29 | 14 |
| 1895. . . . . . . . | 37 | 10 | 22 | 17 |
| 1896. . . . . . . . | 21 | 5 | 24 | 6 |
| 1897. . . . . . . . | 30 | 1 | 14 | 4 |
| 1898. . . . . . . . | 39 | 7 | 19 | 10 |

cour d'assises quarante des individus qui avaient pris part à cette expédition : le jury rendit un verdict entraînant six condamnations à mort, trente-trois aux travaux forcés à perpétuité, et un seul acquittement. La grâce commua toutes les peines capitales.

Nul doute que, dans ces conditions, la grâce, loin d'être un bienfait, n'énerve la répression, ne nuise à la justice et, par conséquent, à la sécurité.

Aussi, d'excellents esprits proposent-ils purement et simplement la suspension de l'exercice du droit de grâce pour l'Algérie. C'est l'opinion que notre distingué et regretté collègue F. Charvériat exprimait, dans son si intéressant petit ouvrage posthume : *A travers la Kabylie et les questions kabyles* (1). C'est également celle que défendait un algérien, éclairé et modéré, le Dr Trolard, dans sa brochure sur la sécurité en Algérie (2). Nous n'allons pas jusque-là. Le déplorable fonctionnement d'un jury parfois féroce, — cette épithète n'est pas exagérée pour qui a vu à l'œuvre le colon jugeant l'indigène : il n'est pas rare qu'il prononce des verdicts plus rigoureux que ne le requérait l'accusation (nons en donnons des exemples dans notre travail, n° 49), — la férocité du jury, dis-je, exige le maintien du droit de grâce pour remédier parfois à son excessive rigueur. Mais il faut demander que les grâces et commutations de peines soient tout à fait exceptionnelles, qu'elles n'interviennent qu'autant que la condamnation est une véritable erreur, du moins sur le quantum ou la nature de la peine.

En décembre 1893, s'est réunie à Alger une commission interdépartementale de la sécurité, composée de délégués des trois conseils généraux de la colonie, qui avait pour objet, ainsi que son nom l'indique, de rechercher les moyens

(1) Notamment, p. 48 et p. 101.
(2) *Op. cit.*, p. 82.

d'enrayer l'épouvantable criminalité qui désole notre beau territoire nord-africain. Cette commission, comme résultat de ses travaux, a formulé des vœux dont certains sont très discutables ; mais sur notre question elle a émis un vœu dont la réalisation est à tous égards souhaitable : « Modération dans l'exercice du droit de grâce, en considération de la situation de l'Algérie et de l'état moral des populations indigènes.»

II. — Si, avec la commission interdépartementale de la sécurité, nous estimons que l'exécution des décisions de la justice civile ne doit que très rarement être atténuée par l'intervention de la clémence présidentielle, et si nous étendons cette appréciation aux condamnations civiles que prononcent les conseils de guerre (on sait qu'en Algérie les tribunaux militaires constituent la juridiction répressive ordinaire pour les indigènes du territoire de commandement), nous pensons, au contraire, que cette clémence peut utilement intervenir et doit même plus fréquemment s'exercer au profit des condamnés militaires des conseils de guerre.

Nous pouvons spécialement parler de cette catégorie de délinquants — que trop souvent on oublie dans l'étude des questions pénitentiaires — parce que les quatre conseils de guerre d'Algérie prononcent à eux seuls presque autant de condamnations que les vingt-deux conseils métropolitains, parce que c'est en Algérie que subissent leur peine la plupart des militaires frappés de plus d'une année d'emprisonnement et tous ceux qui sont condamnés aux travaux publics, et parce que, dans nos visites des établissements militaires, pénitenciers, ateliers, prisons, dans nos conversations avec leurs commandants, nous avons pu nous faire une opinion raisonnée sur la législation et sur la pratique de la justice militaire.

On sait qu'en l'état actuel le système des circonstances atténuantes tel que le formule l'article 463 du code pénal, n'est point, en principe et sauf exceptions, applicable aux délits que prévoit le code de justice militaire (1) ; que les conseils de guerre ne peuvent prononcer le sursis à l'exécution ; que les condamnations subies dans les établissements militaires ne peuvent être abrégées par l'institution bienfaisante de la libération conditionnelle (2). La justice militaire n'a point bénéficié des progrès du droit pénal vers l'individualisation de la peine : elle en est encore au système archaïque de la peine préfixe. Dans ces conditions, on arrive à des sentences d'une rigueur exagérée. Je puis, entre beaucoup d'autres, citer le cas d'un fantassin que nous avons trouvé détenu pour deux ans dans un pénitencier parce que, pendant les manœuvres, il avait « chapardé » deux lapins ; le même fait vaudrait, devant un tribunal correctionnel, quinze jours d'emprisonnement à un rôdeur de barrière surpris dans le faubourg d'une grande ville. Le seul moyen d'arriver à l'atténuation de condamnations que la législation même rend exagérées, de tenir compte de la bonne conduite pendant la détention, c'est l'exercice du droit de grâce opérant par réduction, puis par remise.

Sans doute, les détenus des pénitenciers et ateliers militaires sont assez fréquemment l'objet de grâces individuelles ou collectives : des listes périodiques de remises et de réductions sont signées par le Président à l'occasion du nouvel an et du 14 juillet ; des listes supplémentaires viennent s'y ajouter à chaque événement important (fêtes franco-russes, élections présidentielles, etc.). On peut poser en règle qu'un détenu de

(1) L'application des circonstances atténuantes aux crimes et délits militaires venait, quand cette lettre a été écrite, d'être l'objet d'une proposition de M. Leydet au Sénat, proposition qui est devenue la loi du 19 juillet 1901.

(2) Sur tous ces points un mouvement très net s'est produit en faveur d'une amélioration de la législation militaire : dans la réforme du code de justice militaire on introduira certainement non seulement le sursis à l'exécution et la libération conditionnelle, mais bien aussi les lois nouvelles sur le casier judiciaire et la réhabilitation de droit.

bonne conduite n'exécute guère que les deux tiers de sa peine (1). Mais ces grâces fréquentes ne suffisent pas à suppléer aux institutions du sursis et de la libération conditionnelle qu'ignore la justice militaire. C'est une règle, excellente d'ailleurs, dans cette justice, que la grâce n'intervient jamais que sur la proposition du commandant de l'établissement et sur avis du commissaire du gouvernement près le conseil de guerre qui a condamné ; mais c'est une règle aussi que le commandant ne propose jamais un détenu pour une réduction ou une remise que lorsqu'il a subi déjà la moitié au moins de sa peine ; or, il peut y avoir là une excessive rigueur. Il est des cas où la conduite exceptionnellement bonne d'un détenu, parfois un acte de dévouement, légitimerait une grâce complète et immédiate.

Dans un très curieux article de la *Revue de Paris* du 15 septembre 1898, le colonel Fix, qui connaît bien les condamnés militaires — il a naguère commandé à Bône, où se trouvaient un pénitencier et un atelier — manifeste sur ce point le même sentiment, et il cite à l'appui un fait bien topique. Sur un bateau faisant le service côtier avaient pris passage, en même temps qu'un détachement de camisards (c'est le nom que vaut aux détenus des pénitenciers et ateliers leur peu élégante vareuse), un magistrat, sa femme et ses enfants. Dans la nuit,

(1) Dans les pénitenciers militaires et ateliers de travaux publics les détenus sont divisés en trois catégories : 1° les *arrivants*, qui sont en observation ; ils ne jouissent d'aucun avantage, sans être l'objet d'aucune rigueur ; 2° les *incorrigibles*, qui ont encouru des punitions graves : ils ne peuvent rien acheter à la cantine ; ils ne peuvent être l'objet d'aucune mesure de faveur, grâce ou réduction ; 3° les détenus de *bonne conduite* : ceux-ci peuvent avec leurs gratifications ou, dans une certaine limite, sur leurs fonds particuliers, acheter à la cantine des vivres supplémentaires, du vin et même du tabac ; seuls ils bénéficient des grâces. Les arrivants demeurent six mois avant d'être classés à la bonne conduite ; les incorrigibles ne peuvent rentrer dans cette catégorie que s'ils restent un an sans encourir de punitions graves, c'est-à-dire de quinze jours de cellule.

le bateau touche sur une roche. Les camisards aident puissamment au sauvetage. Deux d'entre eux, particulièrement, prennent les enfants du magistrat, gagnent avec eux la côte à la nage, et les réchauffent de leur mieux, en les couvrant de leur vareuse grise. Malgré les démarches du magistrat, on ne put obtenir pour les deux sauveteurs qu'une légère réduction de peine (1).

(1) La règle que je viens de signaler a paru étrange à M. A. Rivière, qui, peu après, m'écrivait en substance : « J'ai fait lire au commandant F., directeur du pénitencier de B., le passage de votre lettre relatif à l'exercice du droit de grâce en faveur des détenus des pénitenciers et ateliers. Il m'a *affirmé* que ses règlements permettaient de réduire une peine, au cas d'acte de dévouement. Il m'a cité un cas où, en Algérie, il a fait réduire de 10 à 5 ans une condamnation dont le « titulaire » était arrivé depuis 8 jours au pénitencier. — Vous avez dû être mal renseigné. — Si les démarches du magistrat n'ont pu aboutir, c'est que le directeur n'y a apporté aucun bon vouloir, ou que la conduite antérieure ou les antécédents des sauveteurs étaient trop mauvais ».

Voici ma réponse : « .... Je crains que vous ne vous soyez mépris sur la portée de mes explications. Je n'ai jamais dit qu'aucun article d'un règlement empêchait une grâce d'intervenir avant telle ou telle époque ; un règlement semblable ne peut exister pour l'excellente raison qu'il serait contraire à la prérogative que le Président de la République tient de la constitution, qui lui permet de commuer et de remettre les peines, sans aucune limitation. Mais ce que j'ai voulu dire, c'est qu'il est de règle — règle purement coutumière, mais vous savez quel empire, et même quelle tyrannie exercent souvent la coutume et l'usage dans les administrations militaires ou autres — de ne jamais proposer pour une grâce ou une réduction que lorsque déjà moitié de la peine est exécutée. La meilleure preuve qu'on peut, exceptionnellement, réduire une peine seulement commencée, c'est l'exemple même que j'ai cité : les sauveteurs des enfants du procureur de la République de Bône en 1886 (voyez l'histoire racontée par le colonel Fix, dans son article « Zéphyrs, disciplinaires et camisards », *Revue de Paris*, 1898, t. V, p. 396) ont été l'objet d'une réduction, mais le procureur demandait mieux, la grâce complète, et, s'il ne l'a pas obtenue, c'est précisément parce que le commandant du pénitencier ou de l'atelier considérait qu'en demandant une réduction il avait déjà porté atteinte aux errements. Que le commandant F., dans un certain cas, ait passé outre et ait obtenu une réduction dès le début de la détention, je l'en félicite. L'errement n'en

De même, parmi les détenus des maisons centrales algériennes, on ne fait pas assez, au point de vue qui nous occupe, la distinction entre les condamnés des conseils de guerre et ceux des juridictions de droit commun. Ce qui fait que les chantiers du pénitencier agricole de Berrouaghia ou de la maison de Lambèse n'ont pas du tout l'aspect pénible des ateliers des prisons de France, ce qui fait qu'au lieu de vieillards anémiés et alcooliques, on y voit des gens jeunes et vigoureux, ce qui fait que la discipline y est généralement bonne, c'est qu'une grande partie des détenus sont des chasseurs des bataillons d'infanterie légère d'Afrique, des soldats des régiments étrangers, des camisards des pénitenciers et ateliers que les conseils de guerre ont condamnés à la réclusion : heureux d'échapper au régime militaire, ils ont une conduite dont le directeur et les gardiens ne font que se louer. Pour faire pendant au fait du fantassin frappé de deux années d'emprisonnement pour vol de deux lapins, je puis citer le cas d'un « joyeux » (c'est, avec celui de « zéphyrs », le nom que prennent les chasseurs des bataillons d'Afrique) condamné à la réclusion pour vol d'une paire de gants. On comprend que, dans ces conditions, en considération de l'exagération évidente de la condamnation et de la conduite satisfaisante du détenu, les chefs des prisons civiles demandent que la grâce leur permette de devancer encore l'heure de la libération conditionnelle.

La grâce, dont le rôle dans la justice civile devient chaque

existe pas moins : il m'a été signalé par les commandants des pénitenciers et ateliers que j'ai visités ; il est très généralement observé ; c'est pour cela que j'ai cru devoir le mentionner, en en indiquant les inconvénients possibles. — Les dires du colonel Fix, qui connaît bien toutes ces questions relatives aux établissements pénitentiaires militaires et aux corps disciplinaires, puisqu'il a commandé à Aumale et à Bône, les renseignements concordants que m'ont fournis les commandants des pénitenciers et ateliers, me paraissent constituer les sources les plus sûres. »

jour moindre à raison des institutions nouvelles qui permettent, soit aux tribunaux, soit à l'administration pénitentiaire, de modérer les condamnations, conserve au contraire toute son importance à l'égard des sentences des juridictions militaires. Tant que le législateur n'interviendra pas, c'est la grâce seule qui, dirigée par les propositions des commandants des pénitenciers et ateliers et des directeurs des maisons centrales, peut rectifier les erreurs dues à la sévérité du code de justice militaire, et réaliser, pour cette catégorie de condamnés, jeunes, dignes d'intérêt — et, pour une beaucoup plus forte part que les détenus ordinaires des prisons civiles, susceptibles d'amendement, — l'individualisation de la peine Or, c'est un rôle qu'elle ne remplit qu'imparfaitement.

Je suis certain que M. Picot va porter la lumière sur toutes les faces de la question : mais je craignais un oubli pour notre colonie. Or, tout ce qui concerne la science pénitentiaire, y prend un nouvel intérêt à raison du milieu, y gagne chaque jour, malheureusement, plus d'importance à raison du développement de la criminalité. C'est ce qui m'a poussé à vous écrire cette trop longue lettre.

Veuillez croire, etc...

# LE BUDGET SPÉCIAL ET LES SERVICES PÉNITENTIAIRES (1).

La loi du 19 décembre 1900 constitue incontestablement l'un des événements législatifs les plus importants qui se soient produits depuis quarante ans pour notre belle colonie algérienne. Désormais, l'Algérie a la personnalité civile ; elle est majeure, a-t-on dit : ce qui va lui permettre, comme le remarquait judicieusement M. le gouverneur général Jonnart, de s'endetter, puisque c'est ainsi que les personnes, morales ou autres, manifestent tout d'abord le sentiment de leur majorité. Son budget, qui jusqu'alors était inclus dans le budget général de l'Etat, forme un budget spécial, comprenant aux dépenses une partie seulement des crédits afférents à la colonie, car les dépenses de l'armée, les pensions civiles et les garanties d'intérêt demeurent à la charge de la métropole, mais portant aux recettes toutes les ressources de la colonie. Ce budget est élaboré, avant de recevoir la sanction des pouvoirs publics de la métropole, par les deux assemblées algériennes, délégations financières et conseil supérieur du gouvernement. Les dépenses se subdivisent en deux catégories, suivant un tableau annexé à la loi : les unes obligatoires jusqu'à concurrence d'un minimum au-dessous duquel les assemblées locales ne peuvent les abaisser, les autres facultatives.

Pour l'exercice 1901, la tardivité de la loi créatrice du budget spécial ne permettait pas de suivre la procédure nor-

(1) *Revue pénitentiaire*, numéro de mars 1901, p. 500. Reproduit a *Bulletin de la Réunion d'Etudes algériennes*, numéro d'avril 1901, p. 190.

male. Une loi du 29 décembre 1900 a pourvu l'Algérie de son premier budget.

Nous ne pouvons évidemment pas encore nous prononcer sur la valeur de l'innovation elle-même : ce ne serait d'ailleurs pas ici le lieu, car les résultats seront surtout d'ordre politique et financier. Mais, à considérer les seuls services pénitentiaires, elle a déjà produit des conséquences qui méritent d'être signalées : le classement des dépenses de ces services en obligatoires et facultatives ; la suppression de la transportation en Corse des indigènes algériens condamnés à de longues peinesd' emprisonnement.

## I

On sait que, depuis un décret du 4 juin 1898, les services des prisons et établissements pénitentiaires de l'Algérie ont été séparés de l'administration métropolitaine et érigés, au gouvernement général, en une administration spéciale, à la tête de laquelle a été placé un directeur assisté d'un bureau technique (1). C'était, pour les services pénitentiaires, le premier pas dans l'évolution vers l'autonomie, qui caractérise la politique algérienne de ces dernières années. Le second pas, décisif, vient d'être accompli. Désormais, l'administration pénitentiaire algérienne a non seulement son chef, ses cadres et ses règlements propres, mais aussi ses chapitres spéciaux dans le budget de la colonie.

Avec les chiffres portés à la loi du 29 décembre 1900, ces chapitres ne diffèrent pas sensiblement des crédits mis antérieurement à la disposition de l'administration pénitentiaire algérienne. Nous extrayons des deux lois du 19 et du 29 décembre leur répartition, avec leur caractère obligatoire

(1) *Revue pénitentiaire*, 1898, p. 1158. Pour plus de précision, voyez : Emile Larcher et Jean Olier, *Les institutions pénitentiaires de l'Algérie*, nos 75-76.

| Numéros des chapitres | LOI DU 19 DÉCEMBRE 1900 — DÉPENSES OBLIGATOIRES | jusqu'à concurrence de | DÉPENSES FACULTATIVES | LOI du 29 décembre 1900 — Budget de 1901 |
|---|---|---|---|---|
| 126 | Personnel des services de l'administration pénitentiaire. . . . . | 700.000 » | | 659.480 » |
| 127 | Entretien des détenus. . . . . . . | 1.160.000 » | | 1.165.977 » |
| 128 | Remboursements divers pour frais de séjour des détenus hors des établissements pénitentiaires . . | 2.700 » | | 2.755 » |
| 129 | Transport des détenus et des libérés . . . . . . . . . . . . . . . | 53.500 » | | 53.500 » |
| 130 | Travaux ordinaires aux établissements pénitentiaires . . . . . . | 10.000 » | | 10.000 » |
| 131 | Mobilier des services pénitentiaires | 5.500 » | | 5.500 » |
| 132 | Travaux ordinaires aux bâtiments et mobilier pénitentiaire. . . . . | 27.500 » | | 27.500 » |
| 133 | | | Exploitations agricoles.. . . . . . | 50.000 » |
| 134 | | | Dépenses accessoires du service pénitentiaire. . . . . . . . . . | 2.745 » |
| 135 | Remboursement sur le produit du travail des détenus . . . . . . . | 260.000 » | | 260.000 » |
| 136 | Remboursement pour frais d'entretien des indigènes détenus en Corse. . . . . . . . . . . . | dépense obligatoire de chiffre variable. | | 200.000 » |

ou facultatif et leur chiffre pour cet exercice. Dans son ensemble, le montant des crédits portés à cette partie du budget ressort à 2.437.457 francs. Mais il est juste de faire remarquer qu'aux voies et moyens, la loi du 29 décembre fait ressortir le produit des maisons centrales d'Algérie à 375.000 francs.

Ce tableau n'appelle que deux observations.

La première a trait au chapitre des exploitations agricoles. Le crédit de ce chapitre figure parmi ceux que la loi rend facultatifs. Actuellement la seule exploitation agricole, en attendant que Sidi-Khalifa soit définitivement installé et reçoive les jeunes détenus (1), est le pénitencier de Berrouaghia (2). Or, l'an dernier, aux délégations financières (section des colons), cet établissement a été l'objet de vives critiques. On a reproché à l'administration le véritable confort dont y jouissent, sans beaucoup travailler, les détenus ; on a déploré que cet établissement retienne des terres qui devraient être rendues à la colonisation ; pour conclure on a demandé son aliénation (3). Il est à penser que, quand les délégations financières, maîtresses du chapitre 133 relatif aux exploitations agricoles, élaboreront le budget, elles se souviendront de l'opinion jadis émise ; elles diminueront ou supprimeront les crédits nécessaires au pénitencier dont elles veulent la disparition pour ne laisser subsister à ce chapitre que la somme nécessaire à la colonie de Sidi-Khalifa (4). L'autonomie financière de l'Algérie pourrait donc bien avoir pour consé-

(1) Sur la fondation de cette colonie, voyez une partie de mon article sur l'éducation correctionnelle en Algérie, *Revue pénitentiaire*, 1900, p. 643, et *suprà*, p. 121.

(2) Sur cet établissement, consultez : *Revue pénitentiaire*, 1888, p. 667 ; 1895, p. 107 ; Larcher et Olier, *Institutions pénitentiaires de l'Algérie*, n° 101.

(3) Voyez l'article de M. L. Paoli, La main-d'œuvre pénitentiaire en Algérie, *Revue pénitentiaire*, 1900, p. 294.

(4) Cette prédiction s'est réalisée dès l'élaboration du budget de 1902. Le crédit de 50.000 francs demandé par l'administration a été réduit à 25.000 francs.

quence la disparition du pénitencier agricole de Berrouaghia.

La seconde observation porte sur les 200.000 francs affectés au remboursement des frais d'entretien des indigènes détenus en Corse. Ce crédit jusqu'alors ne figurait pas dans les budgets ; il est la conséquence de la séparation opérée entre les finances métropolitaines et les finances algériennes, et il est destiné, nous l'allons voir, à disparaître avec la transportation des indigènes en Corse.

## II

Les conséquences les plus curieuses de la grande innovation du budget spécial de l'Algérie — innovation capitale, et pour cela même votée sans aucune discussion à la Chambre et au Sénat ! — vont être, à n'en pas douter, les conséquences imprévues. On a posé le principe de l'autonomie financière de l'Algérie ; des corollaires insoupçonnés ne tardent pas à apparaître, et quelques-uns se sont déjà révélés, dès la première mise en œuvre. L'un des plus remarquables est précisément la suppression d'une des particularités de la législation pénale algérienne.

Jusqu'en 1900, les indigènes algériens condamnés à la réclusion ou à une peine d'emprisonnement supérieure à trois ans (1) subissaient leur peine en Corse : c'était renforcer la peine d'emprisonnement, insuffisamment redoutée des arabes, par la transportation (2). Trois pénitentiers agricoles étaient, dans l'île, destinés à recevoir les arabes et les kabyles : Casa-

(1) Cela n'est vrai que pour les hommes : les femmes subissent leur peine, quelle qu'en soit la durée, à la maison centrale du Lazaret. Sur cet établissement, voyez *Revue pénitentiaire*, 1888, p. 664, et Larcher et Olier, *Institutions pénitentiaires de l'Algérie*, n° 100.

(2) Une transportation analogue est infligée aux indigènes que frappe, pour faits graves, la peine administrative de l'internement : ils sont dirigés sur le dépôt de Calvi. Voyez notre article sur l'internement des indigènes, *Revue pénitentiaire*, 1900, p. 654, et *suprà*, p. 93.

bianda, Castelluccio et Chiavari. Le premier établissement a été abandonné en 1886, à cause de sa situation malsaine,après qu'on y eut dépensé douze ou quinze millions (1). Voici maintenant que va disparaître, au moins comme pénitencier destiné aux indigènes algériens (2), Castelluccio, pour la suppression duquel l'accord s'est fait entre l'administration française et la commission du budget de la Chambre des députés (3). Du moment qu'on voulait déclasser l'un des pénitenciers, c'est évidemment Castelluccio qu'il fallait désigner : il renferme 382 détenus, avec un domaine de 335 hectares ; Chiavari est beaucoup plus vaste, puisqu'il s'étend sur près de 3.000 hectares : il n'a aujourd'hui que 560 détenus ; il peut facilement recevoir les 900 ou 1.000 détenus indigènes actuellement en Corse.

Mais le transfert à Chiavari des détenus de Castelluccio n'est qu'une mesure transitoire ; celui-là, comme celui-ci, doit disparaître ou changer d'affectation dans un délai peu éloigné. Les motifs donnés de la suppression de Castelluccio ne sont point spéciaux à cet établissement : c'est le principe même de la transportation des arabes en Corse qui est condamné.

« Cette mesure, disait dans son rapport M. Bertrand, met à la charge de l'Etat des frais de transport assez coûteux, en

(1) *Revue pénitentiaire*, 1898, p. 555.

(2) L'administration métropolitaine compte en faire un établissement spécial où les relégables seraient, avant transportation, préparés à la vie coloniale (*Revue pénitentiaire*, 1900, p. 1474). Je doute que cet essai réussisse : le passage en Corse augmentera encore considérablement les frais de passage, déjà trop élevés ; et la culture de la vigne, à peu près exclusivement pratiquée à Castelluccio, ne sera d'aucune utilité pour des relégués qui doivent être dirigés sur des colonies où la viticulture est inconnue et le plus souvent impossible. Ce doute a été parfaitement exprimé par M. Desmons, dans son rapport au Sénat sur le budget pénitentiaire (*Revue pénitentiaire*, 1901, p. 375).

(3) *Revue pénitentiaire*, 1900, p. 1470.

même temps qu'elle prive les établissements d'Algérie de la catégorie de détenus qui pourrait y être employée le plus utilement... La décision du ministre de l'intérieur de 1880 (1), qui avait ordonné le transfert, n'a donné de bons résultats ni au point de vue budgétaire, ni au point de vue du travail des arabes, ni au point de vue de leur amélioration morale. D'un autre côté, l'administration pénitentiaire, depuis 1898, a cessé d'avoir l'administration des établissements pénitentiaires d'Algérie... Il est permis de s'étonner que le budget métropolitain continue encore aujourd'hui, avec un budget spécial à l'Algérie, à supporter des charges relatives à des arabes condamnés en Algérie ».

Cette façon de voir, partagée par le parlement, s'est traduite par deux mesures. D'abord, on a créé au budget de l'Algérie un chapitre spécial de dépenses obligatoires en vue du remboursement à la métropole des frais d'entretien des indigènes détenus en Corse, frais qui figurent au budget de 1901 pour une somme de 200.000 francs. Et en second lieu, dès aujourd'hui, en vue de la suppression des établissements corses, aucun indigène condamné à l'emprisonnement ou à la réclusion ne quitte plus la colonie.

La réforme ainsi réalisée présente d'incontestables avantages. Elle ne va pas toutefois sans inconvénients et surtout sans dépenses.

Les avantages, sur lesquels insistait le rapporteur de la commission du budget, sont d'ordre pécuniaire, et se présentent surtout pour l'administration métropolitaine. Celle-ci voit avec plaisir disparaître de son budget les frais de transfèrement et d'entretien des indigènes condamnés par les tribunaux d'Algérie : si nous sommes exactement informés, le

(1) Prise en vertu de l'article 48 de l'ordonnance du 26 septembre 1842 : « Tout indigène condamné à une peine excédant six mois d'emprisonnement pourra être transféré en France pour y subir sa peine. »

seul établissement de Castelluccio laissait un déficit annuel de 150.000 francs, et le coût de l'entretien d'un arabe atteint en Corse un franc par journée. L'administration algérienne elle-même voit la réforme sans déplaisir : elle veut essayer d'employer à des travaux d'utilité publique la main-d'œuvre pénale, et les détenus de longue peine sont plus utilisables que ceux de courte peine.

L'inconvénient échappe peut-être à l'administration ; mais il apparaît très net au criminaliste. L'arabe ne craint pas la prison : tel est le régime de nos établissements pénitentiaires que toujours il est mieux, au point de vue matériel, dans une maison centrale que dans sa tribu. Mais il redoute la transportation. Ainsi qu'on l'a dit en un style imagé, mais juste, le musulman ne peut vivre loin de l'odeur de l'Islam. Le transfèrement en Corse était donc un supplément de peine qui augmentait considérablement le pouvoir intimidant de la condamnation. Un haut fonctionnaire de l'administration pénitentiaire que son service a appelé quelque temps dans l'un des pénitentiers corses, m'a affirmé que, du haut de la colline qui dominait l'établissement, les détenus arabes suivaient toujours d'un œil humide les bateaux fuyant vers la côte d'Afrique, et que le désir de regagner leur pays natal était le plus puissant mobile, sinon de leur relèvement, du moins de leur bonne conduite. Au point de vue pénal, le régime aboli avait donc des qualités que n'a pas le régime nouveau.

Enfin, au point de vue financier, tout n'est pas économie dans cette petite réforme. Le maintien en Algérie d'une population pénitentiaire indigène qui atteint environ un millier d'individus va rendre nécessaire la fondation d'une nouvelle maison centrale. Les deux établissements pour hommes existant actuellement, Lambèse et Berrouaghia, sont tout à fait insuffisants pour contenir ce supplément d'effectif. D'où, si la métrople réalise une économie, un surcroît de dépenses pour la colonie.

A ce propos, nous ferons remarquer qu'il serait de toute justice que la métropole contribuât dans une certaine mesure à cette nouvelle dépense. Les prisons d'Algérie, et particulièrement les deux maisons centrales, sont loin de ne contenir que des algériens, indigènes ou européens, La métropole y déverse, indirectement, une partie de sa population criminelle. C'est en Algérie que sont placés les ateliers de travaux publics et trois sur cinq des pénitenciers militaires ; c'est en Algérie ou en Tunisie que sont stationnés les compagnies de discipline et les bataillons d'infanterie légère d'Afrique formés des rebuts de l'armée ou du recrutement ; c'est dans la province d'Oran que sont en garnison les deux régiments étrangers, où la criminalité est telle qu'elle a nécessité la création à Oran d'un second conseil de guerre. Or les camisards, les disciplinaires, les joyeux et les légionnaires qui encourent une peine entraînant exclusion de l'armée sont livrés à l'autorité civile ; et ils forment une forte proportion des détenus de Lambèse et de Berrouaghia. Maintenant que les finances de l'Algérie sont distinctes de celles de la métropole, il n'est pas équitable que l'entretien de cette catégorie de détenus soit à la charge de la colonie.

Cette double conséquence de la séparation financière de la métropole et de l'Algérie méritait d'être notée. Alors que l'on se plaint vivement, et justement, du manque de sécurité (1), l'une des mesures de nature à augmenter le pouvoir intimidant de la peine disparaît ; et cela se traduit par la perspective d'une dépense considérable pour la colonie.

Serait-il donc vrai que le budget spécial, si véhémentement réclamé, n'est pas le remède universel, la panacée à tous les maux dont souffre l'Algérie ? Les nombreux avantages montrés aux colons ne vont-ils pas sans inconvénients ?

(1) Voyez *infrà*, notre longue étude sur le problème de la sécurité.

Et l'équilibre, si difficilement établi à quelques milliers de francs près, pour le premier exercice, serait-il destiné à être rompu par les dépenses imprévues apparaissant pour les exercices suivants ?

# LE PROBLÈME DE LA SÉCURITÉ

Cette longue étude a paru tout d'abord en deux articles, dans la *Revue pénitentiaire* de juin et de juillet-août 1901. Nous devons dire, car c'est notre excuse, que c'est sur l'invitation de M. A. Rivière, le zélé secrétaire général de la Société des prisons, que nous avons essayé d'exposer — après beaucoup d'autres, mais avec une méthode différente — ce sujet extrêmement délicat. Il ne nous était pas possible de traiter, fût-ce très sommairement, une aussi importante et aussi vaste question, dans les trente ou quarante pages que comportent ordinairement les articles de cette revue. Force nous fut donc de couper en deux articles, aujourd'hui en deux parties, notre dissertation.

Au surplus, si cette coupe manque quelque peu d'élégance, elle ne manque pas de logique. Ce problème vital pour notre colonie, est loin d'être un : comment obtenir la sécurité ? Nécessairement, avant de déterminer les remèdes, il faut constater l'état d'insécurité qui est pour l'Algérie, un grand homme d'Etat l'a dit, une plaie sociale, et de cette plaie il faut rechercher les causes.

De là notre division, de là les rubriques des deux parties de cette étude :

I. — Les causes de l'insécurité ;

II. — Les réformes pratiques.

# PREMIÈRE PARTIE (1)

## LES CAUSES DE L'INSÉCURITÉ.

Il n'est pas rare qu'une même question rentre à la fois dans le domaine d'activité de la *Société générale des prisons* et dans la sphère propre de la *Réunion d'Études algériennes*. C'est que, dans le milieu algérien, les questions pénales tirent un très grand intérêt de la diversité des peuples qui s'y heurtent et de leur excessive criminalité. Les deux Sociétés doivent prochainement se réunir en une assemblée commune, pour discuter de l'emploi de la main-d'œuvre pénale. Semblable séance mixte se serait également comprise pour l'examen du problème qui, depuis le mois de mars, préoccupe la Réunion d'Études algériennes : le problème de la sécurité (2).

Problème ardu, complexe, grave entre tous pour notre belle colonie du sud de la Méditerranée. Problème tout à fait actuel, — encore que depuis longtemps discuté, — puisque, il y a quelques jours seulement, les malheureux colons de Margueritte subissaient les horreurs du pillage et du massacre (26 avril 1901), puisque naguère Alger nous donnait une fois encore le pénible spectacle de magasins enfoncés et de braillards vidant leurs différends à coup de revolver (21 et 30 avril).

Ce problème, on l'a agité dans toutes les assemblées colo-

(1) Article paru dans la *Revue pénitentiaire* de juin 1901, p. 995 et reproduit par le *Bulletin de la Réunion d'Etudes algériennes* d'août-novembre 1901, p. 359.

(2) Voir le compte rendu des séances du 13 mars et du 1er mai, dans la *Revue pénitentiaire*, p. 791 et 906.

niales (1), départementales (2) ou municipales ; il a fait l'objet des délibérations de maints comices et congrès agricoles (3) ; il a arrêté longuement l'attention de la commission sénatoriale qui, en 1892, parcourut l'Algérie (4) ; il a été signalé à la Chambre des députés par des propositions, des discours ou des rapports (5) ; il a tenté la plume de plusieurs écrivains algériens qui se sont efforcés de déterminer les causes du mal pour en déduire les remèdes (6).

(1) Je citerai particulièrement : 1° au conseil supérieur, les rapports de MM. Bellemare et Pompeï, à la session de novembre 1881 ; un rapport de M. Bézy, session de novembre 1883 ; un rapport de M. Bloch, session de novembre 1889 ; un intéressant rapport de M. Et. Flandin, suivi d'une assez longue discussion, session de décembre 1890 ; un rapport de M. Havard, session de janvier 1899 ; un rapport de M. Rouyer, session de décembre 1899 ; — 2° aux délégations financières, les rapports de MM. Bouché à la section des colons, Martin aux non-colons et Mustapha Hadj Moussa aux indigènes, session de décembre 1898.

(2) Il faut signaler surtout les travaux de la commission interdépartementale de la sécurité, formée des délégués des trois conseils généraux, qui s'est réunie à Alger en décembre 1893. Ses résolutions ont été adoptées par les trois conseils généraux à la session d'avril 1894.

(3) Notamment le congrès des agriculteurs d'Algérie, en décembre 1897.

(4) Voyez le rapport de feu M. Alex. Isaac : Justice française et musulmane, police et sécurité : *J. O.*, *Doc. parl.*, Sénat, séance du 28 février 1895, annexe n° 36.

(5) Proposition de MM. Thomson, Mauguin, Letellier et Etienne, 16 février 1882 : *Revue pénitentiaire*, 1882, p. 300 ; — rapport de M. Burdeau sur le budget de l'Algérie de 1892 ; — discussion d'une interpellation sur l'Algérie, 19 mai 1899 ; etc.

(6) Parmi une abondante bibliographie, je citerai : C. Sabatier, *La question de la sécurité : insurrections, criminalité*, Alger, 1882 ; E. Mercier, *L'Algérie et les questions algériennes*, Paris, 1883, p. 204-217 ; — Éon, *Les indigènes devant la loi pénale et les juridictions répressives*, Discours de rentrée, 1er octobre 1892 ; — Dr Trolard, *La sécurité en Algérie : étude des causes de l'insécurité actuelle et des moyens propres à combattre ces causes*, Alger, 1893 ; — E. Flandin, Questions algériennes : la sécurité en Algérie et le budget, *Revue politique et parlementaire*, t. VIII, p. 225 (août 1894) ; — Hugolin,

Nous n'avons donc pas la prétention, dans ce très bref article, de faire œuvre originale, de trouver à l'insécurité dont souffre l'Algérie des raisons inconnues, de découvrir à ce mal trop certain un remède simple et efficace. La question, — nous ne saurions trop le répéter pour mettre le lecteur en garde contre la déceptiou à laquelle il s'exposerait s'il attendait de nous ce que nous ne pouvons lui donner, — est extrêmement complexe : les causes de la criminalité sont multiples ; on ne peut songer à les faire disparaître par une seule réforme, une bonne loi ou un sage décret. Bien mieux, il est de ces causes qui sont permanentes et qui ne peuvent être supprimées ; la sécurité peut être considérablement améliorée, mais on n'arrivera jamais tant que l'Algérie sera ce qu'elle est, tant que s'y heurteront des races qui se haïssent ou se méprisent, à une sécurité comparable à celle dont jouit la mère patrie.

Il s'ensuit que nous ne pouvons, que nous ne voulons faire autre chose qu'une mise au point. Certaines causes ont été souvent mises en avant qui n'ont, à notre sens, qu'une importance secondaire ; et inversement tels ou tels événements, inaperçus par les uns, volontairement passés sous silence par les autres, nous paraissent mériter une sérieuse attention. De même, il est des remèdes, chaleureusement préconisés, qui seraient pires que le mal, tandis que tel autre, méprisé, nous semble de nature à avoir de très favorables effets.

Bref, ceci n'est pas un traité complet du problème posé : il faudrait pour cela un gros volume où seraient abordées toutes, ou à peu près toutes, les questions algériennes, écono-

*Le banditisme en Algérie*, Mostaganem, 1896 ; — Durieu de Leyritz, *La sécurité et la justice répressive en Algérie*, Discours de rentrée, 1er octobre 1897 ; — Marchal, *La sécurité*, conférence au congrès des agriculteurs algériens, 1898 ; — M. Colin, *Quelques questions algériennes*, Paris, 1900, particulièrement le chapitre sur le banditisme et la sécurité en Kabylie ; — Lucien Demangeat, La sécurité agricole en Algérie, *Bulletin de la Réunion d'Études algériennes*, numéro de mars 1901.

miques, sociales, juridiques, agricoles, etc. Nous désirons présenter aux lecteurs de la *Revue* un tableau des causes et des remèdes, en appréciant les unes et les autres, et en insistant surtout sur les réformes d'ordre judiciaire, pénal ou pénitentiaire, qui rentrent plus spécialement dans la compétence propre de notre société.

## I

La criminalité est, en Algérie, au moins triple de ce qu'elle est en France : nous l'avons ailleurs démontré par des statistiques et par des faits (1). Et au surplus, il suffit de voyager quelque peu dans ce magnifique pays pour en avoir bien vite la preuve : non que le touriste coure aucun risque à se promener seul et sans arme sur les routes — le seul délit qu'il constatera est celui de mendicité (2), — mais il observera facilement maints indices, il recueillera des témoignages, il verra peut-être lui-même bien des choses qui le confirmeront dans cette opinion que la sécurité des personnes et, plus encore, des biens n'est aucunement assurée.

Qu'il assiste, à Alger, à l'arrivée ou au départ de quelque personnage officiel ou politique, il verra les boulevards, les places, les rues s'emplir d'une foule bariolée, où des arabes misérables et loqueteux se mêlent à des étrangers, italiens, espagnols, qui ne sont pas précisément la fine fleur de l'Europe méridionale. Il faudra bien peu de chose, qu'un juif ait l'*insolence* de laisser son magasin ouvert, que quelques citoyens aient l'audace de ne pas partager les admirations ou les haines de cette foule, pour que bientôt le magasin provo-

(1) Emile Larcher et Jean Olier, *Les Institutions pénitentiaires de l'Algérie*, nos 19-20.

(2) Voyez notre article : Le vagabondage et la mendicité en Algérie, *Revue pénitentiaire*, 1899, p. 1009, et *suprà*, p. 35.

cateur soit mis à sac, pour que les horions pleuvent, que les revolvers parlent et que s'organise rapidement un siège en bonne forme du lieu de réunion des adversaires (1). Il est surtout très remarquable qu'en pareille occurrence la police et la troupe, qu'on apercevait nombreuses quelques heures ou quelques minutes auparavant, disparaissent : elles n'arrivent sur le lieu du pillage ou au secours de la maison assiégée que quand tout est terminé (2).

Que le même touriste lise la troisième page d'un journal algérien, il y trouvera chaque jour relaté un nombre considérable d'assassinats, meurtres, coups de couteau ou de matraque. Quant aux vols, il n'aura le récit que d'un petit nombre, car à relever tous ceux qui se commettent, le journal ne suffirait pas.

Et on ne peut, sans trouver la comparaison pénible, lire dans les historiens de la Régence que, avant la conquête, Alger passait pour la ville du monde où la police était la mieux faite (3).

Notre nouveau débarqué veut-il comprendre ce qu'est la sécurité dans les campagnes algériennes : qu'il suive pendant quelque temps les audiences de la cour d'assises et du tribunal correctionnel, ou mieux encore qu'il voyage dans l'intérieur en causant avec les colons, avec les indigènes. Il ne tardera pas à discerner deux ordres de criminalité bien distincts, ayant pour objet l'un la vengeance, l'autre le lucre, et il comprendra combien de vies humaines et quelle somme énorme de biens le crime fait perdre chaque année en Algérie.

(1) Faits nombreux de 1897 à 1901 : pillages réitérés de 1897 à 1898 ; scènes scandaleuses à chaque arrivée ou départ de MM. Drumont, Rochefort, etc.

(2) On trouvera une très pittoresque description de ces scènes dans le récent roman de Louis Bertrand, *La Cina.*

(3) Paul Gaffarel, *L'Algérie*, p. 102.

D'abord la haine, la haine du musulman à l'encontre du roumi (1), et la haine de çof.

Il est incontestable que, si l'indigène subit notre domination, il ne l'accepte que parce que nous sommes la force. Beaucoup, pour ne pas dire tous, en sont encore à attendre que vienne le Maître de l'heure qui jettera tous les infidèles à la mer. Cette haine a une quantité de causes : c'est la haine du misérable à l'encontre de celui qui possède, c'est la haine du vaincu pour le vainqueur, c'est la haine du croyant pour l'hérétique, c'est la haine de celui qui a une certaine civilisation, une demi-civilisation, pour ceux qui en ont une autre qu'il ne comprend pas. Souvent cette haine se joint à l'esprit de brigandage pour la formation de bandes qui attaquent les fermes isolées ; parfois, elle s'unit au fanatisme pour faire naître une insurrection.

Il y a la haine de çof. C'est en Kabylie surtout que peut s'observer, dans toute sa pureté, l'institution du çof. Tout village, tout hameau est divisé en deux partis, en deux camps. Dès qu'une discussion, même la plus futile, s'élève entre individus de çofs différents, tous les membres de chaque çof prennent parti pour leur compagnon. « Aide les gens de ton çof, qu'ils aient tort ou raison », dit un adage kabyle. Que la discussion s'anime, les matraques s'abattent, les coups de feu partent. Il n'est pas rare qu'une légère dispute, née à l'occasion de la propriété d'une branche de figuier ou à propos de l'écoulement des eaux d'un toit, se termine par une conflagration du village tout entier, amenant la mort de huit ou dix individus. — Si la Kabylie nous offre, plus générale et plus absolue qu'ailleurs, cette division en çofs, ce serait une erreur de croire qu'elle est spéciale à la région montagneuse du

(1) Cette qualification de *roumi* est appliquée, dans toute l'Afrique du Nord, aux européens de n'importe quelle nation : il s'y mêle une forte dose de mépris et d'antipathie.

Djurjura et des Babors. Presque tous les indigènes d'Algérie sont de race berbère, plus ou moins arabisée ; et dans tous les douars on retrouve cette rivalité, cette haine entre deux partis. On peut même penser que l'institution est géographique autant qu'ethnique ; les européens eux-mêmes n'échappent pas à cette loi ; il est peu de villes ou de villages où on ne retrouve les deux camps opposés, antijuifs et judaïsants, partisans du maire et adversaires de la municipalité, prêts, eux aussi, le soleil d'Afrique échauffant les cervelles, à en venir aux mains, à se combattre par la trique ou le revolver.

A l'idée de haine, il faut ajouter la conception toute particulière que le kabyle se fait de la morale ou du point d'honneur. Le meurtre est souvent à ses yeux un devoir. Non seulement le mari qui surprend son épouse, mais tout membre de la famille qui s'aperçoit qu'une femme ou une fille a des relations avec un étranger, doit immédiatement tuer et celui-ci et la coupable. Ce n'est pas seulement l'adultère qui reçoit ce rigoureux châtiment, c'est toute espèce de relations en dehors du mariage. Ce n'est, au surplus, que la persistance de ce qui était autrefois la loi, le *khanoun*. En pareil cas, celui que nous considérons comme un meurtrier est, au contraire, considéré par ses compatriotes comme un homme parfaitement honorable, comme un justicier.

Ensuite l'esprit de lucre.

Le vol n'a, dans maintes tribus algériennes, rien de déshonorant. Chez les tribus nomades du Sahara, une expédition ayant le vol pour mobile n'est pas moins honorable qu'une expédition militaire ; et le plus souvent, d'ailleurs, il est absolument impossible de faire la distinction, tant sont identiques les procédés d'exécution (1). Dans les régions depuis longtemps assujetties à notre domination, le vol en bandes nombreuses n'est que très exceptionnellement pratiqué ; mais ce

(1) C. SABATIER, *op. cit.*, p. 10.

qui ne peut se faire en troupes à gros effectifs à raison de nos procédés de surveillance — quoique très imparfaits, — se fait individuellement ou par petites fractions. Le genre de vol où l'arabe excelle particulièrement, c'est l'*abigéat* ou vol de bestiaux. Si les bœufs ou les moutons sont en troupeau, dans la brousse, il sait s'en approcher sans mettre en éveil les gardiens ni les chiens ; certains indigènes prétendent que le voleur se dépouille complètement de ses vêtements, et que la vue de l'homme nu fascine les animaux qui ne poussent pas le mugissement ou le bêlement qui réveillerait le berger. Si les bêtes sont enfermées dans une étable ou dans la cour d'une ferme, les arabes ont tôt fait de pratiquer dans le mur, généralement en briques ou en pisé, une brèche par laquelle le voleur passera pour y faire passer ensuite les plus belles têtes du troupeau.

Le plus souvent, le vol est suivi de la *béchara*, c'est-à-dire la restitution moyennant un prix débattu. Dans un document officiel, nous trouvons parfaitement exposée, à l'usage des personnes qui n'ont point vécu en Algérie, cette très curieuse pratique, qui n'est pas sans analogie avec celle de certaines agences londoniennes opérant, non sur les bestiaux, mais sur les valeurs mobilières. « Des voleurs dévalisent une ferme, s'emparent des animaux ou du matériel, les transportent au loin et les mettent en lieu sûr. Les investigations de la police locale demeurent vaines : personne ne connaît, personne n'a vu les voleurs. Puis, l'un d'eux ou un intermédiaire (le *béchir*) va trouver le propriétaire dépouillé et lui propose de le faire rentrer en possession de ce qu'il a perdu, à la condition qu'il versera une somme d'argent (la *béchara*) (1).

(1) Nous croyons devoir faire remarquer que M. Isaac, tout en décrivant assez exactement l'opération, commet une petite erreur de terminologie. *Bechara* signifie « bonne nouvelle », et *béchir* « porteur de la bonne nouvelle ». C'est à tort qu'il applique le premier vocable à la rançon elle-même : c'est à proprement parler le prix de la bonne nouvelle.

L'offre acceptée, le propriétaire se rend, avec la somme promise, dans un endroit écarté qui lui est indiqué ; il paie la rançon et on lui remet les objets ou les animaux qui lui appartiennent. — Le secret de ces sortes de transactions est toujours religieusement observé. Le propriétaire, même européen, ne se plaint pas ; il ne songe pas à venir au lieu du rendez-vous accompagné d'un représentant de la police, car il craint des représailles ; il trouve plus simple et plus avantageux de se soumettre à la pratique de la béchara, qui lui constitue une sorte d'assurance, dans un pays où la police est, évidemment, très imparfaite, et qui lui coûte, en définitive, moins cher qu'un procès, à la suite duquel il ne serait peut-être pas remis en possession de son bien (1). — D'ailleurs, les entrepreneurs de béchara tiennent toujours très loyalement les engagements contractés vis-à-vis de ceux qu'ils ont mis à contribution (2) ».

L'esprit de lucre se manifeste encore sous la forme, moins violente mais non moins nocive, de l'usure qui peut être considérée comme l'un des fléaux de l'Algérie. L'usure est pratiquée, sur une grande échelle, par les juifs ; mais ceux-ci ne sont pas seuls à tirer de leurs capitaux, ou même de leurs denrées, d'invraisemblables revenus. Le kabyle, qui est incontestablement moins voleur que l'arabe, est en revanche un maître usurier : il ne se borne pas à opérer sur ses compatriotes, il va au loin exploiter les arabes imprévoyants.

Voici un curieux exemple de la manière dont se pratique l'usure en Kabylie :

« Quand le fellah ou le khammès a besoin d'argent, en avril ou en août, il va trouver un prêteur quelconque et là souscrit

(1) Ici M. Isaac exagère. Il n'est point rare qu'après avoir payé et être rentré en possession de ses bestiaux, le volé donne à la justice le signalement du voleur ou de son complice. C'est même généralement ainsi que la justice arrive, de temps à autre, à mettre la main sur les entrepreneurs de béchara.

(2) Rapport de M. Isaac, déjà cité. — Voyez aussi le rapport de M. Burdeau sur le budget de l'Algérie de 1892, p. 86.

un prêt proportionné au crédit qu'il inspire et aux conditions d'usage, c'est-à-dire qu'il devra apporter toutes ses olives (1) à l'usine du prêteur, où elles seront transformées en huile que le kabyle laissera en paiement de la somme prêtée, plus un intérêt de un litre d'huile par *douro* (2) prêté, plus un droit de fabrication de dix pour cent, plus l'abandon du produit de la deuxième pression et la troisième pour la ressence, et cela quelle qu'ait été l'époque du prêt... Le résultat de la première pression des olives entrant seul en ligne de compte pour l'amortissement de la dette, l'usinier malhonnête n'a qu'à peu presser la pâte d'olive la première fois, sachant bien qu'il retrouvera la totalité de l'huile dans les pressions suivantes qui sont pour lui. L'usurier n'a pas toujours le cynisme d'ordonner pareil manège à ses ouvriers, mais il les fait travailler à la tâche : ils se prêtent alors inconsciemment à la manœuvre dolosive désirée, et l'huile de première pression, seul bien de l'emprunteur, se trouve diminuée de 50 à 60 0/0.

« Faisons le décompte de l'opération. Un kabyle emprunte en juin, six mois avant la récolte, 200 francs, soit quarante douros, pour lesquels il devra, montant de l'intérêt, 40 litres d'huile vierge de qualité extra. Supposons que les olives de cet indigène rendent deux litres un quart d'huile par double décalitre à la première pression (rendement commun), l'huile lui étant comptée 0 fr. 75 c. le litre ; il remboursera en réalité : 257 litres à 0 fr. 75 c. pour les 200 francs, 40 litres pour les intérêts, 27 litres pour la façon, et 276 litres volés grâce au manque de pression, soit 600 litres valant 450 francs, pour 200 prêtés six mois auparavant. — Le taux ressort à 450 0/0 par an (3). »

(1) On sait que la culture de l'olivier est la principale ressource de la Kabylie.

(2) Le *douro*, c'est la pièce de cinq francs.

(3) *Dépêche algérienne*, numéro du 20 juin 1899. — On trouvera aussi d'intéressants renseignements dans M. Colin, *Quelques questions algériennes*, au chapitre : L'usure et la loi du 13 avril 1898.

Hors de Kabylie les kabyles opèrent autrement. « Les colporteurs kabyles arrivent avec un mulet chargé d'étoffes, de burnous, de foulards, de djébiras, d'un peu de mercerie, etc. Ils vendent partie au comptant à un prix moyen, et partie très cher, payable à la récolte en blé ou en orge. Quand toute la marchandise est vendue, ils bazardent aussi le mulet et ils terminent la série de leurs opérations en prêtant leur argent à gros intérêts, sur bons billets, également jusqu'à la récolte. Puis ils retournent chez eux. Au moment de la moisson ils reviennent pour recueillir toutes leurs créances, et, après avoir réalisé leur capital notablement grossi par les intérêts, ils vont s'approvisionner de ce qu'il leur faut pour recommencer l'hiver suivant (1). »

Et au surplus, gardons-nous de croire que l'usure soit le monopole des juifs et des kabyles. Il est maints roumis qui la pratiquent, mais sous la forme plus savante et parfaitement sûre de l'achat à réméré (2).

Le mal n'est donc pas niable. L'Algérie a une criminalité beaucoup trop élevée. Les indigènes honnêtes, les colons, voire les simples français habitant les grandes villes n'y ont pas la sécurité, pour leurs personnes et pour leurs biens. Notre touriste a dû bien vite s'apercevoir que l'assimilation entre la colonie et la métropole, qu'on a mise dans les lois, n'est pas du tout dans les mœurs.

« Familles entières égorgées dans les fermes, parfois à quelque cent mètres des villes ! Assassinats horribles précédés de viols hideux ! La malfaisance sous toutes ses formes ! Les instincts d'homicide, de luxure et de pillage dans un furieux déchaînement ! Voilà le contraste formidable de l'état respectif de la criminalité en Algérie et en France (3)... »

(1) Hugolin, *op. cit.*, p. 71.

(2) Voyez des faits tout à fait topiques dans le discours de M. Rouanet à la Chambre des députés, 19 mai 1899.

(3) Durieu de Leyritz, discours cité, p. 17 et 18. — On trouvera dans ce discours de curieux exemples des crimes algériens.

Et Jules Ferry,dans un mémorable rapport, n'exagérait rien en disant que l'insécurité est en Algérie une *plaie sociale* (1).

Cette plaie sociale, comment la cicatriser ? La cautérisation au fer rouge, que d'aucuns ont tôt fait de préconiser, ne serait pas le traitement indiqué. Il faut rechercher les causes multiples qui l'ont fait naître et lui ont donné le développement qu'elle a aujourd'hui : les seuls bons remèdes seront ceux qui atteindront les causes mêmes du mal ; eux seuls empêcheront l'état d'empirer et pourront faciliter la guérison.

Dans cette recherche, c'est procéder avec méthode que de déterminer successivement les causes communes à toutes les catégories de la population algérienne et celles qui sont propres à telle ou telle catégorie.

## II

Une première cause se trouve dans la composition même de la population.

A prendre et à opposer les types les plus divers parmi les habitants de la métropole, à comparer le basque et le flamand, le lorrain et le provençal, on relève sans doute des différences, plus que des nuances ethniques. Mais entre tous les français il y a des analogies, une communauté de mœurs, de coutumes, d'aspirations qui font du peuple français une population parfaitement une. Tout autre est la situation ethnologique de l'Algérie. Trois races bien distinctes s'y coudoient sans se mélanger : les européens, les indigènes musulmans, les israélites. Et encore ces groupements sont loin d'être uns. Sous la rubrique « européens » se classent des français, les uns d'origine métropolitaine,les autres d'origine étrangère, naturalisés ou nationalisés, des étrangers presque aussi nombreux qui sont, à d'honorables exceptions près, le rebut des

(1) Rapport au Sénat sur l'organisation et les attributions du gouvernement général de l'Algérie.

nations latines, espagnols, italiens, maltais. Les indigènes eux-mêmes forment, à proprement parler et dans une mesure impossible à préciser, deux races, les berbères et les arabes.

Or, dans ce heurt de peuples d'origines si variées, n'ayant pas la même civilisation, se croyant des intérêts opposés, le respect de la vie humaine et de la propriété ne s'impose pas avec la même autorité qu'entre congénères, coreligionnaires et compatriotes. La vieille notion romaine, suivant laquelle *hostis* signifiait à la fois étranger et ennemi, n'est pas très éloignée de la mentalité algérienne ; et, entre races et nationalités différentes, l'égalité des droits se conçoit moins, l'inimitié est bien près de naître. C'est un phénomène social souvent observé que dans un pays à populations hétérogènes, la criminalité est bien plus élevée que parmi un peuple homogène. A tuer ou à voler un juif ou un arabe, bien des algériens n'ont pas grand scrupule.

Une seconde cause, qui, propre en principe à l'élément européen, fait sentir par contre-coup ses effets sur la population indigène, c'est la composition et l'esprit de la population algérienne : j'entends par là tous ceux que les arabes nomment les *roumis*, et je vise particulièrement les étrangers et les français d'origine étrangère (1).

Il est incontestable que la partie de la population qui émigre n'est pas la meilleure. L'espoir d'une fortune à acquérir dans un pays nouveau n'est pas le seul mobile de l'expatriation ; souvent intervient la nécessité pressante de se séparer, par une frontière et des kilomètres, d'une justice à laquelle on a quelque compte à rendre. Ce n'est pas d'aujourd'hui qu'a été faite la remarque que les étrangers ont généralement une criminalité plus élevée dans leur pays d'immigration que dans leur pays d'origine ; on peut dire que l'émigration a les pro-

(1) Cpr. E. Mercier, *L'Algérie et les questions algériennes*, p. 204.

priétés purgatives de la transportation volontaire. L'Algérie a une population étrangère extrêmement nombreuse ; cette population est recrutée parmi les pays d'Europe ayant la plus forte criminalité, l'Espagne et l'Italie ; il n'est pas surprenant, dès lors, que cet élément fournisse un nombre d'accusés et de prévenus extraordinairement élevé (1). Nous voulons bien que, parmi les milliers d'espagnols et d'italiens qui chaque année débarquent en Algérie, le plus fort contingent est composé de braves ouvriers, sobres et honnêtes, n'ayant d'autre souci que de gagner par un travail assidu une vie que ne peut leur assurer leur patrie. Bien qu'il soit toujours pénible de voir un pays conquis par nos armes devenir une colonie d'étrangers, encore qu'il soit agaçant d'entendre constamment parler un idiome qui n'est pas notre langue nationale, il faut reconnaître que la colonisation ne serait pas parvenue au point où elle en est sans la très grande somme de travail fournie par les étrangers, surtout par les espagnols. Mais dans ces immigrés il y a un nombre épouvantable de bandits, fuyant la justice de leur pays, ou même évadés des *presidios* de la côte marocaine (2).

Dans cette population européenne si mêlée, une déplorable agitation est constamment entretenue par les excitations de certains journaux qui, sous prétexte d'antisémitisme, prêchent constamment la haine de religions et de classes. On en a vu, hélas ! depuis quelques années, trop souvent les effets. C'est sur le conseil de ces journaux, souvent même sous la conduite de leurs rédacteurs, que se sont produites les scènes scandaleuses de pillage et d'assassinat qui ont fait à l'Algérie, et particulièrement à la ville d'Alger, un triste et déplorable renom. J'ai assisté à ces pénibles spectacles, et j'ai constaté que les bandes de pillards comprenaient beaucoup

(1) Pour 10.000 étrangers, on compte annuellement 3,27 accusés et 174 prévenus.

(2) Voyez des exemples dans Hugolin, *op. cit.*, p. 91.

d'espagnols (le faubourg le plus sale et le plus bruyant d'Alger, Bab-el-Oued ou la Cantère, est à peu près exclusivement peuplé d'espagnols ou de français d'origine espagnole), des italiens, des indigènes heureux de profiter d'une si belle occasion de rapines, des femmes fort exaltées qui n'appartenaient pas à la catégorie la plus honnête, et — c'est une satisfaction d'amour-propre — peu de français d'origine française. J'ai vu pendant toute une journée mettre systématiquement à sac tous les magasins qui étaient notés comme appartenant à des israélites (1). Et naguère encore une bande bariolée traversait, sans être un instant inquiétée, toute la ville d'Alger pour aller faire, à l'une de ses extrémités, le siège d'une maison où se réunissaient des ouvriers manifestant des sentiments insuffisamment antijuifs (2). Il faudrait, pour maintenir une population semblable, une police parfaitement recrutée et surtout dirigée par une autorité autre que des municipalités ayant à leur tête les principaux agitateurs (3).

Le pis est que les désordres, les troubles provoqués dans les villes ont leur contre-coup dans les tribus. Comment veut-on que les indigènes respectent une administration continuellement et impunément insultée par la presse ? Comment les arabes n'auraient-ils pas envie de faire subir aux roumis ce que quelques-uns de ceux-ci font supporter aux juifs ? L'arabe est trop naturellement pillard pour que des spectacles comme ceux qui lui ont été offerts à Alger et dans quelques autres villes ne réveillent pas en lui l'instinct de brigandage. Quand, en 1898, une bande dirigée par un individu, depuis plusieurs fois poursuivi aux assises et devenu maire d'Alger, mit la ville à sac, les arabes de l'intérieur arrivaient en grand

(1) Durant la période janvier-février 1898.
(2) Le 21 avril 1901.
(3) Ce qui est le cas de presque toutes les grandes villes algériennes.

nombre, espérant participer à l'aubaine : il fallut envoyer sur les routes conduisant à la capitale des patrouilles de chasseurs d'Afrique qui refoulèrent les indigènes et les contraignirent à regagner leurs douars. Il est infiniment vraisemblable que les troubles récents qui se sont encore produits à Alger, tant à l'occasion de l'embarquement d'un député qu'à propos de l'arrivée du gouverneur, ne sont pas étrangers à la curieuse explosion de fanatisme qui, peu après, s'est produite, à quelques lieues de là, dans la tribu des Rhiras (1).

En signalant comme premières causes de l'insécurité la composition hétérogène de la population et le déplorable esprit qu'y entretient une presse ordurière, nous n'avons pas la prétention de dire qu'un remède direct puisse être apporté sur ce point. Mais, dans un milieu aussi facilement excitable, parmi des éléments aussi portés au désordre et au crime, une police nombreuse et sévère serait absolument indispensable. Il importerait que, si on ne peut éviter aux indigènes le spectacle démoralisateur des troubles, on y fît succéder immédiatement le spectacle exemplaire d'une répression énergique. Que la police prévienne, ce qui souvent serait possible, et, si elle ne peut prévenir, que la justice réprime rapidement. Malheureusement, en l'état actuel, on ne prévient pas, et, quand on réprime, on ne réprime que mollement et tardivement.

Ces causes, évidentes, certaines, ne sont pas ordinairement mentionnées dans les brochures, dans les articles de revues ou de journaux qui traitent de la sécurité. La raison de cette omission est double. Parfois elle est volontaire : quand l'auteur appartient à la presse algérienne ou qu'il approuve les violences de la campagne antijuive, on ne saurait s'attendre à ce qu'il se proclame lui-même responsable des maux dont

(1) Ce point a été particulièrement mis en lumière par M. Thomson dans son discours du 24 mai 1901 : *J.O., Déb. parl.*, Chambre des députés, p. 1148.

souffre la colonie. Souvent, ces causes ne sont pas relevées parce que, en parlant d'insécurité, on vise exclusivement les méfaits nombreux, et principalement les vols, dont souffrent les colons et qui ont pour auteurs ordinaires les indigènes. Mais c'est à tort, à notre sens, qu'on restreint le problème à un conflit entre colons et indigènes : outre qu'il importe d'envisager la question dans toute son ampleur, pour les villes aussi bien que pour les campagnes, nous avons montré que l'agitation dans la population européenne a pour contre-coup l'insurrection chez les indigènes.

## III

Cette omission réparée, nous avons à reprendre, après beaucoup d'autres, les causes de la criminalité qui tiennent plus particulièrement à la population indigène. Nous nous garderons des exagérations habituelles : les uns chargeant les arabes de tous les vices et de tous les crimes, les autres voyant en eux une noble race injustement dépouillée. Nous voudrions, ainsi que le disait un gouverneur général, n'être ni arabophobe, ni arabophile, mais bien *arabojuste*.

En première ligne, signalons la *misère*. En tous pays, la faim est mauvaise conseillère ; mais, en Algérie plus qu'ailleurs, la misère est fréquente. C'est là, incontestablement, l'une des causes les plus actives de la criminalité sous toutes ses formes, de ce qu'on a, pittoresquement et par souvenir, appelé la « piraterie agricole » comme des insurrections (1). Toutefois cette cause se fait sentir inégalement sur les deux races indigènes : les arabes en souffrent beaucoup plus que les kabyles.

Chez les arabes, la famine est fréquente et souvent horri-

(1) Voyez notamment C. Sabatier, *op. cit.*, p. 7 ; Trolard, *op. cit.*, p. 8.

ble. Il suffit, pour la provoquer, d'une année de sécheresse. L'arabe n'a pas d'autres ressources que les céréales et le bétail : en tarissant les sources, en desséchant les points d'eau, en empêchant la germination ou la croissance des semailles, la sécheresse prive l'arabe de tous ses moyens d'existence. Profondément imprévoyant, il n'a aucune réserve. Pendant l'hiver qui suit, le bétail amaigri succombe aux froids, l'homme affaibli par une insuffisante nourriture ne peut résister à la moindre atteinte du mal, typhus, choléra, dysenterie. Alors se produit une épouvantable mortalité qui peut, comme en 1867, faire périr plus du quart de la population. Comment s'étonner que, poussé par la faim, il commette des vols ? Un ancien magistrat, aujourd'hui chef d'une des grandes administrations algériennes, en cite un exemple topique :

« C'était à la fin de l'hiver de 1877. De nombreux vols commis dans la région de Mila, où j'étais juge de paix, paraissaient avoir fréquemment pour auteurs ou complices certains indigènes appartenant à une déchera située à peu de distance du village. Je résolus de faire, dans ce petit centre indigène, une perquisition complète et requis, à cet effet, vingt hommes de la garnison. Dans la soixantaine de gourbis qui furent successivement fouillés, je ne trouvai aucune provision alimentaire, si ce n'est un petit sac d'orge dans l'un d'eux, et, dans les autres, des tas de kérioux. On appelle ainsi les racines de l'arum sauvage. Ces malheureux, après avoir passé au feu ces bulbes, les écrasaient, les lavaient à plusieurs eaux, puis les faisaient bouillir et s'en nourrissaient. Je sais, par expérience, qu'un européen ne peut goûter de pareils mets sans être pris de vomissements et de douleurs d'entrailles. Depuis deux mois le kérioux était la nourriture presque exclusive de la population pauvre de cette région (1). »

Chez les kabyles, la misère n'arrive jamais jusqu'à la fa-

(1) C. Sabatier, *op. cit.*, p. 9.

mine. La variété de leurs cultures, blé ou orge dans les vallées, oliviers, figuiers, pois et fèves dans la montagne, fait qu'il est bien rare que toutes manquent à la fois. Dans les années de disette, les kabyles se nourrissent de glands doux, que leur fournissent en abondance les chênes de leurs montagnes. Enfin quelque industrie, le colportage, l'usure, le louage de leurs bras aux européens pour les travaux de la terre, fournissent des ressources suffisantes pour que, même dans les années de terrible sécheresse, on n'ait guère d'exemples de kabyles morts de faim. C'est là certainement l'une des raisons qui, jointes au sentiment de la propriété très développé chez eux, font que les kabyles sont moins voleurs que les arabes.

La misère règne dans une forte partie de la population indigène : c'est un fait. Pourquoi ? La question est extrêmement complexe, susceptible d'une quantité de réponses plus ou moins exactes et nécessairement imprécises. A la misère des indigènes et surtout des populations arabes et arabisées, on peut donner infiniment d'explications, toutes ayant quelque valeur.

Que l'indolence, l'apathie du musulman soient pour quelque chose, et même pour beaucoup dans la misérable situation où il végète plus qu'il ne vit, nul ne peut le nier. L'esprit de cet élément de la population est tel que, si on déplore sa triste condition, il paraît à peu près impossible de l'en tirer. L'arabe, qu'on se complaisait à nous montrer dans notre enfance comme un peuple guerrier, fier et intelligent (1), est essen-

(1) C'était l'opinion officielle. Dans la lettre célèbre du 6 février 1863 sur la propriété foncière en Algérie, Napoléon III désignait les indigènes par cette expression flatteuse : « cette race intelligente, fière, guerrière et agricole ». Autant d'erreurs que de mots. La race est loin d'être une : il y en a au moins deux, berbère et arabe. Leur intelligence est plus que limitée. Leur fierté en fait un peuple de mendiants et de voleurs. Leur esprit guerrier leur fait entreprendre des expéditions qui ont surtout la rapine pour but. Enfin, il suffit

tiellement paresseux ; et les vices qui le déshonorent, son instinct du vol et du pillage, le mensonge qu'il pratique effrontément, ne sont que le corollaire de sa paresse invétérée. Quiconque voyage en Algérie est frappé de voir beaucoup plus d'arabes dormant ou causant devant leurs gourbis ou le long des chemins que travaillant dans la campagne. Cette constatation suffit à démontrer que ce serait chimère que de poursuivre l'extinction du paupérisme dans les tribus : l'arabe préfère une indolente misère à une lucrative activité. Il en a certainement toujours été ainsi : et ce serait commettre une injustice et une erreur que de s'imaginer que cette misère provient de la conquête et du régime auquel nous avons soumis les indigènes.

Toutefois, avons-nous fait tout ce qui était en notre pouvoir pour améliorer cette situation ? Parfois nos agissements, nécessaires ou non, n'ont-ils pas eu pour conséquence d'aggraver la situation déjà peu brillante de certaines tribus ? Il faut un peu ici faire notre examen de conscience et reconnaître que nous ne sommes pas exempts de fautes.

Pour établir nos colons, il a fallu nous procurer des terres et nécessairement les meilleures : quel que soit le procédé employé, les indigènes ont donc perdu une partie de leurs terres. Mais cette cause d'aggravation de la misère en pays arabe a été exagérément amplifiée par certains écrivains, parlant d'éviction, de spoliation des indigènes. Il ne faut pas oublier que les arabes n'ont jamais été de grands cultivateurs et qu'ils sont encore aujourd'hui, malgré l'exemple de culture intensive que leur donnent nos colons, de bien mauvais agriculteurs. Quand nous avons commencé à coloniser l'Algérie, la majeure partie du sol, et notamment les meilleures terres comme la Mitidja, étaient en brousse et en marais, parfaite-

d'avoir vu les champs de céréales des indigènes, tout couverts de chardons et de palmiers nains, pour apprécier comme il convient leur agriculture.

ment malsaines et absolument incultes. Sur les surfaces assez restreintes qu'il grattait avec sa charrue de bois, l'arabe n'obtenait que des récoltes dérisoires. La plupart des terres de colonisation où aujourd'hui prospèrent la vigne et les céréales, n'étaient pas cultivées et servaient seulement au parcours de maigres troupeaux. C'est une erreur de prétendre que, pour donner des terres aux colons, on a dépouillé les indigènes de leurs terres de culture : il y a certainement en Algérie de quoi faire vivre largement une population indigène et européenne double de celle qui y vit actuellement. S'il y a eu quelques faits de spoliation, ils ont été tout locaux, et ils sont le résultat soit de l'application de la théorie du cantonnement, soit de la mise en vigueur de la règle de l'article 815 du code civil. Sur ce cas, d'ailleurs exceptionnel, je tiens à m'expliquer.

La théorie du cantonnement procède de cette observation, d'ailleurs exacte, qu'une importante partie des terres d'Algérie sont tenues par les indigènes au titre *arch*, c'est-à-dire en jouissance seulement. L'Etat, se considérant comme un propriétaire — ce qui est une erreur de droit musulman, — imposait à ces indigènes un partage ; il prenait une partie des terres que jusqu'alors ils avaient cultivées, et, en retour, il leur donnait un titre de propriété complet, absolu, pour ce qu'il leur laissait. La théorie devenait abusive par la prétention qu'avait émise l'administration militaire de l'étendre à toutes les terres, sans distinction suivant leur genre de tenure. On a fait grand bruit contre cette manière de procéder ; Napoléon III l'a condamnée dans sa lettre du 6 février 1863 ; et depuis lors on a souvent parlé des spoliations résultant du cantonnement. On oublie que cette fameuse théorie n'a jamais été appliquée qu'à cinq tribus représentant seulement quelques milliers d'hectares (1).

(1) Ceux de nos lecteurs qui désirent être édifiés sur ce point se reporteront au consciencieux ouvrage de M. POUYANNE, *La propriété foncière en Algérie*, Alger, 1900, p. 367-372.

La loi de 1873 sur la propriété foncière en Algérie a déclaré que les immeubles étaient désormais soumis au statut réel français. La conséquence fut la mise en vigueur de cette règle essentielle de l'article 815 de notre code civil : « Nul ne peut être contraint à demeurer dans l'indivision ; et le partage peut être toujours provoqué. » Or il était d'usage, parmi les arabes, de ne pas partager le bien familial ; et, grâce au maintien de l'indivision (1), ils trouvaient le moyen de vivre assez nombreux sur un domaine restreint. Il suffit désormais que l'un des copropriétaires, ou son cessionnaire, demande le partage, pour que se produisent inéluctablement ces conséquences : licitation, frais énormes, vente à vil prix du domaine commun, misère de toute la famille. On a cité, à la tribune du Sénat, l'exemple d'une fraction de tribu, près de Mostaganem, composée de 513 indigènes, vivant sur un domaine de 292 hectares, qui fut soumise à la constitution de la propriété individuelle. Lorsque les opérations furent terminées, un individu délégué par un avocat-défenseur acheta les droits de l'un des copropriétaires moyennant 20 francs ; il poursuivit la licitation, qui eut lieu dans l'étude de l'avocat-défenseur, et la propriété fut vendue 80 francs, tandis que les frais s'élevaient à 11.000 francs. Les 513 arabes furent ainsi expropriés et réduits à la misère, et ce fut un ancien clerc de l'avocat-défenseur qui devint acquéreur de ce vaste domaine (2).

On a protesté avec énergie contre semblables spoliations : la législation actuelle les rend impossibles. Il faut bien le dire

(1) Il n'est pas inutile d'insister sur toute la valeur de ce mot « indivision ». Longtemps on a représenté les indigènes algériens comme vivant dans un état de collectivisme ou de communisme agraire ; c'était une erreur aujourd'hui parfaitement démontrée : ce qui est très fréquent, c'est l'indivision ; le collectivisme ne se rencontre que très exceptionnellement. Voyez M. Pouyanne, *op. cit.*, p. 79 et s.

(2) Voyez *J. O.*, Sénat, *Déb. parl.*, séances des 16 et 17 février 1894. — Voyez aussi M. Pouyanne, *op. cit.*, p. 448 et s.

et le redire : ces exemples de dépouillement de tribus ou fractions de tribus sont, fort heureusement, peu nombreux ; et c'est bien à tort que, par une généralisation mal fondée, on en arrive à représenter la colonisation comme ruinant les indigènes. Bien au contraire, dans certaines régions, l'installation de nos colons a été une cause de relative prospérité pour les indigènes qui trouvent dans les fermes européennes du travail à des prix suffisamment rémunérateurs (1). Mais ce développement de la main-d'œuvre ne profite qu'aux trop rares indigènes qui secouent un peu l'incommensurable paresse orientale : certains colons déclarent les arabes inutilisables, et ne peuvent employer que des kabyles ou des marocains.

Justice étant ainsi faite des reproches trop souvent adressés à la colonisation et aux colons, nous ne faisons aucune difficulté à reconnaître que la misère de bien des tribus est aggravée par le système des impôts indigènes et par l'application en Algérie de notre régime forestier. — Le système des impôts arabes, dans le détail duquel nous ne saurions entrer ici, est unanimement critiqué : il frappe avec une choquante inégalité, et il est très lourd pour l'arabe qui cultive (2). Une forte partie en est attribuée à la commune ; mais telle est l'organisation des communes algériennes, de plein exercice ou mixtes, que les colons, qui ont toujours la majorité dans

(1) Observation déjà faite par F. Charvériat, dans son intéressant petit livre, *Huit jours en Kabylie, à travers la Kabylie et les questions kabyles*, p. 43. — On peut ajouter que le voisinage d'un centre de colonisation ou d'une ferme européenne a toujours pour conséquence une grande augmentation de la valeur des terres des indigènes.

(2) Ceci a été quelquefois contesté. S'appuyant sur une statistique du gouvernement général, M. Marchal insistait sur ce fait qu'un arabe paie sept fois moins d'impôt qu'un européen (Chambre des députés, séance du 31 mai 1901, *J. O.*, *Déb. parl.*, p. 1210). En acceptant ce chiffre pour exact, il importe de remarquer que la faculté contributive d'un indigène n'atteint certainement pas le septième de celle d'un colon. L'allègement n'est donc qu'apparent ; une très sérieuse aggravation est la réalité.

le conseil ou dans la commission municipale, emploient toutes les ressources à l'amélioration des centres européens, et ne font aucuns des travaux qui profiteraient aux indigènes, encore que ceux-ci soient les principaux contribuables (1). — La nécessité de nous constituer un domaine forestier aabouti sur bien des points à de véritables spoliations. On a classé comme forêts et, comme tels, attribué à l'Etat de vastes espaces où il est à peu près impossible de rencontrer un arbre de dimension convenable : des broussailles, quelques chênes verts rabougris, rien de plus. De temps immémorial, les arabes y ont conduit paître leurs troupeaux ; des tribus entières y vivent, labourant les clairières. Or, par le fait du classement, et par l'application du code forestier métropolitain, le pacage et le labourage sont devenus des délits réprimés par d'énormes amendes. Ainsi des tribus entières se trouvent dans l'alternative de délinquer ou de mourir de faim. En l'occurrence, l'administration des forêts se trouve unanimement et véhémentement critiquée : les uns lui reprochent, avec une apparence de raison, une rigueur excessive, le montant des amendes ou transactions dépassant parfois de beaucoup le chiffre de tous les autres produits des forêts algériennes (2) ; les autres déplorent, et ce n'est pas sans motif, que le domaine forestier soit sans cesse dévasté par la dent des moutons et des chèvres. Si bien qu'en définitive, pour un résultat à peu près négatif en ce qui concerne la conservation des forêts domaniales, on a obtenu un résultat certain, le mécontentement de groupes nombreux de population indigène (3).

Une autre cause — et il ne semble pas non plus que celle-

(1) Conf. Trolard, *op. cit.*, p. 7.

(2) Voyez le rapport déjà cité de Jules Ferry. — On trouvera des chiffres dans nos *Institutions pénitentiaires de l'Algérie*, p. 49.

(3) C. Sabatier, *op. cit.*, p. 26. — Le parlement est saisi d'un projet de code forestier algérien. — Voyez aussi un passage du discours de M. Pourquery de Boisserin à la Chambre des députés, séance du 24 mai 1901, *J. O.*, *Déb. parl.*, p. 1153.

ci soit susceptible de remède — réside dans l'idée même que les arabes se font du vol. Il est beaucoup de tribus où l'on considère que le vol en soi n'a rien de déshonorant : il apparaît comme une action bonne si elle réussit, mauvaise seulement pour qui se fait prendre. Il est certaines régions où le plus bel éloge que l'on puisse faire de quelqu'un est de dire qu'il est un « homme de nuit ». Certaines tribus du Sud Oranais, profitant du refuge que leur offre la proximité de la frontière marocaine, font du pillage leur principale ressource.

On a observé, depuis longtemps, que la propension au vol varie beaucoup suivant les régions et même suivant les tribus. Les kabyles de la grande Kabylie accusent, à ce point de vue une moralité beaucoup plus élevée que les autres indigènes. Parmi les arabes, ceux de la province de Constantine sont plus enclins au vol que ceux des deux autres provinces. Et d'ailleurs, dans une même province, il y a des écarts considérables. Une statistique dressée par les soins de l'administration pénitentiaire met bien ces oppositions en relief (1). A ne considérer que le nombre des indigènes actuellement dé-enus pour vol et ayant été condamnés à plus de trois mois, on trouve qu'il y a, en moyenne, dans le département d'Alger, 1 voleur pour 2.000 indigènes, dans le département de Constantine, 1 pour 1.300. Mais certaines tribus sont particulièrement honnêtes ou habiles : dans la commune mixte de Gouraya, par exemple, on compte seulement 1 voleur pour 7.200 indigènes. En revanche, il est d'autres fractions qui vivent à peu près exclusivement du vol et qui sont pour les centres voisins un danger permanent : tels les Ouled-Hellal qui comptent 1 voleur pour 399 habitants, les Baghdoura, 1 pour 297. Si les habitants du département de la Seine avaient l'instinct du vol aussi développé que les arabes de cette der-

(1) Nous donnons quelques extraits de cette statistique dans nos *Institutions pénitentiaires de l'Algérie*, no 21, p. 58 et s.

nière tribu, il y aurait en permanence à la prison de Fresnes dix ou douze mille individus condamnés pour vol !

Si la misère et l'absence de moralité apparaissent comme les causes des attentats contre les propriétés, et accidentellement seulement contre les personnes, le fanatisme et les haines de çof sont les principales causes des crimes de sang.

Les musulmans, comme tous les peuples de civilisation peu avancée, sont très attachés à leur foi religieuse, et, comme chez tous les ignorants, la religion tourne aisément au fanatisme (1). Si nous avons à peu près dans notre main les muphtis, imans, etc., qui constituent dans les mosquées des villes ce qu'on peut appeler par comparaison le clergé séculier, et qui, éduqués dans nos médersas, sont à la nomination du gouverneur, les nombreux marabouts échappent à notre influence, dans les pittoresques koubbas qui marquent d'un point blanc presque tous les sommets des collines d'Algérie. Ces marabouts sont, avec les confréries nombreuses et bien organisées, les plus dangereux excitateurs : ils entretiennent dans les milieux indigènes la haine de l'infidèle, l'espoir de la venue du Maître de l'heure qui balaiera hors d'Afrique tous les roumis.

Parmi les causes, certainement multiples, du récent soulèvement des Rhiras, une seule apparaît nettement dès maintenant : c'est sous l'influence du marabout Hadj ben Aïssa, qui les avait exhortés à entreprendre la guerre religieuse et à reprendre les terres occupées par les roumis, qu'une fraction de la tribu a marché sur Margueritte. Ce qui montre bien que le pillage n'était pas l'unique mobile, c'est que les insurgés n'ont fait aucun mal aux hommes qui ont accepté de porter la chéchia et le burnous et qui ont prononcé la phrase sacramentelle, en quelque sorte le *Credo* musulman : « Allah

(1) C. Sabatier, *op. cit.*, p. 18.

il Allah, Mohamed ressoul Allah. » Ils n'ont tué que ceux qui, ne comprenant pas ou ne voulant pas abjurer, ont refusé de consentir à cette brève formalité. Puis, encouragés par ce premier succès, n'ayant qu'un petit nombre de fusils, ils ont marché sur Miliana, place fortifiée, ayant de la garnison, convaincus — puisque le marabout le leur avait dit — que les fusils de nos soldats tomberaient de leurs mains dès qu'ils voudraient s'en servir !

On ne saurait trop étroitement surveiller, et c'est malheureusement ce qu'on ne fait pas, les agissements des marabouts et des confréries religieuses. On ne saurait trop redouter le fanatisme arabe, « sorte de maladie constitutionnelle qui ne révèle sa présence que par des manifestations accidentelles et aussi subites que dangereuses. Dans tout adepte du Coran, quel qu'il soit, il y a l'étoffe d'un révolté : tout est une question de milieu et de circonstances » (1).

Comme adjuvant du fanatisme musulman, nous mentionnerons les menées des missionnaires protestants anglais. Sous prétexte d'évangéliser les indigènes, surtout les kabyles, les missionnaires entretiennent chez eux la haine de la France. Et même, s'il faut en croire des témoignages qui ne me paraissent pas sans poids, le passage de ces pasteurs coïnciderait avec des distributions de fusils de fabrication anglaise (2). Il y aurait donc lieu d'exercer sur les missionnaires une surveillance au moins égale à celle qui doit toujours exister à l'encontre des marabouts.

Le fanatisme est donc la cause la plus redoutable des crimes des indigènes sur les roumis. La cause des crimes qu'ils commettent les uns sur les autres est le plus souvent la divi-

(1) C. Sabatier, p. 31. — Voyez aussi Trolard, *op. cit.*, p. 22.

(2) Ce point a été longuement développé, dans la discussion de l'interpellation sur les événements de Margueritte, par M. Morinaud : *J. O.*, Chambre des députés, *Déb. parl.*, séance du 24 mai 1901, p. 1145.

sion des thadderts ou des douars en çofs. Nous ne pouvons mieux faire que de citer le passage où F. Charvériat parle des çofs en Kabylie : « Aujourd'hui comme autrefois, chaque village se trouve partagé en deux çofs ou partis, le *çof oufella*, parti d'en haut, et le *çof bouadda*, parti d'en bas. Ces çofs sont des clans ennemis. Ils se livrent entre eux à des luttes acharnées, et entretiennent partout une sourde agitation qui, si elle fait moins souvent explosion depuis la conquête, se révèle encore trop souvent par des rixes et des assassinats. — L'un des deux çofs entre lesquels se divisent les habitants d'une localité donnée passe pour être le *çof français*. Mais il ne faudrait pas croire qu'il soit vraiment dévoué à la France. C'est simplement celui des deux çofs qui a su le mieux se concilier les bonnes grâces de l'administration. Tous les kabyles sans exception, de quelque çof qu'ils fassent partie, s'empresseraient, à la première occasion, de s'unir contre l'ennemi commun, le français. — Les çofs n'en constituent pas moins une plaie invétérée qui ronge le peuple kabyle. Ces dissensions, qui arment les uns contre les autres jusqu'aux membres d'une même famille, semblent avoir été, de tout temps, le caractère propre de la race à laquelle appartiennent les kabyles (1). » Ce que F. Charvériat dit si bien des çofs de Kabylie est vrai dans la plus grande partie de l'Algérie. Mais c'est inaontestablement en Kabylie que la division en çof occasionne le plus de crimes : on peut dire que cette institution alimente largement les assises d'Alger et de Constantine.

## IV

Le milieu algérien, nous venons suffisamment de le montrer, est particulièrement propice au crime et à l'insurrection.

(1) F. Charvériat, *Huit jours en Kabylie*, p. 80. — Voyez aussi dans le grand ouvrage de Hanoteau et Letourneux, *La Kabylie et les coutumes kabyles*, t. II, p. 11.

Mais, on l'a dit avec infiniment de raison et on ne saurait trop le répéter, « souvent les penchants vicieux resteraient à l'état latent dans les natures perverses, si la répression de leurs manifestations était assurée : il faut compter l'absence effective de répression parmi les causes actives du développement de la criminalité (1) ».

Je me défends de faire ici, en aucune façon, le procès aux fonctionnaires ou magistrats de tous ordres qui doivent concourir à assurer la sécurité en Algérie. Je me plais même à constater que les critiques violentes souvent dirigées contre les administrateurs, les officiers du ministère public, les juges sont ordinairement exagérées, constituent des généralisations abusives. Dans le recrutement du service judiciaire algérien et des services auxiliaires, il y a un sensible progrès : s'il y a encore, un peu plus nombreuses peut-être que dans la métropole, des brebis galeuses parmi le troupeau des fonctionnaires algériens, leur nombre va diminuant, et il faut rendre hommage aux excellents sentiments qui animent beaucoup, une très forte majorité d'entre eux. Ce qu'il faut critiquer, ce sont non les hommes, mais les lois ; non les fonctionnaires, mais les institutions.

Police, justice, peine, rien de tout cela ne répond aux besoins du pays et des populations. On pourrait croire que la nécessité de l'adaptation des lois au milieu est une vérité tellement évidente qu'il est inutile de la rappeler ; or, au milieu algérien, si profondément différent du milieu métropolitain, on prétend appliquer les règles faites pour celui-ci.

La police est aussi insuffisante dans les villes que dans les campagnes. La police urbaine, on l'a vue à l'œuvre pendant les troubles si graves et si fréquents qui ont fait de la blanche cité des deys la ville la plus agitée du vieux monde. Ne

(1) C. SABATIER, p. 11.

sachant à qui obéir, à l'autorité municipale de qui elle relève nominalement ou à l'autorité gouvernementale qui la nomme ou la révoque, mal recrutée, elle a fait preuve de la plus continuelle hésitation. Sous son regard indécis, on a pu piller les magasins, assassiner des israélites, etc.

Presque toutes les grandes villes algériennes renferment une population indigène nombreuse et dangereuse. Bien que les polices municipales aient des agents indigènes, ceux-ci manquent d'autorité et d'influence. Là où les européens ne voient que « des arabes », il y a une population composée d'éléments divers, et surtout il y a des nomades : « khouans en tournées, pèlerins, mendiants, émissaires de toute sorte, improvisateurs ambulants, sorciers marocains, fabricants d'amulettes, etc., et ces gens échappent en partie à la surveillance de notre police (1). »

La police rurale n'est suffisante ni en nombre ni en qualité. Un rapide relevé des officiers et des auxiliaires de la police judiciaire ne donne pas un chiffre supérieur à 7.000 : or il s'agit, à ne considérer que le territoire civil, de surveiller une surface égale au quart de la France et habitée par une population très criminelle : la France compte plus de 180.000 officiers et agents assermentés. On se fera une idée de l'insuffisance de la police algérienne par ce que disait naguère le préfet d'Alger : « La commune de Teniet-el-Haad, où une seule brigade de gendarmerie a sa résidence, a 290.000 hectares de superficie. Les villages sont situés dans toutes les directions : le plus éloigné au nord-est, Pont-du-Caïd, à 42 kilomètres ; le plus éloigné à l'est, Letourneux, à 54 kilomètres ; le plus éloigné au sud-ouest, Vialar, à 54 kilomètres, et de grandes fermes se trouvent encore à 25 kilomètres au delà. On n'a pas trouvé que ce fût assez ; on a réuni à Teniet-el-Haad six douars de l'Ouarsenis, pour agrandir la circons-

(1) E. Mercier, *L'Algérie et la question algérienne*, p. 205.

cription de cette brigade de gendarmerie, qui est ainsi chargée de surveiller 340.000 hectares, espace plus vaste que certains départements français (1). »

Alors même que la police serait plus nombreuse, qu'on augmenterait, en le doublant ou même en le triplant, le nombre des brigades de gendarmerie, cette police européenne serait encore nécessairement inefficace. L'agent européen, administrateur ou gendarme, est signalé, et par conséquent évité, dès qu'il part en tournée : les kabyles, notamment, pratiquent une télégraphie optique qui rend parfaitement vaine la surveillance que nous essayons d'exercer (2). Nous ne pourrions surveiller les indigènes que par des indigènes, et c'est ce qui n'existe pas encore.

Sur l'organisation de la justice, sur l'application en Algérie de la procédure française, il y aurait long à dire. J'abrège (3).

Le recrutement même de la magistrature de notre grande colonie a longtemps laissé à désirer : l'Algérie était le lieu de transportation choisi par la chancellerie pour les magistrats qu'il était impossible de laisser en France. Aujourd'hui, les nominations sont faites avec plus de souci de la dignité professionnelle ; mais il faut reconnaître encore que la plupart des juges et des substituts nouvellement nommés ignorent tout, ou bien peu s'en faut, du milieu dans lequel ils vont coopérer à l'œuvre délicate de la justice. « On peut, dit un algérien que nous avons eu déjà occasion de citer (4), se faire une idée de l'étonnement des jeunes licenciés nouvellement débarqués, lorsqu'ils viennent prendre possession d'un poste de juge de paix et se trouvent, d'emblée, en présence des

(1) Conseil général d'Alger, séance du 12 octobre 1893.
(2) Voyez F. Charvériat, *op. cit.*, p. 67.
(3) Voyez nos *Institutions pénitentiaires de l'Algérie*, nos 38-72.
(4) E. Mercier, *L'Algérie et les questions algériennes*, p. 195.

difficultés d'un service si chargé, dans un pays inconnu, au milieu d'indigènes dont ils ignorent la langue et les mœurs. Il y a là un grave inconvénient que l'administration judiciaire a essayé d'atténuer en faisant passer les juges de paix par la suppléance rétribuée, de façon à les soumettre à une sorte d'initiation. Mais il n'y a pas partout de suppléances, et trop souvent la métropole envoie des juges qui obtiennent directement de la chancellerie leur nomination, et esquivent un stage qui leur aurait été fort utile. »

Puis la magistrature algérienne, et surtout les parquets, ont pris de leur rôle une singulière notion. Ils ne sont pas, ainsi qu'il serait absolument indispensable qu'ils le fussent, les serviteurs zélés et impavides de la loi. Il faudrait que tout auteur connu d'une infraction fût immédiatement poursuivi, et, si le fait est de quelque importance, arrêté. Or ce n'est pas toujours ce qui se passe. Je sais bien que les délits et les crimes sont tellement nombreux en Algérie que, si l'on voulait tous les réprimer, les juridictions répressives siégeant en permanence n'arriveraient peut-être pas à épuiser le rôle. Mais le spectacle de la loi impunément violée est tout à fait démoralisant. Surtout lorsque la politique se trouve plus ou moins mêlée à l'affaire, le parquet se montre, dans la mise en marche de l'action publique et dans la délivrance des mandats, singulièrement hésitant. Cette hésitation, cette partialité, les allées et venues de personnages sur lesquels pèsent les plus graves accusations sont bien faites pour inspirer le mépris de la loi, qui est, à n'en pas douter, une cause de criminalité.

Devant la juridiction répressive, ce n'est pas moins déplorable. A tort ou à raison — je pense que c'est à tort — on soupçonne toujours les magistrats algériens d'user de ménagements avec les prévenus ou accusés qui pourraient avoir quelque influence sur leur situation. Et il faut reconnaître qu'une très regrettable décision de la cour de cassation donne à ce soupçon une certaine consistance. La loi du 30 août 1883 avait assuré aux membres des tribunaux et de la cour d'Algérie la garantie de l'inamovibilité, garantie non moins nécessaire aux justiciables qu'aux magistrats (1). Pour des motifs qui nous échappent absolument, la cour de cassation, dans une délibération prise toutes chambres réunies, a émis l'avis que la magistrature algérienne est révocable à merci (2), et c'est cet avis que suit la chancellerie. Le soupcon de partialité se trouve encore confirmé quand on voit ce qui se passe : chaque événement de la vie algérienne, si mouvementée, a son contre-coup dans le haut personnel de la cour et des tribunaux ; la chancellerie envoie en disgrâce ou donne de l'avancement suivant la façon dont le gouvernement apprécie les jugements rendus. Ce n'est pas sans stupeur qu'on apprend que parfois le chef du parquet général ne craint pas, usant de la terrible autorité que l'amovibilité lui donne sur les autres magistrats, d'indiquer à un juge d'instruction en quel sens il doit rendre son ordonnance dans une affaire criminelle (3).

(1) La loi du 30 août 1883, en classant la cour d'Alger et les tribunaux d'Algérie parmi les juridictions de la métropole, a marqué l'assimilation complète qu'elle faisait entre ces tribunaux. On ne peut se refuser d'appliquer à la colonie l'article 15, qui pose le principe de l'inamovibilité, alors que, de l'avis de la cour de cassation elle-même, les autres articles de la même loi sont applicables. La doctrine est unanime en ce sens. Voyez les articles de M. Charmont, dans la *Revue algérienne et tunisienne de législation et de jurisprudence*, 1885 et 1886 ; le *Précis de législation algérienne et tunisienne* de M. Charpentier, nos 349 et s.

(2) Avis du 9 juin 1883. — Voyez aussi Conseil d'Etat, 23 juin 1893, Dalloz, 1893, III, 65.

(3) Notons d'ailleurs, à l'honneur du juge d'instruction, qu'il n'a tenu aucun compte de la dépêche comminatoire du procureur général. — On nous fait observer que la dépêche était adressée, non au juge d'instruction avec lequel le parquet général se serait bien gardé de correspondre directement, mais au procureur de la République. Nous prenons bien volontiers acte de cette observation qui a quelque importance au point de vue de la forme : le procureur général a toujours le droit de prescrire à son substitut de prendre des réquisitions en tel ou tel sens. Mais la manifestation du désir de ce chef

C'est avec un bien légitime étonnement qu'on lit dans les journaux d'Alger les circulaires confidentielles que le procureur général adresse aux présidents des tribunaux pour leur donner des instructions sur la manière dont il convient de rendre la justice correctionnelle. Ne voit-on pas parfois un député promettre à ses électeurs le déplacement d'*urgence* du président du tribunal (1) ? Et, si j'ajoute que certains journaux ont pris l'habitude, parfaitement impunie, de ne désigner certains magistrats que par les douces appellations « le bandit X. », « le brigand Y. », ou « l'assassin Z. », on comprendra que la magistrature ne soit pas entourée du prestige, faute duquel ses décisions manquent d'autorité morale.

Et le jury ! Nous avons eu occasion déjà dans cette *Revue* et ailleurs (2), d'indiquer dans quelles déplorables conditions il fonctionne. En dotant l'Algérie de cours d'assises semblables à celles de la métropole, le décret du 24 octobre 1870 lui a rendu un bien fâcheux service. Le jury constitue pour les colons une charge écrasante : un calculateur consciencieux a établi qu'elle était vingt-trois fois plus lourde pour le citoyen d'Algérie que pour le français de la métropole. Ce jury, mal recruté, car il est impossible de faire un triage aussi sérieux qu'en France, rend une justice qui n'a rien d'impartial. Dans

important de la magistrature algérienne, la communication de la dépêche par le procureur au juge d'instruction mêt celui-ci dans une situation qu'il n'est pas possible de qualifier d'indépendante. Il lui faut une force de caractère qu'on ne saurait supposer chez tous pour statuer uniquement d'après sa conscience et pour ne pas tenir trop grand compte de la volonté manifestée du haut magistrat qui peut à tout moment le faire révoquer.

(1) Voyez la *Dépêche algérienne*, numéro du 27 avril 1899.

(2) Voyez dans cette *Revue*, notre compte rendu bibliographique sur l'histoire des juridictions criminelles en Algérie de M. Foissin, 1899, p. 1113, et notre note sur les protestations des jurés algériens et les travaux législatifs, 1900, p. 1316 (*suprà*, p. 55 et p. 65). — On trouvera un exposé plus complet de la législation et des critiques qu'elle mérite dans nos *Institutions pénitentiaires de l'Algérie*, nos 48-50.

un sentiment bien humain, les jurés, pour la plupart colons, veulent avant tout la sécurité des colons ; ils excusent des sentiments que parfois ils partagent et se montrent d'une excessive indulgence quand un crime est commis par un colon sur un indigène ; au contraire, ils châtient avec une extrême sévérité les crimes dont ils eussent pu être victimes : on les voit parfois se montrer plus rigoureux que le ministère public et accorder à l'accusateur des têtes qu'il n'avait pas demandées.

Je passe sur l'insuffisance du nombre des tribunaux : au point de vue répressif, l'unique cour d'appel (à laquelle ressortit également la Tunisie), quatre cours d'assises, seize tribunaux de première instance, cent dix-sept justices de paix, dont quatre-vingt-huit à compétence étendue, sont absolument surchargés. Tel tribunal de 2e ou 3e classe est plus occupé que celui de nos plus grandes ville métropolitaines, Lyon ou Nantes, par exemple (1). Ce sur quoi il importe d'insister, c'est le non-sens de l'application aux indigènes de la procédure française.

En règle, toutes les affaires criminelles et les affaires correctionnelles importantes doivent être instruites par un juge du tribunal de première instance. Où en seraient les juges d'instruction d'Algérie s'il leur fallait, pour tous les meurtres, pour tous les vols qualifiés, se déplacer jusqu'aux extrémités de leur arrondissement, généralement plus étendu qu'un département métropolitain (2) et n'ayant pour voies de communication que des sentiers muletiers ou des pistes. D'où premier point sur lequel le code d'instruction criminelle n'est pas parfaitement observé : l'instruction est, en fait, l'œuvre

(1) Voyez les statistiques dans nos *Institutions pénitentiaires de l'Algérie*, n° 43. Le juge d'instruction de Guelma a plus à faire que les trois juges d'instruction de Lyon !

(2) Ainsi un crime commis à El-Goléa ou à In-Salah par un européen devrait être instruit par le juge d'instruction de Blida !

du juge de paix ou de son suppléant. C'est le magistrat cantonal qui, pour tous les faits commis dans sa circonscription, fait l'information première, et c'est lui qui sur commission rogatoire en comble plus tard les lacunes, s'il y a lieu. L'instruction se présente à lui extrêmement difficile. Je ne parle pas des difficultés matérielles : dans un pays dépourvu de routes, par un siroco implacable ou sous une pluie diluvienne, il lui faut, escorté du greffier et de l'interprète, faire une longue chevauchée pour atteindre le douar où le crime a été commis ; il lui faut séjourner en acceptant l'hospitalité du caïd, c'est-à-dire en absorbant la cuisine arabe et en couchant sur les tapis suspects d'une tente ou d'un gourbi. Je veux parler surtout des difficultés résultant de la différence des langues, de la mauvaise foi des indigènes, de l'application d'un code qui, fut-il excellent, ce que d'aucuns contestent, pour la métropole, est déplorable, grotesque en pays arabe.

La différence des langues exige la présence d'un interprète : on a fait, en Algérie, des interprètes arabes et kabyles, des auxiliaires permanents de la justice, très voisins des officiers ministériels. Leur intermédiaire est une cause de longueurs et d'erreurs. Malgré sa parfaite connaissance de l'idiome indigène, malgré toute sa bonne volonté, l'interprète ne peut rendre et faire saisir au magistrat instructeur toutes les nuances que percevrait un juge parlant et comprenant couramment la langue de l'inculpé et des témoins. Nécessairement, le juge doit s'en rapporter aux dires du truchement ; celui-ci prend une telle importance qu'on a pu dire à la tribune de la Chambre qu'en Algérie la justice est rendue par les interprètes (1).

La mauvaise foi de l'indigène, arabe ou kabyle, accusé ou témoin, est véritablement inouïe. « Demandez à nos magistrats ce qu'ils pensent de la franchise kabyle ; sur cent témoins

(1) M. Albin Rozet, séance du 9 juin 1899, *J. O.*, *Déb. parl.*, Chambre, p. 1619.

interrogés dans une affaire, cinquante affirment, cinquante nient avec le même aplomb (1). » Disons plus : cinquante affirment, cinquante nient, tous brodent, si bien que dans le détail on a autant de versions que de témoins (2). Quel est l'embarras du jeune magistrat récemment arrivé de France qui, à sa première instruction, reçoit ainsi les témoignages contradictoires d'indigènes également affirmatifs !

Quant à l'application de la procédure criminelle, elle aboutit à de véritables impossibilités. Par la même que les informations sont ouvertes tout d'abord par les juges de paix qui n'ont point qualité pour la délivrance des mandats, les inculpés demeurent ordinairement plusieurs jours, parfois plusieurs semaines, en état d'arrestation avant que soient délivrés les mandats de dépôt. Et des circulaires du procureur général, tout en invitant les procureurs de la République à veiller à ce que les mandats soient régulièrement délivrés et le juge de paix pourvu d'une commission rogatoire dans le plus bref délai, admettent qu'un délai de huitaine peut s'écouler entre l'arrestation et la délivrance du mandat (3). Si, dans notre code d'instruction criminelle, la procédure doit être tout d'abord l'œuvre du juge d'instruction, si on n'admet les commissions rogatoires qu'exceptionnellement, on voit qu'il en est tout autrement en Algérie, où les informations sont à peu près l'œuvre exclusive du juge de paix.

Et voici que, depuis la loi du 8 décembre 1897, le juge d'instruction ou le juge de paix doit, quel que soit l'inculpé et quel que soit l'éloignement de tout barreau constitué, observer en outre les formalités nouvelles établies par cette

(1) M. Wahl, *L'Algérie*, 3e édit., p. 208.

(2) On trouvera de curieux exemples rapportés dans le livre de M. Colin, *Quelques questions algériennes*, au chapitre des erreurs judiciaires, p. 27-33.

3) Circ. proc. gén., 29 décembre 1891, 21 juillet 1893, 21 avril 1897.

loi ! Dès qu'il a reçu la commission rogatoire du juge d'instruction, le juge de paix doit avertir l'inculpé qu'il peut ne pas répondre, qu'il peut faire choix d'un défenseur ; si l'inculpé désire un avocat d'office, il faut en aviser le juge d'instruction, qui transmet cette demande au bâtonnier ou au président du tribunal ; il faut, à chaque acte de l'instruction, qui s'opère dans la brousse, avertir régulièrement et en temps utile l'avocat choisi ou désigné d'office (1). « Ce serait, me disait naguère un magistrat, à se tordre, si parfois on n'avait vraiment envie de pleurer. »

Quand, avec toutes ces difficultés, toutes ces lenteurs, le juge de paix a terminé son information, il transmet le dossier au juge d'instruction et fait transférer l'inculpé à la prison d'arrondissement. C'est sur un nouvel interrogatoire du juge d'instruction, mais sur une instruction qui est à peu près exclusivement l'œuvre du juge de paix, ou de son interprète, qu'est rendue l'ordonnance de non-lieu ou de renvoi. Et, si le fait paraît un crime, il faut encore envoyer les pièces à la cour d'Alger.

Celle-ci, à son tour, est obligée de faire bon marché des principes les plus essentiels de la procédure pénale. Presque tous les faits dont sont saisis les juges d'instruction et la chambre des mises en accusation sont des crimes : il faudrait donc renvoyer devant la cour d'assises. Mais, si on saisissait le jury de tous les méfaits que la loi pénale française qualifie crimes, l'encombrement serait tel que, dussent les quatre cours d'assises d'Algérie fonctionner en permanence, elles n'écouleraient pas la dixième partie de leur rôle. Nous invoquerons ici l'autorité d'un ancien magistrat parfaitement au courant de la pratique judiciaire : « Force est, sur cent crimes, d'en correctionnaliser quatre-vingt-dix-neuf : j'affirme par expérience que la proportion n'est pas exagérée (2). »

(1) Circ. proc. gén., 4 mars 1898.
(2) C. Sabatier, *op. cit.*, p. 14.

Qu'on ne soit donc pas surpris si l'instruction de la plus banale affaire de meurtre en Kabylie ou de vol de bestiaux dans le *bled* prend des mois et des mois. Information, instruction, envoi à la chambre des mises en accusation, attente de la session d'assises, cela fait ordinairement six ou huit mois. Combien on est loin de la rapidité qui serait la première condition de l'exemplarité ! « Par suite de l'encombrement des rôles, la détention préventive se prolonge forcément dans des conditions déplorables.Malgré toute l'activité des magistrats instructeurs, malgré toute la diligence de la chambre des mises en accusation, malgré la multiplicité des sessions d'assises, il est extrêmement rare qu'un accusé puisse comparaître devant le jury sans avoir subi une détention préventive de cinq à huit mois... Le retard que subit la poursuite diminue singulièrement la certitude de la répression et l'exemplarité de la peine. La condition essentielle peut-être de la justice criminelle est la célérité dans la répression. Lorsqu'un crime n'est déféré au jury qu'après de longs mois écoulés, le souvenir du crime est presque effacé, et la peine a perdu son plus grand mérite, celui de l'exemplarité (1). »

Si encore on arrivait à une bonne justice, frappant tardivement, mais bien ; malgré tous les inconvénients de la tardiveté de la justice, on accepterait une lenteur qui serait une garantie pour les accusés. Mais il n'en est rien. Il faut voir ce que devient en Algérie la solennelle procédure de la cour d'assises (2). Le principe de l'oralité des débats n'est nullement respecté. Après un interrogatoire rapidement mené, qui se présente sous la forme d'une conversation plutôt monotone entre le président, l'interprète et l'accusé, on entend quelques témoins, deux ou trois, rarement davantage,

(1) M. Et. Flandin, Rapport à la Chambre des députés, *Revue pénitentiaire*, 1895, p. 110.

(2) Nous avons reproduit les impressions que nous a laissées une audience dans nos *Institutions pénitentiaires de l'Algérie*, n° 45.

car en citer un plus grand nombre grèverait trop lourdement le budget de la justice criminelle. Toujours on a cette impression que la plupart des témoins, sinon tous, mentent : et comment en serait-il autrement ? N'a-t-on pas eu l'idée de transporter en Algérie, même pour les indigènes, la formule de serment telle que l'indique le code d'instruction criminelle, formule qui, traduite par l'interprète, revient à peu près à ceci : « Par Dieu, je ne dirai que la vérité ! » C'est une formule d'attestation absolument banale ; le dieu qu'on fait invoquer par l'indigène, c'est le dieu des roumis pour lequel il n'a pas grand respect et surtout qui ne lui impose aucune crainte. Naturellement menteur, l'indigène ne se fait pas faute de violer un serment qui ne l'engage à rien. Et alors, chaque témoin raconte l'affaire à sa façon, chargeant l'accusé ou le disculpant, suivant le çof auquel il appartient (1). Quant aux témoins qui n'ont pas été appelés, on fait lire la traduction résumée des principales dépositions devant le juge de paix, dépositions qui ne sont évidemment pas plus sincères que celles des témoins entendus à l'audience.

Et c'est sur de tels éléments de preuve que le jury, ou en correctionnelle le juge, doit statuer. Il faut avouer que la tâche est singulièrement embarrassante. Qu'il juge consciencieusement, comme le ferait un bon juré de France, et que, les preuves produites ne lui paraissant pas suffisantes, il réponde négativement, l'effet sera désastreux : on mettra en liberté des individus dangereux, probablement coupables, bénéficiant de la ruse et de la mauvaise foi de leurs coreligionnaires ; l'impunité sera un encouragement au crime. Qu'il ne s'arrête pas aux alibis invoqués, que, convaincu de la nécessité d'une exemplaire répression, il réponde affirmativement,

(1) Voyez sur ce point le discours de M. Durieu de Leyritz, p. 86.

mais alors ce n'est plus de la justice, et c'est s'exposer aux pires erreurs ! Comment s'étonner alors de l'irrégularité de la justice : tantôt elle aboutit à des acquittements déplorables, tantôt elle prononce des condamnations qui sont des erreurs judiciaires, erreurs qui ont eu parfois sur la tranquillité du pays la plus néfaste influence (1).

La peine, quand elle est tardivement prononcée sur des éléments de preuve incertains, va-t-elle du moins exercer une influence salutaire et sur celui qu'elle frappe et sur ceux qui assistent au châtiment ? Non encore. On aurait voulu organiser le système pénitentiaire algérien d'une façon aussi inefficace que possible qu'on n'aurait pas fait autre chose qu'appliquer à la colonie le système français : et c'est précisément ce qui a été fait.

L'emprisonnement, qui est la base de tout notre système répressif, laisse l'indigène parfaitement indifférent. D'après un excellent auteur algérien, aujourd'hui mieux placé que tout autre pour constater l'inefficacité de nos peines à l'égard des indigènes, nous citions, comme exemple de la misère qui sévit assez fréquemment dans les tribus arabes, cette déchera dont les habitants n'avaient pour nourriture que des racines d'arum sauvage. Peut-on penser qu'à ces misérables la perspective de six mois de prison ait de quoi faire peur ? « Son taudis enfumé, enfiévré et puant, l'indigène le troquera, par

(1) Je fais notamment allusion à la fameuse histoire de banditisme kabyle d'Areski et d'Abdoun, dont les méfaits, il y a huit ans, mirent sur les dents l'administration et la maréchaussée. Il fallut mobiliser zouaves et tirailleurs pour se saisir de la bande. Ils eurent à rendre compte à la justice de 25 assassinats, 7 meurtres, 11 tentatives d'assassinat, 2 incendies volontaires, 20 vols qualifiés, 1 séquestration. Or tous ces crimes n'avaient, semble-t-il, d'autre mobile que la vengeance : la vengeance d'Abdoun contre les Achabo qui, par des témoignages mensongers, l'avaient jadis fait envoyer au bagne. L'affaire se termina par l'exécution des six principaux coupables.

le seul fait de sa condamnation, contre une cellule propre et sûrement plus aérée. Il aura ses heures de récréation, au grand soleil, dans la cour commune,et une nourriture qui lui paraîtra délicieuse et remarquablement abondante en comparaison de celle du gourbi. Et, quand il sortira, pour peu que le vol commis l'ait été avec audace, il sera, dans son douar, non plus le premier venu, mais presque un personnage. Trop de gens lui feront un mérite de sa condamnation, et peut être son titre de victime des roumis lui vaudra-t-il une certaine influence. Désormais rassuré sur le régime des prisons, il pourra sans crainte recommencer ses méfaits (1). »

Ne parlons pas de l'amende, évidemment irrecouvrable sur l'indigène miséreux. Nous constatons dès lors que deux peines seulement sont de nature à intimider l'indigène : la transportation et la peine de mort. Encore ne laisse-t-on pas à ces peines toute l'efficacité qu'elles devraient avoir. La peine de mort est trop souvent commuée. Les exécutions capitales, qui se font généralement en Algérie sur le marché le plus rapproché du lieu du crime, sont vraiment exemplaires : mais elles sont rares. Bien plus, la non-exécution de la peine prononcée par la cour d'assises est, aux yeux des indigènes, un aveu d'erreur et de faiblesse (2).

Quant à la peine des travaux forcés et à la relégation, elles sont trop rarement prononcées. Des milliers d'indigènes seraient annuellement condamnés aux travaux forcés, si nos codes étaient exactement observés : à temps ou à perpétuité, c'est la peine ordinaire des vols qualifiés et du meurtre. Mais l'immense majorité des vols, bien que commis la nuit, par plusieurs, avec escalade ou effraction, etc., est correctionna-

(1) C. Sabatier, *op. cit.*, p. 11.

(2) Nous n'insistons pas davantage sur cette importante observation, parce que nous avons eu occasion déjà de la développer ici même. Voyez notre lettre sur le droit de grâce en Algérie, *Revue pénitentiaire*, 1899, p. 819 (*suprà*, p. 133).

lisée. La peine est l'insuffisant emprisonnement, au lieu des redoutés travaux forcés. La relégation n'est appliquée qu'exceptionnellement parce que, en l'absence d'un service anthropométrique complètement organisé, il n'est pas possible d'établir la récidive (1).

Jusqu'en ces derniers temps, on avait renforcé les condamnations à la réclusion et à l'emprisonnement pour plus de trois ans d'une véritable transportation, puisque les indigènes ayant encouru des peines de cette nature les subissaient dans les pénitenciers agricoles de Corse. Pour des raisons d'ordre administratif et budgétaire, on a fait cesser cette mesure que nous considérions comme excellente au point de vue répressif (2).

Cette rapide revue des causes de l'excessive criminalité qui sévit en Algérie laisse cette impression qu'il y a beaucoup, énormément à faire pour ramener dans la colonie un peu de sécurité. Au milieu d'une population extraordinairement composite, exceptionnellement encline au vol et au meurtre, les services chargés d'assurer la répression n'en ont ni le pouvoir ni le moyen. A ce mal trop certain, les remèdes ont été proposés nombreux, variés ; mais certains nous paraissent peu efficaces, d'autres même nettement contre-indiqués. Nous ne pourrons dresser une liste des réformes désirables qu'après sérieux examen de toutes celles qui ont été proposées : c'est à cet examen que sera consacré un prochain article.

(1) Voyez l'article de M. Louis Paoli sur l'anthropométrie en Algérie, *Revue pénitentiaire*, 1898, p. 1251 ; et nos *Institutions pénitentiaires de l'Algérie*, n° 31.

(2) Voyez notre article sur le budget spécial et les services pénitentiaires de l'Algérie, *Revue pénitentiaire*, p. 503 (*suprà*, p. 145).

## DEUXIÈME PARTIE (1)

### LES RÉFORMES PRATIQUES (2).

Qu'on ne s'attende pas à ce que nous allions proposer de toutes pièces une constitution et des codes qui assureraient à l'Algérie une parfaite sécurité, qui feraient des évadés des *presidios* de petits saints, qui rendraient les arabes respec tueux de la propriété et les kabyles soucieux de la vie humaine, qui opéreraient une admirable conciliation entre toutes les races et tous les çofs (3)!

Il faut, nous l'avons dit, prendre l'Algérie telle qu'elle est, avec sa population si mêlée, ses arabes et ses berbères, ses israélites, ses immigrants venant de tous les rivages de la Méditerranée occidentale. C'est un leurre que de croire qu'un

(1) *Revue pénitentiaire*, numéro de juillet-août 1901, p. 1194.

(2) Depuis que le premier article a été écrit, s'est déroulée la longue interpellation sur les événements de Margueritte, qui n'a pas occupé moins de quatre séances de la Chambre des députés. Si quelques bonnes choses ont été dites, elles auraient grandement gagné à l'être plus brièvement. Les orateurs se sont surtout attachés à défendre les colons contre l'accusation de spoliation qui avait été dirigée contre eux : nous avions montré ce que cette imputation a d'exagéré. Ce qui eût été plus important et ce qui n'a pas été fait, c'eût été de préciser les remèdes que comporte la situation : c'est ce que nous allons tenter de faire.

(3) A la bibliographie sommaire indiquée au commencement du premier article il convient d'ajouter un article de M. L. Paoli, La sécurité en Algérie, paru dans la *France judiciaire* de 1894, p. 333 (omis lors de la mise en pages), et plusieurs chapitres du récent ouvrage de M. Ernest Mercier, *La question indigène en Algérie au commencement du XX<sup>e</sup> siècle* (Paris, 1901).

jour viendra où tous ces éléments seront fusionnés en un peuple unique. Trois races demeureront toujours distinctes : musulmans, juifs et européens. Tout ce qu'on peut désirer, tout ce qu'il faut s'efforcer d'obtenir, c'est que l'ordre soit maintenu, que la vie humaine ou la propriété ne soient pas impunément violées dans ce milieu si prompt à l'agitation, si enclin au crime.

Pour répondre d'avance à un ordre d'objections qu'on ne manquera pas d'adresser à plusieurs des réformes que nous allons proposer, à savoir qu'il est contraire à l'égalité, contraire aux idées d'assimilation, d'unification, de créer ou de maintenir pour les indigènes une police spéciale, des tribunaux spéciaux, des peines spéciales, nous ferons remarquer que l'inégalité qui apparaîtra ainsi dans la législation ne sera que la manifestation de l'inégalité existant dans la société algérienne. Notre regretté collègue, F. Charvériat (1), a fait admirablement ressortir les analogies curieuses entre l'état actuel de l'Algérie et celui de la France sous la féodalité. Les français, citoyens, peuvent être comparés aux nobles et aux seigneurs : eux seuls sont jugés par leurs pairs ; eux seuls, au moins en principe, portent les armes (2). Et les indigènes, simples sujets, ont une situation semblable à celle des roturiers ou des serfs : ils sont dans une certaine mesure attachés au sol, puisqu'ils ne peuvent voyager sans passeport ; ils doivent certaines prestations, la *diffa*, le *goum*, le service des postes-vigies qui rappellent singulièrement les anciens services féodaux. Et cette situation n'a rien qui doive surprendre, si l'on observe que nous sommes aujourd'hui en Algérie dans les conditions où étaient les Francs en Gaule, une race victorieuse, imposant son joug et sa domination à une race vaincue.

(1) Dans son si remarquable ouvrage, *Huit jours en Kabylie : à travers la Kabylie et les questions kabyles*, p. 241.

(2) Les indigènes ne servent que dans des corps spéciaux (tirailleurs, spahis), et par engagements volontaires.

Il y a toutefois une différence notable : si les inégalités ont été assez vite s'atténuant dans l'ancienne France, elles devront mettre plus de temps à disparaître en Algérie ; l'affinité de race, la communauté de religion étaient des forces tendant à l'unité ; l'opposition de religion et de race est de nature à perpétuer l'écart entre les deux classes, citoyens et sujets. Qu'on ne s'étonne donc pas d'une inégalité de traitement, d'une diversité dans les juridictions, dans l'administration, dans les lois : cette inégalité, cette diversité répondent exactement à la situation des classes en présence.

Nous suivrons volontiers, dans cet exposé des réformes, le plan adopté par la Réunion d'Études algériennes dans sa discussion, et nous grouperons les mesures de nature à atteindre le but tant désiré sous quatre rubriques : 1° mesures législatives ; 2° mesures préventives et de police ; 3° réorganisation judiciaire ; 4° réorganisation pénitentiaire, sans nous dissimuler d'ailleurs ce que cette division a d'empirique. Mais, en dehors et même au-dessus de ces mesures, il faut signaler deux réformes d'ordre général qui auraient la plus heureuse influence sur l'ensemble du pays et sur la société indigène, partant sur la sécurité.

De ces réformes, la première, bien que ne nécessitant ni loi, ni décret, ni arrêté, n'en a pas moins une importance capitale pour l'avenir même de la colonie. On a donné naguère, en annonçant à grand fracas qu'une ère nouvelle allait s'ouvrir pour l'Algérie, des pouvoirs forts au gouverneur (1) : mais à quoi sert la force des pouvoirs si le gouverneur est faible ? Et un gouverneur qui ne connaît pas encore le pays soumis à sa haute autorité, qui sait qu'il devra démissionner si telle ou telle politique l'emporte dans sa colonie ou au parlement, est nécessairement faible. Je ne crois pas manquer à la règle,

(1) Décrets du 31 décembre 1896 et du 23 août 1898.

toujours observée dans cette *Revue*, d'éviter soigneusement les discussions politiques, en constatant que le presque annuel changement de gouverneur général est du plus déplorable effet. Voici cinq ans à peine que je suis en Algérie, et déjà j'ai vu à la tête de notre colonie cinq gouverneurs ! Le problème de la sécurité se rattache intimement à toutes les autres questions algériennes : question étrangère, question juive (1), question des impôts ; seul le gouverneur, soit directement par les pouvoirs que les décrets lui confèrent, soit indirectement par l'influence que sa haute situation lui permet d'exercer même sur les services rattachés aux ministères métropolitains, peut les conduire à une solution. Mais le gouverneur ne peut vouloir une solution qu'autant qu'il a étudié ces divers problèmes, qu'il en a discerné les éléments, et cela, il ne le peut que par un long séjour en Algérie : il importe donc au plus haut point de laisser longtemps dans cette haute

(1) La question juive fascine absolument un grand nombre d'algériens : la cause de tous les maux dont souffre actuellement l'Algérie ne serait autre que le décret du 24 octobre 1870, dit décret Crémieux, qui a fait de tous les israélites indigènes des citoyens français ; il importerait donc, avant tout, de résoudre cette question qui serait le nœud de toutes les autres questions algériennes. Cette manière de voir nous paraît exagérée. Le décret de 1870 a été certainement une maladresse, ou tout au moins une mesure très prématurée ; ç'a été un privilège énorme accordé à une fraction de la population indigène qui était la plus intelligente peut-être, mais non la plus digne. Mais aujourd'hui, plus de trente ans après, il ne nous semble pas possible d'y remédier. La commission de la réforme judiciaire a récemment admis le principe d'une abrogation non rétroactive de ce décret : c'est une satisfaction purement platonique donnée aux violentes réclamations de certains algériens ; mais cela n'empêchera pas les juifs naturalisés par ce décret de demeurer citoyens français. Et l'abrogation avec effet rétroactif demandée par quelques-uns serait contraire aux principes essentiels de législation et à la justice : on ne peut aujourd'hui remettre au rang de simples sujets des personnes qui ont fait leur service militaire, assumé toutes les charges et exercé tous les droits de citoyen. Il faut reconnaître qu'on est en présence d'un fait accompli, contre lequel la loi ne peut rien.

fonction le même personnage. On a beau envoyer comme gouverneurs des hommes éminents, ayant un nom dans la police, dans la justice administrative, dans la politique ou dans la diplomatie : leur influence ne peut être que médiocre ou néfaste, tant qu'elle n'est pas éclairée par une suffisante expérience des choses d'Algérie, tant que le temps ne leur a pas permis la réalisation persévérante de leurs projets. Donc premier desideratum : la stabilité du gouverneur (1).

D'ailleurs, cette stabilité, il faut la demander, non seulement pour le gouverneur général, mais aussi pour tous les fonctionnaires, qui changent trop souvent. Parfois leur changement est la conséquence de la nomination d'un nouveau gouverneur qui désire avoir un personnel de son choix ; d'autres fois, une disgrâce est due à un événement politique, élection ou changement de ministère. Quelle que soit la cause, le résultat est toujours regrettable : un administrateur au courant est remplacé par un autre qui ne connaît pas la circonscription qui va lui être assujettie ; un magistrat qui aurait pu tirer profit de l'expérience acquise cède la place à un autre parfaitement inexpérimenté.

De plus, il faudrait que les chefs de service, dans la désignation des fonctionnaires algériens, se pénétrassent de cette vérité, que la première qualité à demander à un administrateur ou à un magistrat, c'est l'énergie : j'emploierai même cette expression, parfois prise en mauvaise part, la *poigne*. Ce qui, en France, peut être parfois un défaut est certainement ici une qualité maîtresse. Dans cette population très mêlée, il importe avant tout de maintenir l'ordre : que la loi soit respectée, et tout manquement immédiatement et sévèrement

(1) Cf. les paroles de M. Morinaud, séance du 24 mai 1901, *J. O.*, *Déb. parl.*, Ch., p. 1141 : « La première mesure à prendre est celle qui consistera à doter l'Algérie d'un gouvernement général stable » ; et la réponse de M. Waldeck-Rousseau, séance du 14 juin 1901, *Ibid.*, p. 1390.

puni. Nous avons vu, quand se sont produits, en 1897 et en 1898, les premiers troubles d'Alger, les inconvénients de la tergiversation : aucun ne voulait assumer la responsabilité des mesures nécessaires, si bien que l'agitation allait toujours en augmentant et que les ordres attendus n'ont été donnés que quand déjà s'étaient produits des faits lamentables, des malheurs irréparables.

Aux qualités de décision que nous demandons aux fonctionnaires européens, doit s'ajouter pour les chefs indigènes l'intégrité. Il est incontestable que le recrutement actuel des cheiks, caïds et présidents de douars laisse grandement à désirer : ils ne réunissent pas tous les conditions d'honnêteté et d'autorité qui seraient nécessaires à la bonne administration des indigènes et à une efficace surveillance du milieu musulman (1).

Ce que nous disons des cheiks nous amène à considérer la société indigène ; et, comme l'une des principales causes de la criminalité, surtout en pays arabe, est la misère, il faut — seconde réforme, ou mieux second groupe de réformes — signaler comme l'un des remèdes les plus efficaces à la plaie de l'insécurité toutes les mesures de nature à améliorer la condition des indigènes. A ce titre, nous mentionnerons — et nous nous bornons d'ailleurs à une simple mention parce que ces mesures ne rentrent guère dans le domaine propre de la *Revue pénitentiaire* :

La diffusion, parmi les indigènes, de l'instruction agricole et professionnelle (2). Peut-être les premiers essais n'ont-ils

(1) Cf. les résolutions, I, § 1er, 5°-8°, de la commission interdépartementale de la sécurité ; voyez aussi ce que disait M. A. Fournier, ancien préfet d'Oran, à la *Réunion d'Etudes algériennes*, séance du 12 juin.

(2) Sur cette question, très importante, de l'enseignement primaire des indigènes, on consultera avec fruit : Foncin, *L'instruction des indigènes en Algérie* (Paris, 1883) ; Rambaud, *L'enseigne-*

point donné tout ce qu'on était en droit d'espérer ; mais les écoles fondées en Kabylie donnent aujourd'hui de bons résultats. Je doute que les mœurs soient profondément modifiées, qu'on arrive jamais, par l'instruction pas plus qu'autrement, à l'assimilation : mais toute amélioration dans les procédés culturaux, toute extension de l'industrie indigène contribue manifestement au bien-être, partant tend à atténuer une cause de criminalité ;

Les encouragements de diverses sortes donnés à l'industrie pastorale, principale source de richesse pour la population arabe ; amélioration de la race ovine par des croisements ou par la sélection des reproducteurs ; entretien des *redirs* naturels et création de *redirs* artificiels (1) ;

Le développement des sociétés de prévoyance (2), des hôpitaux (3) ;

La revision du système des impôts indigènes (4) et une meilleure répartition des dépenses communales (5) ;

*ment primaire chez les indigènes musulmans de l'Algérie* (Paris, 1883) ; COMBES, Rapport fait au nom de la commission sénatoriale sur l'*Instruction primaire des indigènes*, 1892 ; A. BURDEAU, *L'Algérie en 1891* ; M. WAHL, *L'Algérie*, 3e édit., p. 317 et s. — Pour le développement des écoles indigènes, voyez les rapports annuels de M. le recteur JEANMAIRE au conseil supérieur du gouvernement de l'Algérie.

(1) Les *redirs* sont des flaques d'eau qui se maintiennent à peu près toute l'année et où les arabes nomades abreuvent leurs bestiaux.

(2) Sur l'institution, qui va sans cesse se développant, des sociétés indigènes de prévoyance, de secours et de prêts mutuels, on peut consulter le rapport de M. Bourlier à la Chambre sur le projet devenu la loi du 14 avril 1893 (ESTOUBLON et LEFÉBURE, *Code de l'Algérie annoté*, p. 957), l'arrêté du gouverneur général du 7 décembre 1894 et les circulaires du 29 janvier et du 24 juin 1895.

(3) Sur l'œuvre des hôpitaux indigènes, on lira l'intéressant article de M. COLIN, reproduit dans ses *Quelques questions algériennes*, p. 233.

(4) Cf. le vœu de la commission intradépartementale de la sécurité, I, § 4, 4°.

(5) Voyez les paroles de M. Waldeck-Rousseau, citant un rapport

Une bonne législation foncière (1).

J'arrête là cette énumération qui pourrait à peu près indéfiniment s'allonger.

Ces deux réformes primordiales mises à la place qu'elles doivent occuper dans les préoccupations du gouvernement, c'est-à-dire en toute première ligne, nous reprenons bien volontiers l'ordre suivi par la Réunion d'Etudes algériennes dans sa si intéressante discussion.

## I

Parmi les mesures législatives, une distinction fondamentale s'impose. Dans les matières où la législation métropolitaine est devenue applicable de plein droit en vertu de l'annexion (2) et en lesquelles le parlement n'a point depuis lors légiféré spécialement pour l'Algérie, la législation algérienne, en vertu de la délégation contenue dans la loi du 24 avril 1833, article 25, est l'œuvre de décrets présidentiels. C'est la règle ; on l'exprime en disant que l'Algérie est soumise au régime des décrets. Si, au contraire, les chambres sont intervenues depuis 1834 pour édicter des règles propres à l'Algérie, ou si par un article spécial elles ont déclaré une loi métropolitaine applicable à la colonie, la matière est retirée du domaine de la délégation générale donnée au chef du pouvoir exécutif ; pour l'Algérie comme pour la métropole des réformes ne peuvent plus être opérées que par des lois proprement dites.

Cette distinction est, disons-nous, fondamentale. En effet, si les réformes peuvent se faire par décret, c'est fort bien : le

officiel de M. Luciani, séance du 14 juin 1901, *J. O.*, *Déb. parl.*, Ch., p. 1387.

(1) Cf. les décisions de la commission interdépartementale de la sécurité, I, § 4, 1°-3°.

(2) Il est à remarquer que l'annexion de l'Algérie n'a été opérée par aucun acte législatif, loi ou traité ; le premier acte qui la constate est une ordonnance du 22 juillet 1834.

décret est une manière de procéder assez rapide, souvent parfaitement éclairée, grâce à l'avis de commissions ou du conseil d'Etat. Mais, si elles nécessitent l'intervention du parlement, ne les demandons qu'autant qu'elles sont trois fois nécessaires. Nous savons en effet comment nos chambres élaborent les projets relatifs à l'Algérie ; nous en avons un mémorable et coûteux exemple : la grande réforme conférant à cette colonie la personnalité civile et lui donnant un budget distinct a été votée sans aucune discussion, pas plus au Sénat qu'à la Chambre, après une étude plus que sommaire de la part des commissions ; et ce n'est qu'aujourd'hui, quand on veut appliquer cette loi, qu'on s'aperçoit de ses conséquences : le principe même, qui n'a point soulevé de protestation, est très contestable, et la mise à exécution réserve plus d'une surprise (1).

C'est une des raisons pour lesquelles nous croyons absolument inutile, et même dangereuse, la confection d'un code pénal spécial à l'Algérie. — Dangereuse, peut-être. D'abord, comment nos chambres feraient-elles pour élaborer une œuvre d'aussi longue haleine ? Quand il s'agit de la moindre réforme concernant l'Algérie, comme, par exemple, ce projet Flandin sur la justice criminelle depuis si longtemps en suspens (2), il faut des années et des années : que serait-ce s'il fallait créer de toutes pièces un code prévoyant toutes les infractions et remaniant tout le système pénal (3) ? Et quelles

(1) Voyez notre article sur le budget spécial et les services pénitentiaires de l'Algérie, *Revue pénitentiaire*, 1901, p. 500 (*suprà*, p. 145).

(2) La proposition date de février 1894, le rapport de M. Et. Flandin est de décembre de la même année : le vote de la Chambre a été enlevé en octobre 1897, et depuis lors le Sénat est saisi !

(3) M. A. Rivière, en préconisant l'élaboration de codes spéciaux à l'Algérie par une commission, sous la seule sanction du parlement, avait raison d'émettre quelques doutes sur le succès de son idée devant les Chambres (Réunion d'Études algériennes, 1er mai

dispositions bizarres pourraient bien y introduire nos législateurs parfaitement ignorants, pour la plupart, des choses d'Algérie et surtout des choses indigènes? — Inutile, certainement. Car il n'est pas douteux que le code pénal métropolitain prévoit tous les faits méritant répression, à de bien rares exceptions près ; et celles-ci trouvent leur sanction soit dans la législation spéciale de l'Algérie, soit dans l'exercice des pouvoirs disciplinaires des administrateurs des communes mixtes ou des commissions du territoire de commandement (1), soit enfin dans l'application par le gouverneur général de la peine de l'internement (2). Tout fait nettement répréhensible peut toujours recevoir la peine qu'il mérite.

L'une des dispositions essentielles de ce code pénal spécial, de l'avis de ses plus chauds partisans, serait celle qui permettrait, au cas où le coupable demeurerait inconnu, de frapper d'une amende collective la tribu ou le douar auquel il serait présumé appartenir : « Contre le vice constitutionnel qu'est le penchant au vol, il n'y a qu'un remède, la responsabilité collective (3). » L'un des députés de la colonie exprimait ainsi ce qui a été dit maintes et maintes fois : c'était le vœu de la commission interdépartementale de la sécurité (4), des comices et congrès agricoles (5), des assemblées algériennes (6) : ce

1901). Jamais la Chambre ne voudra avouer qu'elle est incapable de faire un code : or, le seul code dont le parlement ait entrepris l'élaboration, le code rural, est sur le chantier depuis plus de vingt-cinq ans !

(1) Sur cette double organisation, voyez E. Larcher et J. Olier, *Institutions pénitentiaires de l'Algérie*, nos 59-72.

(2) Voyez notre article : L'internement des indigènes algériens, *Revue pénitentiaire*, 1900, p. 648 (*suprà*, p. 85).

(3) M. Marchal, à la Réunion d'Études algériennes, 13 mars 1901.

(4) Conseil général d'Alger, session d'avril 1894, p. 468-469.

(5) Notamment, comice de Guelma, 8 octobre 1893 ; congrès des agriculteurs d'Algérie, 18 décembre 1897.

(6) Délégations financières, section des colons, 24 décembre 1898 : *Proc.-verb.*, p. 110.

fut l'objet de propositions à la Chambre des députés (1). Quant à nous, nous ne voulons pas plus de la responsabilité collective que du code pénal spécial : nous estimons que le remède serait pire que le mal, bien mieux ! qu'il créerait en Algérie une nouvelle plaie.

Partant de ce que l'idée même de responsabilité collective n'était pas étrangère au droit musulman, d'aucuns voudraient que, toutes les fois qu'un colon a été victime d'un crime ou d'un délit, plus particulièrement d'un vol, et qu'il n'est pas possible à la justice de découvrir le voleur, la tribu ou le douar le plus voisin fût frappé d'une amende qui servirait à indemniser la victime. L'amende collective d'ailleurs a été employée, surtout pour la répression de faits insurrectionnels, pendant les trente ou quarante premières années de la conquête ; aujourd'hui encore elle est prononcée au cas d'incendie de forêts. Ce cas particulier est expressément visé par l'article 5 de la loi du 17 juillet 1874 qui a en vue la protection de notre domaine forestier menacé sérieusement par les terribles incendies que, pendant les mois de chaleur, l'arabe pasteur allume pour procurer à ses troupeaux un plus abondant pâturage et aussi pour se venger des vexations de l'administration forestière. On étendrait donc à la protection des colons la mesure par laquelle l'État s'est protégé (2). « Les droits des français doivent passer avant les droits de la barbarie. Lorsqu'un pillage a été commis, il faut que ce soient tous les gens de la région qui paient. »

(1) Proposition de MM. Thomson, Mauguin, Letellier et Étienne, déposée le 16 février 1882 (*Revue pénitentiaire*, 1882, p. 300). — Proposition de M. Morinaud, déposée le 29 juin 1899, *J. O.*, *Doc. parl.*, Ch., sess. ord. de 1899, p. 1903. — Cf. les discours de M. Morinaud à la Chambre, séance du 19 mai 1899, *J. O.*, *Déb. parl.*, p. 1435, et séance du 24 mai 1901, *ibid.*, p. 1144.

(2) Pour l'exposé de la législation actuelle en la matière, voyez E. Larcher et J. Olier, *Institutions pénitentiaires de l'Algérie*, n° 37 ; et pour plus de détails, L. Rinn, *Régime pénal de l'indigénat en Algérie : le séquestre et l'amende collective*.

La responsabilité collective peut se défendre dans les cas tout particuliers et dans les conditions bien déterminées où la loi l'admet actuellement. La règle, déjà formulée par Cicéron et suivant laquelle, pour trouver le coupable d'un méfait, il faut rechercher tout d'abord *cui bono fuerit*, conduit à présumer la culpabilité des douars voisins de la partie incendiée, car ce sont eux qui eussent trouvé sur l'espace parcouru par le feu un plus abondant pâturage pour leur bétail. La matérialité du délit n'est pas douteuse, et l'amende est prononcée par le gouverneur général en conseil de gouvernement, après enquête et sur rapport.

La généralisation, au contraire, ne serait pas sans danger. Elle est évidemment injuste. Un colon est volé. Mais, d'abord, où est la preuve que le coupable est bien un indigène de tel douar déterminé ? On m'a cité le cas d'un colon qui, volé toutes les nuits, s'embusqua, vit un individu en burnous couper son raisin, lui envoya un coup de fusil : il étendit roide mort un espagnol du voisinage qui, pour ne pas être reconnu dans ses expéditions nocturnes, prenait le vêtement indigène. Avec la responsabilité collective, il suffirait aux voleurs européens de mettre un burnous ou une chéchia, ou plus simplement de ne pas se laisser prendre, pour que le douar voisin fût accusé et frappé d'amende. — Alors même que le voleur serait un indigène, est-il équitable que tout le douar paie pour lui ? Il nous paraîtra toujours choquant que les innocents paient pour les coupables et que les honnêtes gens de la tribu (il y en a parfois) soient frappés à la place des bandits : ce n'est pas une question de pitié, de sentimentalité, mais bien de justice. — Mais, disent les partisans de la responsabilité collective, dans un douar tous savent ce qui se passe ; pour éviter l'amende, ils dénonceront le coupable. — Ici encore apparaît un terrible inconvénient : pour éviter l'amende ils dénonceront quelqu'un ; mais qui sait si ce quelqu'un sera vraiment le coupable ? Voici très vraisemblablement ce qui se passerait le plus souvent : « Rarement les témoignages se produisent de prime-abord devant le magistrat instructeur ; c'est généralement le chef de douar ou de tribu qui tout d'abord les recueille et les signale au juge, en sorte que celui-ci n'en a le plus souvent qu'une réédition. Or, quelle plus belle occasion pourrait être offerte aux chefs indigènes, désormais tenus de découvrir tous les criminels, de se défaire, en les dénonçant comme tels, de leurs ennemis propres, et ce, avec d'autant plus de quiétude que la crainte de la responsabilité collective ferait, bon gré mal gré, des hommes de la tribu autant de complices (1). »

Jusqu'ici nous avons supposé que le plaignant avait été réellement volé. Mais qui sait si on ne serait pas exposé à faire usage de la responsabilité collective pour des vols imaginaires ? Un algérien qui connaît admirablement la colonie l'a parfaitement pressenti. « Actuellement, dit-il, quand une plainte en vol est portée, la sincérité du plaignant ne peut guère être mise en doute, ni la réalité du vol contestée. Quel intérêt aurait eu le plaignant à simuler un vol commis à son préjudice ? Mais que demain le principe de la responsabilité collective soit proclamé et, *ipso facto*, le juge d'instruction deviendra défiant. J'ai, quant à moi, de mes compatriotes une excellente opinion, que je crois d'ailleurs méritée ; mais en vérité pourrais-je affirmer que sur les cinq cent mille européens qui peuplent la colonie, aucuns ne seront capables de simuler un vol pour obtenir indemnité de la tribu voisine ? J'ai bien peur, je l'avoue, que le plus clair résultat de l'application de la mesure soit de créer un nouveau genre d'escroquerie : l'escroquerie à la responsabilité collective (2). »

Souvent les partisans de cette responsabilité essaient d'amener à leur opinion ceux qui, comme moi, récalcitrent, en leur affirmant que la responsabilité des tribus ne sera mise en

(1) C. Sabatier, *La question de la sécurité*, p. 57.
(2) C. Sabatier, *op. cit.*, p. 56.

œuvre qu'exceptionnellement; on ne l'appliquera que dans les cas très graves, extrêmes. On a répondu par un dilemme auquel il est impossible d'échapper : « Si son application est rare et exceptionnelle, son effet sera nul ou inefficace. Si, au contraire, son application est fréquente et générale, la terreur qu'elle inspirera — terreur sur laquelle comptent précisément les partisans de la responsabilité collective — assurera une pleine liberté et le bénéfice d'une complaisance générale à toutes les délations (1). »

Le principe nous paraît donc condamnable (2). Nous le croyons d'ailleurs condamné par les chambres mêmes auxquelles il faudrait demander sa proclamation. A la suite du voyage de la commission des dix-huit en Algérie, M. Isaac, dans son rapport sur la justice française et musulmane, la police et la sécurité, discute longuement cette question de la responsabilité collective et, avec de nombreux témoignages, en établit l'illégitimité (3). A la Chambre des députés, le gouvernement avait demandé une très modérée application de la responsabilité collective pour la protection des bornes et signaux trigonométriques en Algérie ; mais la commission de la Chambre a repoussé la disposition, en critiquant vivement la responsabilité collective, « contraire à la justice et à l'équité (4). »

(1) C. Sabatier, *op. cit.*, p. 57.

(2) Il est condamné par les algériens les plus éclairés. Au nom de M. C. Sabatier, nous joindrons ceux de M. Ernest Mercier, *L'Algérie et les questions algériennes*, p. 209 et s., et *La Question indigène en Algérie au commencement du XX^e^ siècle*, p. 116 et s. ; de M. Gastu, *Le peuple algérien* (1884) ; de M. Eon, dans un discours de rentrée du 1er octobre 1892 ; de M. Trolard, dans sa brochure déjà citée sur la sécurité en Algérie, p 56 et 93 ; de M. Charpentier, dans son *Précis de législation algérienne*, n° 555.

(3) Alex. Isaac, Rapport au Sénat, annexe n° 36 de la session de 1895, p. 257-272.

(4) Voir au Sirey, *Lois annotées*, 1899, p. 827, les notes sur les travaux préparatoires de la loi du 23 mars 1898. — On peut encore

Nous repoussons donc l'intervention du parlement sur les points où cette intervention est le plus souvent réclamée. La plupart des améliorations, des réformes qui répondent directement aux causes signalées dans le précédent article, peuvent être opérées par décrets ou même par simples mesures administratives, par circulaires.

Ce n'est pas à dire toutefois que l'intervention du parlement ne soit nécessaire, absolument nécessaire sur quelques points. Quand nous examinerons les mesures de police ou la réorganisation judiciaire, nous aurons occasion d'émettre le vœu que certains projets dont la Chambre ou le Sénat sont saisis soient votés au plus tôt. De plus, il est un petit nombre de matières en lesquelles, la délégation du pouvoir législatif donnée au chef du pouvoir exécutif par la loi du 24 avril 1833 se trouvant révoquée, le parlement seul peut modifier l'état de choses existant, état qui appelle des modifications tout à fait indispensables.

Je signalerai notamment le régime foncier algérien, qui a fait l'objet d'une déjà longue série d'ordonnances et de lois, et qui aujourd'hui encore est vivement et justement critiqué. Il semble qu'actuellement il faudrait assurer aux indigènes la propriété d'un bien de famille, insaisissable, analogue au *homestead* américain (1).

J'en dirai autant de la réforme des impôts indigènes, dont il est depuis longtemps question ; ils présentent de choquantes inégalités et pèsent très lourdement sur le fellah et le khammès. A raison de son caractère financier, cette réforme exige une loi.

citer, comme manifestation du sentiment du parlement sur ce point, un passage du rapport de M. A. Burdeau, sur le budget de l'Algérie de 1892, p. 87-89.

(1) Voyez Sumien, *Le homestead et la question de la propriété foncière en Algérie*, Alger, 1895 ; et surtout le chapitre du consciencieux ouvrage de M. Pouyanne, *La propriété foncière en Algérie*, p. 887-977.

Je réclamerai comme tout à fait urgent le vote définitif de la loi forestière algérienne, toujours modifiée et toujours ballottée de la Chambre au Sénat.

Je proclamerai enfin la nécessité que le parlement abroge au plus vite l'article 68 de la loi du 29 juillet 1881 qui a rendu cette loi applicable à l'Algérie et aux colonies ; le pouvoir législatif serait ainsi rendu, en cette matière, au chef de l'Etat qui pourrait alors substituer au régime actuel des règles qui, tout en respectant le droit de parler et d'écrire, sauvegarderaient mieux l'honneur des citoyens et des fonctionnaires. Aujourd'hui, on s'accorde à reconnaître que cette loi de 1881, faite par des journalistes, protège la considération des personnes comme une loi faite par des voleurs protégerait la propriété. Mais ce qui est regrettable en France devient extrêmement dangereux en Algérie, où les injures prodiguées aux fonctionnaires et aux magistrats sont entendues par les indigènes, qui perdent ainsi tout respect pour l'autorité (1).

## II

Les mesures de police sont celles qui sont toujours immédiatement réclamées, dès que se produit un mouvement insurrectionnel ou quelque acte de brigandage retentissant. Ici il faut, pour procéder avec quelque méthode, distinguer la police urbaine de la police rurale.

Nous avons, en ce qui concerne la police des grandes villes d'Algérie, montré combien il est regrettable qu'elle soit aux mains des municipalités. Le corps électoral algérien, par l'effet de l'application inconsidérée de la loi du 26 juin 1889 sur la nationalité, comprend — dans une proportion de un quart ou de un tiers, et qui va sans cesse croissant — des citoyens

(1) *Cf.* l'exclamation de M. Massabuau, à la Chambre des députés, séance du 14 juin 1901 : *J. O., Déb. parl.*, p. 1389.

d'origine étrangère ; et c'est cet élément qui, par la division des français, l'emporte souvent dans les élections Il s'ensuit que beaucoup de municipalités ont, pour la fraction la plus turbulente de la population, une tendresse qui n'est que de la reconnaissance. Il faut donc enlever la police aux municipalités pour la remettre aux préfets. Mais, pour cela, la loi de 1884 ayant été déclarée applicable à l'Algérie, une loi est nécessaire.

A la suite des pénibles événements de 1897-1898, le gouvernement a saisi la Chambre d'un projet de loi donnant au préfet d'Alger — à l'exemple de ce qui existe pour les agglomérations parisienne et lyonnaise — la direction de la police de l'agglomération algéroise (Alger,Mustapha, Saint-Eugène) (1). Ce qui prouve bien l'efficacité qu'aurait semblable réforme, ce sont les protestations que soulève le projet de la part des amis des émeutiers (2). L'urgence a apparu encore récemment quand un adjoint, prétendant diriger la police, a exigé que le commissaire central restât toute la journée à ses côtés dans le seul but de l'empêcher de prendre les dispositions nécessaires pour éviter des troubles annoncés dès la veille (3).

Toutefois, il faut observer que la règle s'impose non seulement pour Alger, mais pour toutes les principales villes d'Algérie, où la municipalité, élue par les émeutiers, ne peut prendre contre ceux-ci les mesures indispensables à la tranquillité publique. Il faudrait donc que la Chambre. en votant le projet au plus vite, l'étendît au moins à toutes les villes chefs-lieux de département.

Toujours à propos de la police urbaine, mais dans un autre

(1) Projet déposé le 16 décembre 1898, *J. O.*, *Doc. parl.*, Ch., sess. extraord. 1898, annexe n° 536, p. 543 ; — Rapport de M. Bienvenu-Martin, du 4 mars 1899, *ibid.*, sess. ord. 1899, p. 856.

(2) M. Drumont, à la séance de la Chambre du 26 mai 1899, *J. O.*, *Déb. parl.*, p. 1483 ; M. Morinaud, séance du 14 juin 1901, *ibid.*, p. 1379.

(3) Discours de M. Etienne, séance du 14 juin 1901, *ibid.*, p. 1379 ; de M. Waldeck-Rousseau, même séance, *ibid.*, p. 1390.

ordre d'idées, nous insistons pour qu'une surveillance active soit exercée sur tous les étrangers, tant au débarquement que pendant leur séjour. Que l'accès du territoire algérien soit impitoyablement refusé à tous ceux qui ne peuvent justifier de moyens d'existence suffisants ou sur le compte desquels la police s'est procuré de mauvais renseignements. Et que tous ceux qui commettent une infraction, tous ceux aussi — et ils sont nombreux, je puis en fournir le témoignage — qui prennent part aux manisfestations bruyantes et aux pillages, soient immédiatement expulsés (1).

Quant à la police en pays indigène, il convient, comme l'a fait la Réunion d'Etudes algériennes, de se placer successivement aux deux points de vue : faits insurrectionnels et piraterie agricole. Mais, si je suis la Réunion dans l'ordre de sa discussion, il ne s'ensuit pas que je doive accepter complètement, sans aucune réserve, tous les desiderata émis par elle, ni surtout que je donne à certains de ses vœux l'importance qu'elle paraît y avoir attachée. La Réunion était sous l'impression pénible des tout récents événements de Margueritte, et il semble que, dans cet état d'esprit, elle se soit plus particulièrement préoccupée du côté défensif — si je puis ainsi dire — de la question. Mais mieux vaut, à mon sens, prévenir que réprimer, et la Réunion ne paraît avoir examiné qu'en seconde ligne les mesures préventives. Nous rétablirons donc l'ordre logique en donnant à celles-ci la première place, et nous nous

(1) La commission interdépartementale de la sécurité en 1893 avait adopté les résolutions suivantes, très voisines du vœu que nous émettons (I, § 3) : — « 6° Arrêtés interdisant le débarquement dans les ports d'Algérie de toute personne de nationalité étrangère, non pourvue de papiers officiels établissant son identité, et ne justifiant pas des premiers moyens d'existence ; — 7° Obligation de faire reconduire par la gendarmerie à la frontière algérienne les marocains expulsés ; — 8° Application sévère des dispositions relatives aux étrangers repris de justice. »

efforcerons d'adapter aussi exactement que possible les remèdes aux causes.

La cause la plus certaine des faits insurrectionnels est, incontestablement, le fanatisme, entretenu par les confréries religieuses, enflammé par les prédications et les pratiques des marabouts. Le drame de Margueritte, cela paraît bien établi aujourd'hui, n'a pas été autre chose qu'une explosion de fanatisme. Donc, toutes les mesures de nature à atténuer la ferveur musulmane, à empêcher l'exaltation seront excellentes, tout à fait recommandables. — C'est à ce titre que « restreindre le plus possible les pèlerinages à la Mecque » est un conseil bon à donner à l'administration. Je doute que l'autorisation accordée cette année, et dont ont profité plusieurs milliers de nos sujets, soit de nature à susciter chez les arabes et les kabyles un sentiment de reconnaissance pour la France et d'affection pour le roumi : cette réunion de centaines de mille musulmans, venus de tous les points du monde islamique pour conquérir le titre de *hadj*, ne peut que susciter un renouveau de ferveur, partant, de haine contre le chrétien. Les dangers que présente cette agglomération au point de vue sanitaire sont un excellent prétexte, qui devrait toujours être donné pour interdire le pèlerinage. — En Algérie même, il importe d'exercer une surveillance constante sur les agissements des marabouts et des confréries musulmanes : et il va de soi qu'un bon recrutement des cheiks et caïds est nécessaire pour l'efficacité de cette surveillance. Déjà, d'ailleurs, existent dans la législation algérienne d'excellentes prescriptions à l'observation desquelles il suffirait de tenir la main. Par exemple, la loi du 21 décembre 1897 fait des *ziaras* sans autorisation préalable une infraction à l'indigénat (1) ; c'est une bonne occasion de réchauffer au cœur des indigènes les

(1) Tableau annexe de la loi, 18°. — On appelle de ce nom des réunions chez un marabout, généralement suivies d'une collecte au bénéfice de celui-ci.

sentiments de haine qui pourraient peu à peu s'attiédir au contact des européens. Que nos administrateurs veillent à ce que cette prohibition ne demeure pas lettre morte, à ce que les ziaras n'aient jamais lieu sans autorisation et à ce que les réunions de ce genre, lorsqu'elles sont autorisées, soient efficacement surveillées. C'est également une infraction à l'indigénat qu'ouvrir une *zaouïa* sans autorisation (1) ; il faut n'autoriser que difficilement l'ouverture de ces écoles, qui sont le plus souvent des foyers de fanatisme, et surveiller de très près celles qui ont reçu l'autorisation requise (2).

Qu'une surveillance non moins active s'exerce aussi sur les trop nombreux missionnaires anglais, méthodistes ou autres, qui répandent, plus que les vérités bibliques, la haine de la France, la poudre et les armes.

On a signalé également, comme l'une des mesures les plus efficaces, le désarmement des indigènes (3). Nos sujets, en effet, ne peuvent acheter et posséder d'armes et de munitions que s'ils y sont autorisés par l'administration, et leurs armes sont immatriculées : la seule détention d'une arme non immatriculée, d'une cartouche dont il ne peut établir la provenance licite constitue pour l'indigène un délit sévèrement puni. Il semble donc qu'il suffirait de tenir rigoureusement la main à l'application de ces prudentes prescriptions pour que tout mouvement insurrectionnel fût impossible. Malgré cela, on sait parfaitement que tous les indigènes possèdent des armes non déclarées (fusils antiques, modernes Lefaucheux, armes

(1) Même tableau, 19°.

(2) Nous considérons, à ce point de vue, comme dangereusement libérale une circulaire du gouverneur général du 25 avril 1896 : c'est une des manifestations les plus remarquables de la politique arabophile de M. Cambon.

(3) Il faut, a dit la Réunion d'Etudes algériennes, dans la séance du 1er mai, « adresser aux administrateurs et aux parquets des instructions sévères pour veiller à la stricte application des lois interdisant la détention d'armes et de munitions. »

à tir rapide, pistolets et revolvers), qu'ils ont en quantité de la poudre et du plomb. Ne pourrait-on, par des perquisitions, saisir les fusils et pistolets non immatriculés ? Cela se présente immédiatement à l'esprit comme le moyen le plus simple de nous protéger contre les explosions du fanatisme indigène. Mais, à la réflexion, on se rend facilement compte que le désarmement demandé est impossible, ou peu s'en faut, avec une police indigène aussi insuffisante que celle dont nous disposons. Un administrateur, avec les trois ou quatre cavaliers qui constituent toutes ses forces policières, vient visiter un douar pour confisquer les armes et les munitions qu'il sait s'y trouver : dès qu'il quitte sa résidence, il est signalé, et immédiatement les fusils et les boîtes de poudre sont réintégrés dans les cachettes que seul l'indigène connaît ; quand il arrive, il ne trouve plus que les armes immatriculées, la poudre détenue en vertu d'une autorisation régulière ; et il rentre de son expédition bredouille, alors qu'il sait pertinemment qu'il y a dans ce douar au moins une centaine de fusils qui n'ont pas été déclarés ! Le gouvernement général aura donc beau donner des instructions pour qu'il soit procédé à un désarmement méthodique : elles ne pourront pas être suivies, tant que l'administrateur ne disposera pas d'une police, et surtout d'une police indigène, suffisamment nombreuse et bien recrutée.

A notre avis, les mesures préventives peuvent donc se ramenér à une seule : une police bien organisée, exerçant une active surveillance, principalement sur tout ce qui touche à la religion musulmane, ziaras, zaouïas, etc. Quant aux mesures répressives, je doute qu'on puisse en indiquer de particulières : tout ce qu'on peut souhaiter, c'est que la répression ne se fasse pas trop attendre, qu'elle soit rapide, énergique, ce qui s'obtiendra moins par des mesures de police que par une réforme de l'organisation judiciaire et de la procédure criminelle.

On a réclamé, depuis l'aventure de Margueritte, l'armement des colons, l'organisation de milices dans les centres dépourvus de garnison (1). Il n'y aurait là rien de tout à fait nouveau, car ce système de milices, de dépôts d'armes dans les villages a été pratiqué : les textes y relatifs sont même encore en vigueur (2). Mais on a dû l'abandonner : les armes confiées aux colons étaient si mal entretenues que, quand l'artillerie vérifiait leur état, elle en trouvait bon nombre absolument hors de service. Et d'ailleurs les objections abondent. Les armes seraient-elles confiées à la commune, avec dépôt à la mairie ou à l'école ? Mais alors le premier soin des arabes en cas d'insurrection sera de s'emparer de ce dépôt, et les armes que nous aurons fournies serviront contre nous. C'est certainement ce qui serait arrivé à Margueritte, si ce village eût été pourvu d'un dépôt d'armes (3). Ces fusils seront-ils confiés aux colons individuellement ? Mais alors se pose la question de l'entretien : le colon ne sera pas content quand le service de l'artillerie le rendra pécuniairement responsable des réparations reconnues nécessaires lors des inspections périodiques. Et puis, à quels colons confierait-on des armes ? A tous, aux étrangers aussi bien qu'aux français ? La population européenne d'Algérie est très portée au crime, et il serait à craindre qu'en donnant à chacun un fusil, l'Etat ne fournît ainsi trop souvent un instrument de meurtre. Les passions sont vi-

(1) Vœu de la Réunion d'Etudes algériennes, 1er mai 1901 ; voyez aussi le discours de M. Morinaud, séance du 28 mai 1901, *J. O.*, *Déb. parl.*, Ch., p. 1144. Cela a été demandé aussi par les deux délégations des colons et des non colons, à la session de juin 1901 : non colons, vœu du 15 juin, et colons, vœu du 19 juin, *Proc.-verb.*, p. 1011 et 532.

(2) Loi du 27 avril 1881, avec les circulaires et instructions qui la complètent : Estoublon et Lefébure, *Code de l'Algérie annoté*, p. 547.

(3) Cette judicieuse observation a été faite par le président du conseil, dans son discours du 14 juin 1901 : *J. O.*, *Déb. parl.*, Ch., p. 1385.

ves ; sous le soleil d'Afrique les luttes électorales allument bien des convoitises : si chaque citoyen est armé, n'est-il pas à redouter que certains soirs d'élections ne se terminent par une bataille rangée sur la place publique ? Bref, je vois à cet armement les plus grands inconvénients.

On a proposé aussi de construire, lorsqu'on crée un village, un réduit comprenant la mairie, l'école et l'église, dans lequel les habitants pourraient se réfugier et se défendre (1). C'est ce qui se faisait autrefois : on peut en voir, lorsqu'on va en chemin de fer d'Alger à Oran, un exemple à Oued-Fodda, dans la vallée du Chéliff. Mais cette précaution ne peut être prise que pour les villages à créer : c'est donc seulement un remède partiel. De plus, ce système a l'inconvénient d'écarter quelque peu de l'agglomération l'école et la mairie.

Ce qui est plus sérieux, c'est l'usage qu'on pourrait faire, dès qu'une révolte ou une insurrection éclate sur un point, de la proclamation de l'état de siège. Nous admettons sans critique le vœu de la Réunion : « En cas de révolte ou d'insurrection, proclamer immédiatement l'état de siège dans la région où elle est déclarée de manière à assurer une répression plus rapide et, par là même, plus exemplaire. » Malheureusement nous devons remarquer qu'avec la législation actuelle, l'état de siège, fût-ce pour une seule commune de l'Algérie, ne peut être déclaré que par une loi ; le gouverneur général ne peut mettre une fraction du territoire algérien en état de siège qu'autant que les communications sont interrompues entre l'Algérie et la France. Pour que le vœu auquel nous souscrivons puisse se réaliser, il faudrait une modification à la loi du 3 avril 1878, donnant normalement au gouverneur un pouvoir qui ne lui appartient que dans des circonstances tout à fait exceptionnelles.

Par contre, nous croyons devoir adresser d'assez vives cri-

(1) Vœu de la Réunion d'études algériennes, 1er mai 1901. — Vœu de la délégation des non colons, 15 juin 1901 (*Proc. verb.*, p. 1011).

tiques aux autres vœux de la Réunion : « 4° Mettre sous séquestre les biens des tribus soulevées et déplacer celles-ci à l'autre extrémité de la colonie ; — 5° Interner en Corse, au dépôt de Calvi, les individus les plus compromis ; — 6° Condamner rigoureusement (aux travaux forcés notamment) ceux qui sont reconnus coupables de crimes contre les personnes ou les propriétés. » Critiques de méthode et aussi critiques de fond. Nous ferons tout d'abord observer que ce ne sont plus là des mesures de police, mais bien des mesures de répression, donc des questions pénales. Ensuite, il y a beaucoup, énormément à dire contre le séquestre appliqué à des tribus entières (1) ; on l'a pratiqué énergiquement après l'insurrection kabyle de 1871, et il faut bien reconnaître que les résultats n'ont point été excellents ; on réduit ainsi une tribu à la misère, et l'arabe misérable devient nécessairement un bandit ou un voleur. Quant au déplacement complet des tribus soulevées, leur installation nouvelle offre les plus grandes difficultés : il faut leur trouver un territoire suffisant, et, en l'état actuel de la colonisation, il n'est pas facile, tout en laissant aux indigènes les terres de parcours nécessaires à leurs troupeaux, de disposer d'étendues suffisantes pour installer quelques milliers de personnes. En ce qui concerne l'internement ou une plus large application des travaux forcés, nous remarquerons que ceci touche soit au système pénal, soit à l'organisation judiciaire : ce sont donc des questions que nous devons réserver pour l'instant.

La piraterie agricole, autre face de l'insécurité, me paraît devoir être combattue par les mêmes mesures de police que les mouvements insurrectionnels ; et toutes les mesures même

(1) Sur la législation actuelle en matière de séquestre, consultez E. Larcher et J. Olier, *Institutions pénitentiaires de l'Algérie*, n° 36, et L. Rinn. *Régime pénal de l'indigénat en Algérie : le séquestre et l'amende collective.*

peuvent se ramener, à mon sens, à une seule : une bonne police indigène.

Nous avons montré combien insuffisante est, en nombre et en qualité, la police en pays indigène. A propos de la commune mixte d'Hammam-Rhira, sur le territoire de laquelle est situé le village de Margueritte, un rapport officiel, lu par M. Waldeck-Rousseau, à la tribune de la Chambre, constate : « L'administrateur et ses deux adjoints n'ont à leur disposition en fait de personnel de police, que trois cavaliers ; il n'y a pas de gardes champêtres dans les douars ; les caïds ou adjoints indigènes correspondent difficilement avec le chef-lieu de la commune mixte et sont eux-mêmes dépourvus de tout moyen d'action. On s'explique ainsi, lorsque le caïd est étranger et depuis peu de temps en fonctions, comme c'est le cas pour celui du douar d'Adélia, que les événements les plus graves puissent y survenir sans qu'il ait pu ni les empêcher ni même les prévoir et les signaler en temps utile (1). »

En cette matière de la police indigène, tout est à refaire, ou peu s'en faut ; et, pour la réorganisation future, nous nous rallions volontiers, quitte à les préciser sur quelques points, aux trois propositions de la Réunion (2).

1° Il faut avant tout mettre en relief ce principe qu'il y a lieu d'organiser une police, comme une administration, spéciale aux indigènes et distincte de celle des européens (3). L'indigène, différent comme mentalité de l'européen, simple sujet, doit être traité, à tous égards, autrement que l'européen : c'est une observation de bon sens ; c'est aussi une règle nécessaire au maintien de notre autorité. Les idées d'égalité,

(1) Séance du 14 juin 1901, *J. O.*, *Déb. parl.*, p. 1387.

(2) Vœux émis à la séance du 12 juin 1901.

(3) Notons en ce sens les efforts de M. Jonnart, qui voulait centraliser dans les sous-préfectures, les préfectures et au gouvernement général tous les renseignements de police indigène en un service spécial.

d'assimilation qui ont eu cours trop longtemps ne sont plus guère défendues aujourd'hui : l'assimilation dans les institutions ne doit se produire que quand l'assimilation existe dans les mœurs, et nous en sommes encore bien loin. Dans les communes mixtes, qui sont — à l'exception de quelques centres de création récente ayant d'ailleurs leur adjoint spécial — à peu près exclusivement peuplées d'indigènes, le principe de l'organisation est assez conforme aux besoins du milieu : l'administration et la police sont aux mains d'un administrateur, fonctionnaire, assisté d'un nombre, variable suivant l'étendue de la commune, d'administrateurs adjoints. Ce qui manque, c'est le nombre et la qualité des agents secondaires. Il faudrait augmenter le nombre des cavaliers indigènes mis au service de l'administration ; il faudrait aussi mieux choisir les caïds, en s'efforçant de les prendre parmi les familles estimées de la région, de façon qu'ils aient une autorité personnelle et connaissent bien les gens qu'ils doivent surveiller.

2º Dans les communes de plein exercice, dont quelques-unes ont une population indigène extrêmement nombreuse (1), les arabes et les kabyles sont administrés comme les européens, par une municipalité qu'élisent les seuls citoyens français ; c'est l'une des erreurs les plus manifestes de l'application à l'Algérie de la loi municipale métropolitaine. A ces inconvénients on a essayé de remédier en détachant dans les préfectures et sous-préfectures des administrateurs et administrateurs-adjoints spécialement chargés de la police des indigènes des communes de plein exercice. Quand il s'est agi de renouveler les pouvoirs disciplinaires des administrateurs des communes mixtes, en 1897, le gouvernement avait demandé que les administrateurs détachés eussent, dans les communes de

(1) Nous citerons, par exemple : Mekla, 8.035 hab., dont 7.901 indigènes ; Rovigo, 7.616 hab., dont 7.046 indigènes ; Blida, 27.772 hab., dont 15.563 indigènes ; Tizi-Ouzou, 27.466 hab., dont 25.606 indigènes.

plein exercice, les mêmes pouvoirs. Mais sur ce point, la commission de la Chambre repoussa le projet, pour des raisons qui d'ailleurs n'ont rien de bien pertinent (1). Toutefois un décret du 19 mai 1897 leur a conféré la qualité d'officiers de police judiciaire. Ces remèdes sont insuffisants : il y a nécessité de surveiller les indigènes, qui sont partout les mêmes, dans les communes de plein exercice comme dans les communes mixtes (2). Et par conséquent le mieux serait, ainsi que la demande la Réunion, d'organiser un réseau de circonscriptions de police englobant les communes mixtes et celles de plein exercice, ayant à leur tête des administrateurs assistés d'agents de police indigènes.

3° Enfin il faudrait parer à la manifeste insuffisance de la gendarmerie en augmentant le nombre des brigades et surtout en renforçant les brigades (ce qui existe déjà, mais dans une proportion beaucoup trop faible) (3) par l'adjonction de cavaliers auxiliaires indigènes ou gendarmes maures. Ceux-ci, grâce à leur connaissance de la langue, grâce à leur costume moins aisément reconnaissable que la tunique et le casque de notre gendarme national, sont beaucoup plus aptes à l'exercice des fonctions de police, fonctions dont les chefs de brigade sont d'ailleurs distraits par de multiples occupations administratives et paperassières.

(1) Voyez le rapport de M. Et. Flandin reproduit dans le *Code de l'Algérie annoté*, d'Estoublon et Lefébure, supplément de 1896-1897, p. 123.

(2) Peut-être même, ainsi que le remarquait M. Fournier à la Réunion d'Etudes algériennes, la population indigène des communes de plein exercice est-elle plus dangereuse que celle des communes mixtes.

(3) En 1899, il y avait dans toute l'Algérie 150 gendarmes maures.

## III

En abordant la question de la réorganisation judiciaire, nous arrivons au groupe le plus important des réformes dont le besoin se fait impérieusement sentir. De l'avis unanime, tout est à reprendre, l'organisation proprement dite et la procédure. L'organisation appelle de profondes modifications : remaniement complet des tribunaux, dans leur nombre, leur composition, leurs attributions ; règles nouvelles dans le recrutement et la situation du personnel. Et la procédure, en matière criminelle, est à revoir de l'α à l'ω : je n'en veux pour preuve que ce qui se passe dans l'affaire de Margueritte qui, malgré toute la diligence du procureur et du juge d'instruction, ne sera soumise au jury qu'en octobre ou en novembre (1), alors que tous réclamaient une justice immédiate.

Les tribunaux de tous ordres sont absolument surchargés. Une justice meilleure et plus rapide ne se peut obtenir que par une réorganisation complète. Si bien que nous sommes amenés, à l'occasion du problème de la sécurité, à apprécier les projets mis en avant, et parfois passionnément discutés, dans ces dernières années, sur la création de cours d'appel, la réforme des cours d'assises, le rétablissement des commissions disciplinaires en territoire civil, l'extension de la compétence des juges de paix, etc., etc.

On propose depuis quelque temps de créer des cours d'appel à Constantine et à Oran. Cette proposition a eu pour promoteurs les avocats de ces deux villes ; elle a été favorablement accueillie par les conseils généraux de ces départements et par les délégations financières ; la question est pendante devant la Chambre (2). On fait valoir l'encombrement de l'uni-

(1) Ceci a été écrit en juillet. Nous voici en décembre et l'on ne sait pas encore quand l'affaire viendra devant le jury. On parle avec quelque vraisemblance de mai ou juin 1902.

(2) Proposition de MM. Morinaud et Firmin Faure, à la Chambre

que cour algérienne, dont le ressort s'étend sur l'Algérie et la Tunisie, c'est-à-dire sur une région plus étendue que la France, et qui compte quatre ou cinq millions de justiciables. — Je tiens, puisque l'occasion m'en est offerte, à combattre énergiquement ce projet. A mon avis, la haute juridiction algérienne doit demeurer unique, et, s'il importe de rapprocher la justice du justiciable, on le peut faire à moins de frais qu'en créant deux nouvelles cours d'appel.

Tout d'abord, il faut que la haute juridiction algérienne demeure unique, et cela pour deux raisons décisives. — La première, c'est que la justice a en Algérie une organisation propre, dont les principaux caractères sont : la dualité de la justice française et de la justice musulmane ; la situation des officiers ministériels, véritables fonctionnaires n'achetant pas leur charge et n'ayant pas le droit de présentation comme ceux de France ; des règles toutes spéciales de compétence ; et aussi, s'il faut en croire un avis de la cour de cassation et un arrêt du conseil d'État, l'amovibilité de tous les magistrats. Or, à cette magistrature spéciale il faut un chef unique, jouant un peu à son égard le rôle de ministre de la justice : ce chef, c'est le premier président de la cour d'Alger. La multiplicité des premiers présidents et des procureurs généraux romprait cette unité ; chacun proposerait, émettrait des circulaires, donnerait des instructions en sens divers ; et c'en serait fait d'une unité dont la nécessité ne saurait être niée. — La seconde raison, c'est qu'en matière musulmane une chambre de la cour d'Alger, dite chambre de revision, joue le rôle de cour de cassation et a pour mission de maintenir l'unité de jurisprudence dans la législation coranique ou coutumière encore en vigueur, pour nos sujets musulmans, sur bien des points importants (statut personnel, successions et statut réel pour certaines

des députés, séance du 13 juin 1900, *J. O.*, *Doc. parl.*, sess. ord. 1900, annexe n° 1709, p. 1279. Le rapport a été déposé le 3 juillet par M. Pourquery de Boisserin.

terres). La multiplicité des cours d'appel aurait pour conséquence nécessaire la divergence des jurisprudences, qu'il importe essentiellement d'éviter. — D'autre part, la création de deux cours, avec premier président, procureur général, greffier en chef, serait très dispendieuse ; et l'Algérie, maintenant qu'elle a son budget spécial dont l'équilibre est plutôt laborieux, aurait peine à faire face à ces dépenses nouvelles (1).

Il est au problème une solution d'une originale simplicité, maintenant l'unité dans la magistrature algérienne et dans la jurisprudence musulmane, et ne nécessitant qu'un minimum de dépenses. Elle consiste à créer des chambres, détachées de la cour d'Alger, à Oran et à Constantine. C'est l'une des dispositions du projet Isaac, élaboré par la commission sénatoriale des dix-huit, après son voyage en Algérie (2) : il serait institué dans chacune de ces villes une chambre d'appel dépendant de la cour d'Alger et comprenant un président, sept conseillers, un avocat général, un substitut et un commis-greffier ; et cette chambre pourrait, au nombre de trois membres seulement, se constituer en chambre d'accusation. On pourrait, si le nombre des affaires le rendait nécessaire, créer deux chambres au lieu d'une à Constantine, en supprimant l'une des chambres de la cour même d'Alger dont le rôle serait considérablement allégé. L'économie réalisée dans les frais de transfèrement des appelants, dans la durée des détentions préventives, dans les indemnités de déplacement aux

(1) Les délégations financières, après d'assez longues discussions dans chaque section, ont émis en séance plénière — à une majorité qui représente assez exactement les deux provinces de l'est et de l'ouest contre celle d'Alger — un vœu de principe favorable à la création des cours d'Oran et de Constantine, mais sous cette très grave réserve : « à la condition que ces créations ne soient pas une charge nouvelle pour le budget de la colonie. » Cette réserve nous paraît la plus formelle condamnation du projet (Délégations financières, session de juin 1901, *Proc.-verb.*, p. 576, 1110, 1300, 1372 et 1385).

(2) Voyez le rapport Isaac, déjà cité, p. 137 et s.

présidents d'assises couvrirait, ou peu s'en faut, la dépense de ces créations. Le premier président et le procureur général d'Alger continueraient à être les chefs de toute la magistrature algérienne, et c'est toujours la même chambre, séant à Alger, qui serait chambre de revision pour toute l'Algérie en matière musulmane. Je n'ai pas encore compris pourquoi ce système économique, satisfaisant à tous égards, paraît aujourd'hui abandonné, et pourquoi la faveur va au projet coûteux, mauvais, de création de deux cours d'appel autonomes.

Sur la réforme des cours d'assises, je serai bref : j'ai déjà eu occasion plusieurs fois d'examiner cette question et de dire pourquoi toutes mes préférences vont au projet Flandin, tel qu'il a été voté par la Chambre et tel qu'il est au Sénat à l'état de rapport (1). Nous marquons ici la nécessité de distinguer, pour la détermination de la compétence respective des deux ordres de tribunaux criminels, suivant la qualité des accusés : les européens conservant la garantie du jugement par leurs pairs ; les indigènes jugés par un tribunal réunissant, sous la forme de l'assessorat, des magistrats, des français et des indigènes. Nous ferons seulement remarquer que cette création de tribunaux criminels d'arrondissement aurait de très grands avantages au point de vue qui nous occupe : plus rapprochés du lieu du crime, ils rendraient une justice plus rapide et moins coûteuse ; plus nombreux, et par conséquent moins encombrés, ils pourraient — à la différence des cours d'assises actuelles — être saisis de tous les crimes, qui recevraient le châ-

(1) Rapport de M. Et. Flandin à la Chambre, séance du 3 décembre 1894, *J. O.*, *Doc. parl.*, sess. extraord. 1894, annexe n° 1045, p. 2043 ; Rapport de M. Isaac au Sénat, séance du 15 mars 1898, *J. O.*, *Doc. parl.*, sess. ord. 1898, annexe n° 105, p. 143. — Voyez E. Larcher et Jean Olier, *Institutions pénitentiaires de l'Algérie*, n°s 48-50 ; notre compte rendu de l'ouvrage de M. Foissin, *Revue pénitentiaire*, 1899, p. 1113, et notre note sur les protestations des jurés algériens et les travaux législatifs, *Revue pénitentiaire*, 1900, p. 1316, reproduits *suprà*, p. 55 et p. 65.

timent porté par la loi. En d'autres termes, ce serait la fin de l'excessive correctionnalisation ; si bien que de nombreuses condamnations aux travaux forcés purgeraient l'Algérie d'une partie des voleurs qui l'infestent ; et ainsi cette réforme répondrait à l'un des vœux formulés par la Réunion d'Etudes algériennes en vue de l'élimination des indigènes dangereux pour la sécurité publique.

Quant à la juridiction correctionnelle, on préconise vivement aujourd'hui, surtout depuis les événements de Margueritte, le retour aux commissions disciplinaires. « L'erreur commise lors de l'extension du territoire civil, disait M. Jonnart dans un rapport officiel, a été de vouloir appliquer aux tribus soustraites à l'administration des bureaux arabes la plupart de nos règlements, nos codes et notre procédure. A la justice rapide des commissions disciplinaires on a substitué la justice plus moderne, mais singulièrement plus lente de nos tribunaux. » Et il avait même préparé un projet destiné à généraliser le système des commissions disciplinaires « qui, disait-il encore, en territoire militaire, continuent à fonctionner à la satisfaction des administrateurs et des administrés (1) ». Dans chaque canton il y aurait une commission comprenant le juge de paix, un administrateur et un cadi : cette juridiction rendrait une justice comme les indigènes la comprennent et l'aiment, c'est-à-dire frappant vite et fort (2).

Je suis tout à fait convaincu des inconvénients très grands

(1) Rapport cité par M. Waldeck-Rousseau, à la Chambre, séance du 14 juin 1901, *J. O.*, *Déb. parl.*, p. 1388, et *Revue pénit.*, 1901, p. 1071.

(2) C'est l'une des conclusions du rapport de M. Demangeat, à la Réunion d'Etudes algériennes du 13 mars 1901 ; c'était déjà l'un des vœux de la commission interdépartementale de la sécurité (II, § 3, 4°) ; et c'est l'une des dispositions de la proposition de M. Morinaud à la Chambre, séance du 29 juin 1899, *J. O.*, *Doc. parl.*, sess. ord. de 1899, p. 1903. — A la session de juin 1901, les deux délégations des colons et des non-colons ont émis un vœu en faveur de la création de ces commissions disciplinaires (colons, séance du 13 juin 1901 ; non-colons, séance du 15 juin, *Proc.-verb.*, p. 404 et 1011).

de l'assimilation à peu près complète suivant laquelle en Algérie les tribunaux correctionnels connaissent de tous les délits (ou peu s'en faut) commis dans leur immense arrondissement judiciaire. Mais je ne pense pas que le remède soit dans une réorganisation des commissions disciplinaires. Celles-ci fonctionnent en territoire de commandement (1) parce qu'elles y sont indispensables, parce qu'il n'est pas possible qu'un simple vol commis dans l'extrême sud soit déféré au conseil de guerre qui siège à Alger, Oran ou Constantine, c'est-à-dire à plusieurs centaines de kilomètres de là (2) ; et elles fonctionnent bien à raison de leur composition presque exclusivement militaire. Mais, en territoire civil, dans le Tell, à proximité des juridictions civiles de divers degrés, leur raison d'être ne se rencontre plus ; et une commission disciplinaire, tout autrement constituée, formée d'éléments disparates et parfois hostiles, ne donnerait sans doute pas les mêmes résultats.

Une réforme beaucoup plus simple consisterait à généraliser une règle qui existe déjà dans la législation algérienne, de façon à attribuer au juge de paix, sans adjonction d'administrateur ni de cadi, connaissance de tous les délits. Déjà, depuis 1854, les juges de paix, autres que ceux résidant au siège d'un tribunal d'arrondissement, sont dits « à compétence étendue », c'est-à-dire qu'en matière correctionnelle ils jugent tous les délits non intentionnels quelle que soit la peine encourue, et les délits intentionnels toutes les fois que la peine n'excède pas six mois d'emprisonnement ou 500 francs d'amende (3). Il est facile d'observer que, étant donnée la rigueur du tarif de notre code pénal, un très petit nombre seu-

(1) Consultez L. Rinn, *Régime pénal de l'indigénat : les commissions disciplinaires.*

(2) Voyez la circulaire du 4 janvier 1868 qui donne une énumération, non limitative d'ailleurs, des faits qui doivent être déférés aux commissions disciplinaires.

(3) Décret du 19 août 1854, art. 2, al. 3.

lement de délits rentre dans cette compétence étendue des juges de paix ; et déjà à plusieurs reprises le vœu a été émis qu'on soumît aux magistrats cantonaux certains délits fréquents, notamment les vols simples (1). L'idée est juste et mérite d'être poussée plus loin. Pourquoi, au moins lorsqu'il s'agit d'indigènes, ne pas attribuer au juge de paix la compétence complète en matière correctionnelle ? Cela répondrait assez bien au caractère du juge de paix algérien : il connaît de la plupart des litiges civils et commerciaux jusqu'à mille francs ; il exerce en matière de référés les attributions du président du tribunal civil ; au criminel, il remplit en fait les fonctions du juge d'instruction. Il est dans la logique des choses de faire de lui un tribunal de première instance à juge unique. Que, si on veut laisser aux européens les garanties des règles d'organisation judiciaire et de compétence en vigueur dans la métropole, on opère au moins cette réforme en ce qui concerne les prévenus indigènes. Et je ne vois pas en quoi la présence, à côté du juge de paix, d'un administrateur et d'un cadi, hâterait la répression des délits ou augmenterait l'autorité des condamnations prononcées.

Cette réforme, attribuant vis-à-vis des indigènes la compétence correctionnelle au juge de paix, aurait certainement l'avantage d'accélérer la justice et de la rendre moins coûteuse. De plus, elle allégerait le rôle des tribunaux d'arrondissement qui ne connaîtraient ces affaires qu'en cas d'appel, et elle supprimerait complètement du rôle de la cour les affaires correctionnelles indigènes. Si donc on peut lui reprocher d'augmenter sensiblement la besogne déjà bien lourde du juge de paix, il est facile de répondre qu'en restreignant un peu le personnel des tribunaux ou de la cour, on donnera

(1) Délibération du conseil général de Constantine du 17 octobre 1875 ; M. Gensoul, *Etude sur l'application des codes criminels* (Alger, 1894) ; Isaac, Rapport au Sénat déjà cité, p. 308.

un suppléant aux juges les plus occupés, ou mieux encore on divisera les cantons trop étendus ou trop peuplés,

Il y aurait lieu aussi d'étendre les pouvoirs disciplinaires des administrateurs. Les lecteurs de la *Revue pénitentiaire* savent en quoi ces pouvoirs consistent (1) : ils permettent à l'administrateur de la commune mixte d'infliger, pour certaines infractions propres à nos sujets et prévues dans un tableau dit code de l'indigénat, les peines de simple police. Mais ce système, qui donne d'excellents résultats, ne s'applique qu'aux communes mixtes. Eh bien, il faudrait que, dans la nouvelle organisation policière qui placerait, en des circonscriptions nouvelles, les indigènes des communes de plein exercice sous la surveillance d'administrateurs, ceux-ci eussent les mêmes pouvoirs que leurs collègues des communes mixtes (2). Cette extension territoriale des pouvoirs des administrateurs avait été demandée par le gouvernement dans le projet qui est devenu la loi du 21 décembre 1897 ; mais on a fait observer que c'était une aggravation notable à l'état de choses actuel, que l'avantage du droit commun était, pour les indigènes des douars rattachés aux communes de plein exercice, la contre-partie des charges que leur impose l'administration communale française ; on a fait craindre des conflits d'attribution entre les maires et les administrateurs ; si bien qu'en présence de l'opinion nettement opposée de la commission de la Chambre des députés, le gouvernement dut abandoner cette partie de son

(1) Voyez nos notes sur l'exercice des pouvoirs disciplinaires des administrateurs des communes mixtes en Algérie, en 1898-1899 (*Revue pénitentiaire*, 1900, p. 819) et en 1889-1900 (même revue, 1901, p. 904), reproduites *suprà*, p. 75.

(2) Dans une proposition tendant à assurer la sécurité en Algérie, M. Morinaud (séance du 29 juin 1899, *J. O.*, *Doc. parl.*, Ch., sess. ord. 1899, p. 1903) propose d'attribuer les pouvoirs disciplinaires aux maires des communes de plein exercice. Mais telle est la composition du corps électoral algérien, et par conséquent d'un grand nombre de municipalités, qu'il nous paraîtrait tout à fait dangereux de remettre une si redoutable autorité aux mains des maires élus.

projet (1). L'argumentation des adversaires des pouvoirs disciplinaires ne nous semble pas plus fondée que leurs craintes : une sérieuse surveillance, avec répression immédiate des infractions, est aussi nécessaire dans les communes de plein exercice que dans les communes mixtes (2).

Enfin, dans une sage réorganisation judiciaire, il faudrait que le justiciable, même musulman, reçut quelques garanties de l'indépendance et du savoir du juge : la magistrature y gagnerait beaucoup en autorité. — On aurait une garantie d'indépendance en assurant aux magistrats algériens l'inamovibilité. La loi du 30 août 1883, s'appliquant à l'Algérie comme à la France, avait, semble-t-il, donné aux membres de la cour et des tribunaux algériens les mêmes prérogatives qu'aux magistrats métropolitains. Mais telle a été l'autorité d'un avis, absolument erroné à notre sens, de la cour de cassation, avis auquel s'est rangé peu après le conseil d'État que, en fait, les magistrats algériens sont révocables à merci. Il faut donc qu'une loi intervienne, affirmant sur ce point l'assimilation de la magistrature algérienne à la magistrature française (3). Bien mieux, il faudrait que l'inamovibilité fût étendue aux juges de paix, à raison même de la très grande im-

(1) Voyez le rapport de M. Et. Flandin, déjà cité.

(2) Cf. E. Larcher et J. Olier, *Institutions pénitentiaires de l'Algérie*, n° 72. — C'est avec un peu trop de hâte que la délégation des colons, en juin 1901, demandait l'attribution *immédiate* des pouvoirs disciplinaires aux administrateurs et administrateurs-adjoints détachés dans les préfectures et les sous-préfectures (Séance du 13 juin 1901, *Proc.-verb.*, p. 404). La chose est tout à fait désirable, mais ne peut se réaliser que par une loi.

(3) Cela a été demandé plusieurs fois à la Chambre et au Sénat : à la Chambre, par MM. Letellier, Saint-Germain et Bourlier, séance du 24 juin 1893, *J. O.*, *Doc. parl.*, sess. ord. 1893, annexe n° 2867, p. 1121 ; au Sénat, par M. Isaac, comme conclusion de son rapport déjà cité sur la justice française et musulmane. — Je citerai également le vœu plus récent du conseil supérieur de l'Algérie, du 30 janvier 1899 (*Proc.-verb.*, p. 909), et le vœu de la délégation des non-colons, émis le 18 juin 1901, à l'unanimité (*Proc.-verb.*, p. 1055).

portance de leurs attributions comme juges civils, commerciaux et correctionnels, comme juges des référés et comme magistrats instructeurs. — On donnerait aux plaideurs une garantie du savoir de leurs juges et on obtiendrait un bien meilleur jugement de toutes les affaires concernant les indigènes, d'abord en exigeant que les magistrats algériens possédassent le certificat — aujourd'hui exigé des officiers ministériels — de législation algérienne, de droit musulman et coutumes indigènes que délivre l'École d'Alger, et ensuite en favorisant particulièrement les magistrats connaissant les langues arabe ou kabyle (1).

Le malheur commun de toutes les réformes que je viens de mentionner dans l'organisation et la compétence des juridictions algériennes, c'est que pour leur réalisation il faut des lois. Et nous savons avec quelle lenteur et dans quel esprit le parlement élabore les projets de cet ordre. Voilà bientôt dix ans que le parlement est saisi de propositions tendant à la réforme des juridictions criminelles ; voici quatre ans que la Chambre a voté un projet soigneusement élaboré par M. Et. Flandin : le silence persistant du Sénat ne permet pas d'espérer une prochaine solution. Les discussions, parfois très vives, qui se produisent tous les sept ans, quand le gouvernement demande le renouvellement des pouvoirs disciplinaires des administrateurs, montrent combien peu nos législateurs comprennent la mentalité indigène et les besoins de la colonie.

Les réformes portant sur la procédure criminelle ont plus de chances de succès parce qu'elles peuvent être opérées par simples décrets. Le code d'instruction criminelle, en effet,

(1) Voyez les vœux émis en ce sens par la commission interdépartementale de la sécurité (II, § 2) ; voyez aussi le discours de M. Albin Rozet, Ch. des dép., séance du 9 juin 1899, *J. O.*, *Déb. parl.*, p. 1619.

s'est trouvé applicable de plein droit, par le fait de l'annexion opérée ou du moins constatée par l'ordonnance du 22 juillet 1834 : donc, conformément au principe de la délégation du pouvoir législatif donnée, pour nos établissements d'Afrique, au chef du pouvoir exécutif par la loi du 24 avril 1833, des décrets présidentiels peuvent modifier l'application en Algérie de ce code et des lois modificatives qu'un article particulier n'a point spécialement déclarées applicables à cette colonie. De même qu'une ordonnance du 16 avril 1843 a modifié, sur un assez grand nombre de points, le code de procédure civile pour qu'il s'adapte au nouveau milieu où il allait entrer en vigueur, de même un décret devrait intervenir pour faire cesser les inconséquences de l'application de notre instruction criminelle en pays indigène.

Nous ne pouvons pas, dans cette brève étude, reprendre et discuter article par article le code d'instruction criminelle pour donner une énumération complète des modifications qu'il conviendrait de lui faire subir. Lorsque le gouvernement sera décidé à opérer cette urgente réforme, il lui sera facile d'obtenir cette liste en consultant les magistrats algériens, les corporations d'avocats et l'Ecole de droit d'Alger. Nous ne pouvons ici que mentionner les points essentiels (1) :

Conférer aux juges de paix tous les pouvoirs qui appartiennent aux juges d'instruction et que, en fait, ils exercent ;

Poser les règles de compétence ainsi que nous le disions plus haut, la cour d'assises connaissant seulement des affai-

(1) Remarquons que des modifications ont déjà été apportées sur quelques points. Par exemple, une série de décrets a augmenté la liste des officiers de police judiciaire en y ajoutant les sous-officiers et commandants de brigades de gendarmerie (*Revue pénitentiaire*, 1900, p. 1379), les administrateurs, et, en territoire de commandement, les officiers des affaires indigènes ; une loi du 9 mai 1863, au cas de cassation d'un arrêt de la chambre des mises en accusation de la cour d'Alger, permet de renvoyer l'affaire devant une autre chambre de la même cour.

res où l'un au moins des accusés est européen, un tribunal criminel d'arrondissement statuant sur les crimes commis par les indigènes, le juge de paix ayant la compétence correctionnelle ;

Suspendre à l'égard des inculpés indigènes l'application de la loi du 8 décembre 1897 (1) ;

Modifier, devant le magistrat instructeur et devant les tribunaux répressifs, la formule du serment prêté par les témoins musulmans, de facon à exiger que ceux-ci jurent sur une chose qu'ils respectent, comme le Coran ou la koubba d'un marabout (2).

## IV

Enfin, dernière catégorie de réformes, il faut à l'Algérie un système pénal répondant à l'idée que les indigènes se font de la peine. Pour cela, point n'est besoin d'un code nouveau que le parlement ne parviendrait jamais à élaborer. Il est depuis longtemps question d'un projet de code pénal pour la métropole et il est plus que douteux qu'il vienne de sitôt en discussion. On peut, tout en conservant les peines édictées par le code de 1810, en modifier le régime de façon à rendre la peine plus redoutable et plus profitable. Considérons donc les peines de notre code pénal, en laissant toutefois de côté les peines politiques, d'une rarissime application (3).

La peine de mort, que beaucoup de bons esprits voudraient voir disparaître de notre législation, comme elle a disparu de maintes législations voisines, doit être maintenue en Algérie.

(1) J. Olier, *La réforme de l'instruction préparatoire*, nº 31.

(2) Durieu de Leyritz *La sécurité et la justice répressive en Algérie*, p. 86 ; E. Larcher et J. Olier, *Institutions pénitentiaires de l'Algérie*, nº 42, p. 97.

(3) Je ne sache pas que des condamnations à la déportation ou à la détention aient été prononcées en Algérie depuis 1871, date à laquelle ces peines ont été appliquées aux chefs compromis dans l'insurrection kabyle.

Bien plus, la publicité de l'exécution, dont personne ne veut plus et qui doit prochainement disparaître, doit être également maintenue pour l'exécution des indigènes (1) ; il importe même que les exécutions capitales se fassent en grande pompe, car c'est la plus énergique affirmation de notre justice forte et implacable. — Il ne suffit pas que la législation actuelle soit maintenue : il faut qu'elle soit rigoureusement appliquée. Nous avons déjà eu occasion de dire (2) que le chef du pouvoir exécutif use trop fréquemment du droit de grâce au profit d'indigènes et que nos sujets prennent facilement sa clémence pour de la faiblesse : il est à désirer que le Président laisse la justice suivre son cours, toutes les fois que la culpabilité du condamné ne fait aucun doute et que c'est à bon escient que le jury a refusé les circonstances atténuantes. De même il est, au cas d'exécution par la guillotine, une curieuse coutume à laquelle il faudrait mettre fin : aussitôt la décollation opérée, les femmes ou les parents du supplicié s'emparent du cadavre et recousent la tête au tronc, ce qui permet, pensent-ils, à Mahomet de l'enlever au paradis. Cette pratique, généralement tolérée, affaiblit considérablement l'exemplarité de la peine : quand, au cas de crime exceptionnellement grave, on s'oppose à cette reconstitution de l'individu, les musulmans sont frappés de stupeur. Il faudrait donc, pour l'intimidation, exiger que toujours la tête demeurât séparée du corps.

Les travaux forcés, très redoutés des indigènes, seraient plus largement appliqués sans la correctionnalisation devenue une nécessité. La création des tribunaux criminels d'arrondissement aura, entre autres excellentes conséquences, celle de permettre des poursuites criminelles pour tous les faits

(1) La proposition Strauss, déjà votée par le Sénat et actuellement à l'état de rapport devant la Chambre, ne sera pas applicable à l'Algérie.

(2) Voyez notre lettre sur l'exercice du droit de grâce en Algérie (*Revue pénitentiaire*, 1899, p. 819, reproduite *suprà*, p. 133).

que la loi nomme crimes, notamment pour les vols qualifiés, si fréquents. Dans l'exécution de cette peine, nous appelons toute l'attention de l'administration sur la nécessité de verser les indigènes algériens dans les pénitenciers les mieux surveillés, de façon à éviter les évasions : peut-être même y aurait-il lieu de leur affecter de préférence une île (1). On exagérait sans doute quelque peu quand jadis on affirmait que les forêts de Kabylie recélaient 900, d'aucuns ont même dit 1.200 forçats indigènes échappés de la Guyane (2). Il n'en est pas moins certain que les évasions sont fréquentes : or, pour que la peine des travaux forcés produise tout son effort d'exemplarité, il faut qu'elle apparaisse aux musulmans comme l'éloignement à jamais des pays islamiques, sans aucun espoir ni de grâce, ni de fuite.

Les peines de la réclusion et de l'emprisonnement se subissent en principe, comme en France, dans des maisons centrales ou dans des prisons départementales. Et c'est là qu'apparaît l'erreur la plus certaine de l'application à l'Algérie du système pénal français. La prison, redoutée comme déshonorante par l'européen, n'est pas crainte par l'indigène. Il faut donc la renforcer par le travail : que la peine consiste moins dans une claustration, que l'indigène supporte facilement, que dans le travail obligatoire, toujours pénible pour l'arabe, même lorsqu'il est exécuté en plein air. A cette transformation il y aura tout avantage : outre que la peine gagnera grandement en exemplarité, elle fournira à la colonie une main-d'œuvre utile. Déjà sans doute les maisons centrales d'Algérie, Lambèse et Berrouaghia, et quelques prisons départementales, l'Harrach et Oran, notamment, fournissent des chantiers extérieurs : les

(1) Cf. les vœux de la commission interdépartementale de la sécurité, III, § 2, 6° et 7°.

(2) Conseil général d'Alger, séances du 5 octobre 1891 et du 10 octobre 1892. — Voyez aussi Burdeau, Rapport sur le budget de l'Algérie de 1892, p. 90.

uns travaillent pour des particuliers, à la culture de la vigne ; les autres opèrent, pour le compte de la colonie, les défrichements et les travaux publics nécessaires à la création des centres de colonisation. C'est cette pratique du travail en plein air qu'il importe de généraliser : la main-d'œuvre pénale doit être employée aux travaux des chemins de fer de pénétration vers le sud, au dessèchement des marais, aux défrichements, de préférence à la main-d'œuvre libre (1).

Quant à l'amende, peine excellente dans la métropole, elle n'est guère applicable à l'indigène, si on lui maintient son caractère exclusivement pécuniaire. Mais elle peut devenir une peine très bonne en permettant sa conversion en corvées ; c'est ce qui se fait depuis la loi du 21 décembre 1897 pour les amendes que prononcent les administrateurs en vertu de leurs pouvoirs disciplinaires. Que l'amende, et même l'emprisonnement quand il s'agit de très courtes peines, puissent être transformés, soit d'office par le juge ou l'administrateur qui les prononce, soit à la demande du délinquant, en des journées de travail ; outre qu'on évitera aux condamnés l'effet déplorable d'un premier séjour en prison, on utilisera pour l'entretien ou la création des chemins une main-d'œuvre qui eût été perdue.

Contre les voleurs qui sont la plaie de l'Algérie, je rappellerai (2) l'excellent usage qu'on pourrait faire de l'internement, tel que l'admet la législation algérienne. Le gouverneur général devrait l'appliquer à tous les individus condamnés à

(1) C'est l'un des vœux de la commission interdépartementale de la sécurité (III, § 2, 1°), qui d'ailleurs voulait aussi des réformes sur la nourriture et le vêtement des détenus indigènes. — L'emploi des condamnés à des travaux de colonisation est l'une des dispositions de la proposition Morinaud sur la sécurité ; mais il ne me semble pas que pareille mesure puisse trouver place dans une loi.

(2) Pour plus de précision, voyez notre article : L'internement des indigènes algériens, dans la *Revue pénitentiaire*, 1900, p. 648, et *suprà*, p. 85.

plus de trois mois d'emprisonnement pour vol, en offrant à la famille du condamné toutes facilités pour rejoindre celui-ci dans le territoire d'internement. On drainerait ainsi rapidement les dix ou douze mille voleurs qui écument les campagnes algériennes : la sécurité y gagnerait énormément (1).

Enfin, nous appellerons toute l'attention des tribunaux sur l'effet salutaire qu'aurait une rigoureuse application de la loi sur la relégation. Le seul obstacle à cette application est la difficulté d'établir l'identité des récidivistes indigènes ; cet obstacle sera levé le jour où le service anthropométrique sera organisé dans toutes les prisons départementales (2).

Ces réformes, en matière d'organisation pénitentiaire, peuvent toutes s'opérer sans l'intervention du parlement : un décret, pour la transformation des courtes peines d'emprisonnement et de l'amende en prestations, et de simples mesures administratives suffiraient. Nous ne doutons pas que l'administration pénitentiaire algérienne, autant qu'il dépend d'elle, n'ait à cœur de les réaliser prochainement.

(1) Cette application de l'internement rendrait inutile le vote, demandé par la commission interdépartementale de la sécurité, d'une loi sur la relégation spéciale à l'Algérie, permettant la relégation des récidivistes indigènes dans des conditions plus fréquentes et plus rigoureuses que celles exigées par la loi de 1885 (III, § 1er, 2°).

(2) Cf. les vœux de la commission interdépartementale, I, § 3, 5°, et III, § Ier, 1°.

# LA RÉFORME DES SERVICES PÉNITENTIAIRES DE L'ARMÉE ET DES CORPS DISCIPLINAIRES (1)

Les questions relatives à la justice militaire attirent l'attention de nos législateurs (2), et, après eux, du grand public. Naguère, dans cette *Revue*, M. Henri Barboux (3), examinant les propositions tendant à modifier nos codes de 1857 et de 1858, montrait l'utilité d'une réforme de la juridiction des

(1) *Revue politique et parlementaire*, t. XXIX, p. 290 (n° d'août 1901). — Qu'on ne soit pas surpris de trouver parmi des études algériennes cet article sur les services pénitentiaires de l'armée et les corps disciplinaires. Bien que, par les individus auxquels s'appliquent ces institutions répressives, le problème soit métropolitain autant qu'algérien, il figure certainement parmi les questions algériennes, puisque c'est en Algérie et en Tunisie que sont stationnés les bataillons d'infanterie légère d'Afrique et les compagnies de discipline, les ateliers de travaux publics et trois pénitenciers sur cinq.

(2) Propositions de loi de M. Vaillant et de M. Pastre, du 25 octobre et du 4 novembre 1898, supprimant les conseils de guerre, *J. O.*, *Doc. parl.*, Ch., sess. extraord. de 1898, annexes n[os] 288 et 311, p. 97 et 147 ; proposition de résolution de M. Mirman, tendant à la nomination d'une commission chargée d'étudier la réforme de la juridiction militaire, du 4 novembre 1898, *J. O.*, *ibid.*, annexe n° 199, p. 105 ; proposition de M. Massé, du 9 juin 1899, *J. O.*, *Doc. parl.*, Ch., sess. ord. de 1899, annexe n° 1179, p. 110 ; projet de loi portant réforme du code de justice militaire pour l'armée de terre (élaboré par le comité du contentieux et de la justice militaire), du 24 mai 1901.

(3) Henri Barboux, Projets de réforme de la juridiction militaire, *Rev. pol. et parl.*, t. XXII numéro d'octobre 1899, p. 5. — Voyez aussi Jules Dietz, La Réforme des conseils de guerre, *Revue de Paris*, numéro du 1er décembre 1899, p. 502 ; un article sur La Procédure pénale militaire dans le *Temps* du 8 janvier 1900 ; René Guyon, Le fonctionnement des conseils de guerre en temps de paix, *Revue pol. et parl.*, t. XXVI, numéro d'octobre 1900, p. 106.

conseils de guerre : la forme modérée en laquelle il exprimait ses idées. les justes limites dans lesquelles il restreignait les modifications à opérer, rendaient ces idées et ces modifications parfaitement acceptables aux esprits les plus sincèrement partisans d'une armée fortement hiérarchisée et par là même les plus convaincus de la haute nécessité du maintien d'une rigoureuse discipline.

Cette réforme en appelle une autre. Il ne suffit pas que le choix des juges, leurs pouvoirs, les formes à suivre donnent à l'accusé les plus sérieuses garanties de savoir et d'indépendance ; il faut aussi que les peines prononcées par la juridiction militaire atteignent plus sûrement, dans leur exécution, le double but de toute peine : qu'elle châtie et qu'elle amende. La réforme de la juridiction pénale doit avoir son complément dans la réforme des services pénitentiaires.

A la différence de la justice civile qui, une fois la sentence rendue, livre ses condamnés à une autre administration (1), la justice militaire exécute elle-même le plus grand nombre de ses jugements : seuls les condamnés atteints d'une peine qui les rend indignes de porter les armes (2) sont livrés à l'administration pénitentiaire ; les autres vont subir leur peine dans des prisons, des pénitenciers, des ateliers de travaux publics ressortissant au ministère de la guerre.

(1) Il en sera ainsi jusqu'à ce qu'on transfère l'administration pénitentiaire du ministère de l'intérieur au ministère de la justice, ce qui a été souvent demandé, mais ne peut être réalisé que par une loi spéciale. Voyez notamment la proposition de M. Bérenger au Sénat, séance du 6 juin 1899, *J.O.*, *Doc.parl.*, Sén., sess. ord. de 1899, annexe n° 152, p. 382 ; le rapport de M. Goujat sur le budget de 1900 (ministère de l'intérieur — services pénitentiaires), *J. O.*, *Doc.parl.* Ch., sess. ord. de 1899, annexe n° 1139, p. 2576 ; le discours de M. Jean Cruppi et la réponse de M. Waldeck-Rousseau, à la séance du 5 décembre 1899, *J. O.*, *Déb. parl.*, Ch., sess. extraord. de 1899, p. 2066 et s.

(2) Ce sont ceux que frappe une condamnation criminelle et ceux qui sont condamnés à une peine d'emprisonnement égale ou supérieure à deux ans, avec application de l'interdiction de certains droits civiques, civils ou de famille de l'article 42 du code pénal.

De plus, à côté de ces établissements, il y a des corps spéciaux dans lesquels sont versés les rebuts du recrutement ou de l'armée : les bataillons d'infanterie légère d'Afrique et les compagnies de discipline (1). Aux uns sont envoyés les individus que des condamnations antérieures graves ne permettent pas de laisser en contact avec la masse des recrues honnêtes ; les autres reçoivent les gens qui ont, soit avant, soit après leur entrée au corps, manifesté leur mauvais esprit anti-militaire. Si l'on veut une formule qui n'est exacte que sous réserve de précision, on peut dire qu'aux bataillons d'Afrique sont les mauvais citoyens, aux compagnies de discipline les mauvais soldats.

De même qu'on s'est ému de la composition des conseils de guerre, de leur procédure trop sommaire et des peines parfois exagérément rigoureuses qu'ils prononcent, de même on s'est préoccupé depuis quelques années du sort des individus que la justice militaire condamne et de ceux qui, pour des motifs de discipline, sont versés dans les corps spéciaux. Au Palais Bourbon, un député, M. Pierre Richard, a fait de ces individus ses clients ; il a saisi la sixième et la septième législatures d'une succession de propositions ; il n'avait obtenu aucun résultat auprès de la Chambre précédente, mais celle-ci lui donne quelque espoir, puisque naguère la commission de l'armée le chargeait de faire le rapport sur la plus récente de ses propositions (2). En même temps la presse s'en est mêlée : entre au-

(1) Dans la langue spéciale de l'armée, les bataillons d'infanterie légère d'Afrique reçoivent le nom abrégé de « bat. d'Af. » ; leurs hommes sont les *zéphirs* ou *joyeux*. Les compagnies de discipline, c'est « Biribi ».

(2) Propositions de M. Pierre Richard du 2 décembre 1897, *J.O.*, *Doc. parl.*, Ch., sess. extraord. de 1897, annexe nº 2864, p. 242, rendue caduque par l'expiration de la législature ; — du 4 juillet 1898, *J. O.*, *Doc. parl.* Ch., sess. ord. de 1898, annexe nº 156, p. 1529, reproduisant exactement la précédente ; — du 15 mars 1899, *J. O.*, *Doc. parl.*,

tres, la *Petite République* a mené une campagne d'articles où s'entassait tout ce qu'un de ses rédacteurs pouvait recueillir d'accusations contre le « Bat. d'Af. » et « Biribi » (1). Propositions législatives et articles de journaux partent, nous voulons le croire, du louable désir d'améliorer une situation critiquable, de mettre fin à des abus trop certains. Mais il est impossible de n'y point relever bien des erreurs, bien des exagérations : pour disposer favorablement le parlement à l'égard de gens médiocrement intéressants, pour servir sa passion politique, on produit des documents qui sont tout au plus des on-dit, des propositions qui sont à peine des idées. Il ne faut donc accepter critiques et projets que sous le bénéfice d'un contrôle sévère.

Sous cette indispensable réserve, on ne peut que se féliciter de ce mouvement d'opinion : il a l'avantage d'appeler l'attention sur un des problèmes les plus importants et les moins étudiés de la politique criminelle. C'est un fait maintes fois observé, banal au point d'être devenu un lieu commun, que la précocité des délinquants. La plupart des récidivistes n'ont point attendu un âge avancé pour encourir leurs premières condamnations : beaucoup ont commis quelques délits dès avant leur tirage au sort et par conséquent ont été versés aux bataillons d'Afrique ; beaucoup ont délinqué au régiment

Ch., sess. ord. de 1899, annexe n° 814, p. 891, reproduisant les précédentes avec quelques dispositions modifiant le code de justice militaire, que la commission de l'armée a disjointes. — Rapport du 4 décembre 1899, *J. O.*, *Doc. parl.*, Ch., sess. extraord. de 1899, annexe n° 1254, p. 331. — Rapport supplémentaire du 20 décembre 1900, *J. O.*, *Doc. parl.*, Ch., sess. extraord. de 1900, annexe n° 2056, p. 185.

(1) Voyez notamment les numéros de la *Petite République* du 30 novembre, 3, 12, 13, 18 et 24 décembre 1899. — Signalons, dans le même esprit, un curieux ouvrage : *Camisards, Peaux de lapins et Cocos*, par M. G. Dubois Desaulle, qui formule, sans les justifier d'ailleurs, un grand nombre d'accusations contre les gradés et les officiers des compagnies de discipline. On en trouvera plus loin un compte-rendu critique.

et ont été envoyés par les conseils de guerre dans les prisons, pénitenciers et ateliers militaires ; enfin ce sont surtout les fainéants, les vagabonds qui, ne pouvant se plier à la discipline, encourent la série progressive des punitions réglementaires et terminent leurs trois ans aux compagnies de discipline. Ainsi on voit passer par les établissements pénitentiaires de l'armée et par les corps spéciaux à peu près toute la jeunesse criminelle de la France.

Toutefois, si on y trouve la plupart des futurs récidivistes, ceux-ci ne sont point seuls. Parmi cette lie de l'armée, il faut distinguer. Ce sont sans doute les plus nombreux qui, par les méfaits qu'ils ont commis, par les vices qu'ils pratiquent, se rendent bien peu dignes d'intérêt. Et pourtant, ceux-là déjà méritent à un certain point de vue d'attirer l'attention. Abandonnés à un régime insuffisamment répressif et nullement moralisateur, ou soumis à des brutalités injustifiées, ils s'enfonceront, loin de s'amender, plus avant dans leur haine de tout ordre social (1) ; après avoir troublé la société de leurs crimes, ils finiront leur existence au bagne. Ces individus, on a la bonne fortune de les trouver réunis pour un temps assez long, à un âge où l'amendement est encore possible, dans des établissements où la surveillance est facile ; c'est donc là qu'on peut, avec quelques chances de succès, tenter de les arrêter dans la voie où ils se sont engagés, de les diriger vers une voie meilleure. — Mais il en est d'autres, moins nombreux sans doute, infiniment plus intéressants : condamnés pour un fait commis sous une influence passagère, ils ne sont pas tout à fait mauvais ; ils sont susceptibles de retour au bien. Ceux-là, il leur reste quelques bons sentiments ; il faut soigneusement éviter qu'ils les perdent ; bien mieux, il faut s'efforcer de les développer.

(1) M. Pierre Richard remarquait avec quelque raison qu'on pourrait donner à un manuscrit sur les pénitenciers et ateliers intitulés « Les Ecoles du vice », le sous-titre : « Où se forment les anarchistes. »

La conséquence évidente est double : il faut tout d'abord et avant tout, dans ces établissements et dans ces corps, d'intelligentes sélections (1) ; de plus, il faut un régime qui punisse les fautes commises en évitant les crimes futurs. Il semble qu'on ne s'en soit pas suffisamment aperçu (2).

Puisque l'attention du parlement et du gouvernement, des autorités et du public est attirée sur cette question, c'est faire œuvre utile que l'examiner en dehors de toute préoccupation de parti, dans un esprit purement scientifique. Trop souvent, pour faire pièce à un gouvernement bourgeois ou pour dévoiler les abominations d'une société marâtre, on exagère singulièrement les critiques contre les établissements pénitentiaires, le « Bat. d'Af. » ou « Biribi » : on en arrive à des propositions tout à fait inconsidérées ; on parle des « innombrables crimes » qu'y commettent les gradés ou les surveillants, et on en vient à demander la suppression de « ces sauvages institutions des bataillons d'Afrique et de Biribi où se perpétuent les monstrueuses traditions de brutalité et de cruauté (3) ». Mais alors, verserait-on dans les régiments, avec les honnêtes recrues, les « jeunes gens à faces patibulaires, déjà vieux « chevaux de retour » habitués des prisons et chevronnés de cours d'assises ? (4) »

Nous laissons de côté la réforme trop simple qui consiste à tout supprimer (5). Avec plus de modération, nous tiendrons

(1) Cf. LEVEILLÉ, discussion sur la colonisation pénale. à la séance de la Société générale des prisons du 22 mars 1899, *Revue pénitentiaire*, 1899, p. 533.

(2) Nous remarquerons que nous ne nous occupons dans cette étude que des services pénitentiaires et des corps disciplinaires relevant du ministère de la guerre : ce sont d'ailleurs les seuls que vise la proposition de M. Pierre Richard. Nous laissons notamment de côté les compagnies de discipline de la marine et des colonies.

(3) M. HENRI TUROT, dans la *Petite République*.

(4) PIERRE DES RUES, dans le même journal.

(5) Nous pensions que semblable proposition, si jamais elle était formulée, ne méritait pas les honneurs de la discussion. La Chambre vient d'en décider autrement. Une proposition, déposée par

compte non seulement des abus commis par les surveillants ou les gradés, mais aussi des dangers que les détenus font courir aux gens qui les gardent et à la société. Nous nous efforcerons de préciser le mal, pour indiquer les remèdes appropriés.

La tâche n'est point aisée. Mais nous avons eu l'occasion naguère, pour la préparation d'un travail d'ensemble sur les institutions pénitentiaires de l'Algérie (1), de visiter un certain nombre de pénitenciers, d'ateliers et de prisons militaires; nous nous sommes longuement entretenus avec des officiers

M. Colliard le 2 décembre 1901 et renvoyée aussitôt à la commission de l'armée, après urgence déclarée, tend à l'abrogation pure et simple de l'article 5 de la loi du 15 juillet 1889, qui énumère les catégories de recrues qui doivent être versées aux bataillons d'Afrique; celles-ci seraient, comme si elles n'avaient subi aucune condamnation, réparties entre les corps de l'armée métropolitaine. « L'incorporation obligatoire aux bataillons d'Afrique, dit en substance l'auteur de la proposition, constitue une mesure cruelle et inhumaine, incompatible avec les principes d'une grande démocratie. Les jeunes gens ainsi traités ne deviennent, dans ces corps spéciaux, ni meilleurs soldats, ni meilleurs citoyens. Qu'on les mêle donc avec les autres recrues : il sera temps, s'ils se conduisent mal, de prendre contre eux des mesures de rigueur. » M. Colliard oublie que la nature ou le nombre des condamnations prononcées est une preuve bien suffisante de la persévérité précoce de ses clients. A les mêler à la masse des recrues honnêtes, ils contamineront celles-ci avant qu'ait pu intervenir une mesure de rigueur. Les principes d'une grande démocratie n'exigent en aucune façon que les jeunes gens honnêtes soient souillés par le contact des souteneurs, des rôdeurs de barrière, des libérés de maisons centrales auxquels s'applique la disposition vraiment préventive de la loi sur le recrutement. Heureusement qu'une salutaire caducité atteindra bientôt la proposition Colliard. — Ajoutons que la commission de l'armée a nettement conclu au rejet de la proposition de M. Colliard. Son rapporteur fait valoir les arguments que nous venons d'indiquer et les corrobore par une curieuse statistique (Rapport de M. Pierre Richard, du 12 décembre 1901, *J. O.*, *Doc. parl.*, Ch., sess. extraord. de 1901, annexe n° 2830, p. 215).

(1) *Questions criminelles et sociales : les Institutions pénitentiaires de l'Algérie*, par Emile Larcher et Jean Olier, 1 vol. in-8°, Paris, Rousseau; et Alger, Jourdan, 1899.

qui ne sont ni des brutes, ni des tortionnaires, et qui reconnaissent parfaitement combien l'œuvre délicate et pénible dont ils ont la charge est susceptible d'amélioration. Nous pouvons donc parler de ce que nous avons vu : ce sont les impressions d'un témoin (1).

Or, le projet de la commission de l'armée ne nous paraît donner qu'une insuffisante satisfaction aux besoins que nous avons constatés et aux *desiderata* que nous avons entendu exprimer ; il prend une voie bien longue pour obtenir des modifications qu'il serait facile d'atteindre par une voie plus directe et plus rapide. Telle est la double critique qui résulte de son examen.

## I

Les condamnés militaires sont répartis entre trois catégories d'établissements pénitentiaires : 1° les prisons militaires, qui reçoivent en principe les individus frappés d'un emprisonnement qui ne dépasse pas un an (2) et renferment en outre des prévenus (3), des condamnés de passage, parfois aussi des officiers punis des arrêts de forteresse ; 2° les pénitenciers militaires, où sont détenus les individus condamnés à un emprisonnement supérieur à un an (4) ; 3° les ateliers de travaux

(1) Tout ce qui concerne les établissements pénitentiaires de l'armée et les corps disciplinaires est assez mal connu. Nous citerons cependant un intéressant article du colonel Fix, Zéphyrs, disciplinaires et camisards, paru dans la *Revue de Paris* du 15 septembre 1898, p. 362. — Pour plus de précision, nous renvoyons à notre ouvrage, *Institutions pénitentiaires de l'Algérie*, n^os^ 106-128.

(2) Exceptionnellement on conserve dans les prisons militaires quelques individus condamnés à une peine allant jusqu'à deux ans, pour en faire des chefs d'ateliers.

(3) En Algérie, ces prévenus sont aussi des indigènes non militaires, parce que les conseils de guerre sont les tribunaux répressifs de droit commun en territoire de commandement.

(4) M. P. Richard commet une erreur certaine quand il dit, dans ses rapports, que les pénitenciers et les prisons militaires reçoi-

publics, où sont envoyés les militaires condamnés à la peine spéciale (1) des travaux publics dont la durée est de deux à dix ans.

A tous ces établissements s'adresse une même critique. Le régime y est toujours le travail et le dortoir en commun. Le principe de la séparation, soit de jour et de nuit (régime philadelphien), soit tout au moins de nuit (régime auburnien), est préconisé par tous les criminalistes : seul il évite les relations et les contacts si funestes aux points de vue de la moralité, de la discipline, de l'amendement et du reclassement. Depuis la loi du 5 juin 1875, l'emprisonnement cellulaire est, pour les courtes peines, la règle dans les prisons civiles : si, en fait, les peines inférieures à un an et deux jours ne sont pas toujours subies en cellule, cela tient exclusivement à des difficultés financières. Quelques maisons centrales, et notamment celle de Lambèse, appliquent le régime auburnien : l'expérience est concluante ; c'est le régime qui convient le mieux aux longues peines (2). Il est regrettable que dans les établissements militaires aucun progrès n'ait été réalisé dans le sens de l'isolement ; les cellules y sont exclusivement employées comme lieu de punition.

Dans la proposition de M. Pierre Richard, telle que l'a rédi-

vent « les condamnés à des peines infamantes ». Toute peine afflictive et infamante, ou infamante seulement, entraîne exclusion de l'armée, et, par conséquent, est subie dans les établissements civils.

(1) Spéciale à ce double point de vue qu'elle est propre à la juridiction militaire et aux délits militaires exclusivement prévus par les codes de justice de l'armée de terre et de l'armée de mer. Au contraire, l'emprisonnement, subi suivant sa durée dans les prisons ou dans les pénitenciers, est prononcé tantôt pour délits de droit commun, tantôt pour délits militaires.

(2) Le régime de la cellule de jour et de nuit ne peut être subi pendant un temps très long : il ne doit être infligé que pour les peines ne dépassant guère un an ou comme première période de peines plus longues.

gée la commission de l'armée, on trouve aux inconvénients de la promiscuité moins un remède qu'un palliatif. On ferait, ainsi que cela se pratique dans les prisons civiles non cellulaires, des quartiers : on séparerait les condamnés pour délits de droit commun des condamnés pour délits exclusivement militaires, et dans chaque catégorie on séparerait les récidivistes (1).

Cela ne suffit pas. Il faut aller jusqu'à poser le principe de l'emprisonnement individuel dans les prisons (2), du régime auburnien dans les pénitenciers et ateliers. On adresse, je le sais, au régime philadelphien et plus encore au régime auburnien le reproche, grave, très grave, d'être beaucoup plus coûteux que le régime de la promiscuité. Mais ce reproche perd beaucoup de son poids si l'on s'attache à deux considérations très topiques, l'une générale, l'autre spéciale aux établissements militaires. — 1° Le système auburnien paraît évidemment le plus dispendieux, parce qu'il nécessite deux catégories de locaux les uns pour le travail de jour en commun, les autres pour l'isolement individuel de nuit. Mais une cellule qui ne reçoit le condamné que la nuit n'a pas à remplir les conditions d'espace et de solidité qui sont indispensables pour un internement continu. Nous avons remarqué naguère en visitant la maison centrale de Lambèse, un long dortoir cellulaire, comprenant 83 cellules en grillage ; avec une minime dépense on avait obtenu le grand avantage de l'isolement (3). — 2° Dans les établissements militaires de longues peines, pénitenciers et ateliers, le système auburnien est le seul possible : il ne peut être question du système philadelphien puisque, en Algérie tout au moins, la main-d'œuvre

(1) Art. 1, al. 2, 3, 1 ; art. 2 et 3 du projet.

(2) En ce sens, voyez CHANSON, *Justice militaire pour l'armée de terre*, p. 261 et suiv.

(3) Si nos souvenirs sont exacts, le prix de revient de chaque cellule ainsi construite ne dépassait pas 70 francs.

des détenus des ateliers et pénitenciers n'est utilisée que pour le travail en plein air (défrichements, terrassements, travaux agricoles) ou le travail des mines. Le coût de l'aménagement de dortoirs cellulaires serait facilement ramené au minimum par l'emploi de la main-d'œuvre excellente que fournissent les condamnés militaires.

Il faut absolument en arriver à la séparation de nuit : c'est le seul moyen de faire cesser les mœurs épouvantables qui, dans les établissements militaires, sévissent sur un tiers au moins des détenus (1).

A côté de cette critique générale et de cette première réforme essentielle, on trouve bien des choses à reprendre, bien des modifications à apporter au régime et à l'administration de chaque catégorie d'établissements.

Le régime des prisons militaires (2) n'a attiré l'attention ni de M. Pierre Richard ni de la commission de l'armée. Et cependant il mérite une sérieuse critique : le travail y est insuffisant, il se réduit trop souvent et pour le plus grand nombre des détenus à de simples corvées. Sans doute une certaine école, pour que la main-d'œuvre pénale ne puisse en aucune façon faire concurrence aux travailleurs libres, admettrait parfaitement que l'oisiveté fût la règle dans les prisons : mais il a été trop souvent fait bonne justice de ces néfastes théories (3). Le travail est un élément indispensable

(1) M. Pierre Richard, dans l'exposé des motifs de sa proposition, reproduit de longs passages du manuscrit d'un détenu d'un atelier qui montre les ravages de ces mœurs contre nature : abrutissement, maladies, complots, récidives.

(2) Il y a une prison militaire dans chaque place qui est le siège d'un conseil de guerre : il y en a de plus au Fort Gassion (Nord), à Toulon et à Collioure. Cela fait, pour la France et l'Algérie, 29.

(3) Discussion périodique à l'occasion du budget des services pénitentiaires. Voyez dans la discussion du budget de 1900 les réclamations de MM. G. Doumergue et Jourde. et les réponses de MM. Goujat, rapporteur, et Duflos, directeur de l'administration

de toute peine sérieuse, pour le châtiment comme pour l'amendement ; et il n'est que juste qu'il vienne, dans une certaine mesure, diminuer les dépenses de la détention. Il serait tout indiqué d'employer les détenus militaires à la confection de quelques-uns de ces objets faciles à fabriquer dont l'armée fait une grande consommation : galoches, brosses, etc.

Quant à l'administration, le projet de la commission opérait une réforme depuis longtemps demandée (1). Chaque prison militaire est sous le commandement d'un adjudant, agent principal. Il y a à cela un gros inconvénient, car cet adjudant a sous ses ordres un adjudant-greffier : d'où parfois un antagonisme regrettable entre ces deux agents de grade égal et dont l'un supporte mal l'autorité de l'autre. De plus, il y a quelque chose de choquant à placer ainsi sous l'autorité d'un sous-officier les officiers en prévention ou punis d'arrêts de forteresse. Désormais (2) les prisons devaient être commandées par des officiers d'administration (3). Mais le nouveau rapport de M. Pierre Richard fait disparaître, sans dire pourquoi, cette utile disposition.

Les pénitenciers ont un régime très différent suivant qu'ils sont situés en France ou en Algérie. Les deux établissements de Bicêtre et d'Albertville sont de véritables prisons : l'exposé des motifs de la proposition Pierre Richard en prévoit la suppression que nous approuverions, car elle ferait cesser une différence de régime inexplicable dans l'exécution d'une même

pénitentiaire : *J. O.*, *Déb. parl.*, Ch., séance du 5 décembre 1899, p. 2063 et suiv.

(1) Projet présenté le 27 janvier 1891 par M. de Freycinet, ministre de la guerre, *J. O.*, *Doc. parl.*, Ch., sess. ord. de 1891, annexe n° 1157, p. 314. — Cf. Chanson, *op. cit.*, p. 264 et suiv.

(2) Art. 1er, al. 1, du projet.

(3) Cette création de 25 places d'officiers d'administration agents principaux des prisons militaires permettrait de placer les officiers d'administration comptables des pénitenciers et ateliers dont nous demandons la suppression.

peine, en ramenant l'unité vers le régime le meilleur, celui du travail en plein air, bien moins anémiant que l'internement, plus profitable dans ses produits (1).

En Algérie, les pénitenciers et les ateliers de travaux publics (2) ne se distinguent que par la dénomination : administration et régime y sont identiques : les détenus des pénitenciers travaillent généralement pour le compte d'entrepreneurs, en dehors de l'établissement, absolument comme les condamnés des ateliers (3), et la nature des travaux entrepris n'est pas plus nécessairement publique pour ceux-ci que pour ceux-là.

(1) Le gouvernement ne paraît pas se rallier à cette idée de la suppression des pénitenciers de la métropole, puisque, ayant décidé de faire occuper les locaux du pénitencier d'Avignon par un supplément de garnison, cet établissement a été transféré à Albertville (24 août 1900).

(2) Il y a en Algérie trois pénitenciers : Douéra, dans le département d'Alger (Koléa ayant été récemment supprimé) ; Bône, dans le département de Constantine ; Aïn-el-Hadjar, dans le département d'Oran ; trois ateliers de travaux publics : Orléansville, dans le département d'Alger ; Mers-el Kébir, dans le département d'Oran ; Bougie, dans le département de Constantine. — Un établissement mixte vient d'être créé en Tunisie, à Teboursouk ; il comprend un pénitencier et un atelier, et reçoit tous les condamnés provenant de la division d'occupation de Tunisie.

(3) L'absence de tout travail à l'intérieur de l'établissement présente un grand inconvénient : les détenus restent dans l'oisiveté toutes les fois que la saison ou le petit nombre des demandes des entrepreneurs entraîne un chômage. En avril 1899, nous avons trouvé au pénitencier de Bône près de 300 hommes laissés dans la plus complète oisiveté. Il faudrait ici faire une observation analogue à celle que nous avons faite pour les prisons. — L'instruction annuelle sur l'inspection générale du service de la justice militaire, parue en juin 1900 (Voyez *Revue pénitentiaire*, 1900. p. 992), dit bien que « les condamnés ne doivent jamais rester inoccupés ». Mais il ne nous paraît pas que les inspecteurs tiennent la main à l'observation de cette prescription, puisqu'on refuse systématiquement l'emploi de la main-d'œuvre pénale militaire pour l'exécution des travaux publics et qu'on est loin de faciliter aux commandants des établissements la création d'ateliers. Voyez les faits cités dans nos *Institutions pénitentiaires de l'Algérie*, n° 124, p. 244 et suiv.

La seule réforme du projet de la commission, en ce qui concerne le régime, consiste à répartir dans chaque établissement, avec séparation complète et absolue, les détenus suivant la nature du délit et suivant les antécédents (1). Cela est à la fois impraticable et insuffisant. — Impraticable. En effet, de deux choses l'une : ou bien cette séparation est pratiquement impossible, soit qu'on envoie pêle-mêle sur les chantiers extérieurs tous les détenus utilisables, soit que la disposition souvent défectueuse des locaux de casernement ne la permettent pas ; ou bien une séparation est possible, mais alors, dans l'intérêt supérieur de la garde des détenus (2), on répartit ceux-ci entre les locaux, non suivant leurs antécédents, mais suivant les dangers qu'ils présentent, pour placer les plus dangereux dans les salles les plus faciles à surveiller. Depuis longtemps le règlement veut que dans les pénitenciers et ateliers les détenus soient classés en pelotons, sections et demi-sections, suivant la nature et le nombre des condamnations qu'ils ont encourues ; mais cette classification n'existe et ne peut exister que sur le papier. — Insuffisant. Car ce n'est pas par une simple distinction entre les délits militaires et les délits de droit commun, les délinquants primaires et les récidivistes que la question peut être tranchée. Il y a des individus particulièrement corrompus qu'il faut soigneusement écarter de ceux qui sont susceptibles d'un retour au bien.

(1) Art. 2 et 3 du projet.

(2) Qu'on n'oublie pas que l'évasion est une idée fixe, une monomanie chez beaucoup de détenus des ateliers et pénitenciers. Naguère s'est produite à l'atelier de Bône une évasion sensationnelle de 32 détenus : par un travail patient, avec leurs couteaux pour seuls outils, ils avaient, sans attirer l'attention des surveillants ni des sentinelles, foré un trou à travers l'énorme mur de la casbah, faisant ainsi communiquer avec la campagne un étroit couloir souterrain servant à l'enlèvement des tinettes : ils avaient fait disparaître peu à peu les matériaux provenant de la démolition en les transportant dans leurs poches et en les cachant dans tous les coins de l'établissement. Le travail avait duré au moins quatre mois !

La véritable réforme, qui s'impose, a été indiquée par la circulaire du ministre de la guerre du 21 janvier 1898. Ce n'est pas à l'intérieur de chaque établissement, mais bien dans la répartition entre les établissements que ces distinctions doivent être faites. D'après la circulaire, les condamnés aux travaux publics, peine prononcée exclusivement pour délits militaires, devaient être répartis entre les trois ateliers (1) : 1° les condamnés n'ayant pas d'antécédents judiciaires avant leur incorporation et subissant leur première ou deuxième condamnation pour délits militaires auraient été dirigés sur l'atelier de Bougie ; 2° ceux qui, dans les mêmes conditions, ont subi avant leur entrée au service une légère condamnation pour délit de droit commun auraient été envoyés à Mers-el-Kébir ; 3° enfin les condamnés ayant subi avant leur incorporation une condamnation grave ou plusieurs condamnations pour délits de droit commun et les récidivistes pour délits militaires auraient exécuté leur peine à l'atelier d'Orléansville, auquel aurait été adjointe en outre une section de dangereux et incorrigibles recevant les plus mauvais sujets de tous les ateliers (2). Cette excellente circulaire n'a pas reçu exécution ; on a rencontré quelques difficultés dans la réalisation de la réforme : Orléansville aurait protesté contre l'envoi du contingent le plus dangereux, etc Quoi qu'il en soit, elle marque nettement la réforme nécessaire : séparation absolue, obtenue par la très grande distance, entre les éléments incorrigibles et ceux qui sont encore susceptibles

(1) Trois ateliers seulement, puisqu'on vient, réalisant un projet déjà ancien, de supprimer l'atelier de Bône : on a affecté la Casbah au seul pénitencier (la Casbah de Bône était occupée par un pénitencier et un atelier, et non par deux ateliers, comme le dit M. Pierre Richard), et on a créé en Tunisie un nouvel établissement, mixte, qui reçoit les condamnés du conseil de guerre de Tunis ; ce qui réalise une sérieuse économie sur les frais de transport.

(2) Il faudrait verser immédiatement dans cette section les individus reconnus comme pratiquant les vices contre nature.

de quelque amendement ; on pourrait alors utilement, dans chaque établissement, faire de nouvelles sélections suivant les qualités et les défauts de chacun.

La même circulaire prescrivait une classification analogue pour les détenus des pénitenciers. 1° Les individus sans antécédents judiciaires et condamnés seulement pour délits militaires auraient occupé le pénitencier de Koléa ; 2° les individus sans antécédents, mais condamnés pour délit de droit commun, en général voleurs primaires, eussent été dirigés sur Bône ; 3° les autres, récidivistes des deux catégories, auraient été versés à Douéra ; 4° enfin Aïn-el-Hadjar, dans le Sud Oranais, aurait reçu les incorrigibles, rebuts des trois autres établissements. Ce qui a retardé la mise en vigueur de cette partie de la circulaire, c'est qu'il était question, depuis longtemps, de supprimer le pénitencier de Koléa, vraiment trop bien situé dans la partie la plus agréable comme climat, la plus riante comme site, du Sahel : les bâtiments du pénitencier devaient servir de casernement à un bataillon de zouaves. Cette transformation est aujourd'hui chose faite ; il faut donc opérer le classement en réduisant à trois les catégories, ce qui est facile en développant un peu l'établissement d'Aïn-el-Hadjar : 1° les condamnés primaires pour délits militaires à Douéra, pénitencier bien situé dans le Sahel d'Alger, dont les détenus sont soumis à des travaux peu fatigants, généralement agricoles ; 2° les condamnés primaires pour délits de droit commun, à Bône ; 3° les récidivistes, et la section des dangereux et incorrigibles, à Aïn-el-Hadjar.

Quant à l'administration des pénitenciers et ateliers, à laquelle le projet n'apporte aucune amélioration, elle est constituée en une fâcheuse dualité. Le commandement est exercé par un chef de bataillon ou un capitaine, assisté d'un lieutenant-adjoint ; et deux officiers d'administration, l'un comptable, l'autre aide-comptable, sont chargés de tout ce qui concerne l'administration, la comptabilité, l'habillement. Ceux-ci sont recrutés parmi les adjudants-greffiers des établissements pénitentiaires, sans passer par l'école d'administration de Vincennes. D'où des dissentiments toujours regrettables entre l'administration et le commandement. Mieux vaudrait charger de l'administration un troisième officier, un lieutenant-trésorier comme dans certains corps de troupe (1). Les officiers d'administration ainsi écartés des pénitenciers et ateliers (2) trouveraient un emploi dans la gestion des prisons militaires (3).

(1) Dans le projet de Freycinet de 1891, la direction des pénitenciers et ateliers, comme celle des prisons, était confiée à des officiers d'administration. Mais les délicates fonctions de commandant d'un de ces établissements renfermant un effectif assez élevé (200 à 500) d'individus détenus pour un long temps (2 à 5 ou 2 à 10 ans), exigent les qualités de commandement, de maniement des hommes qu'acquièrent par l'expérience les officiers de troupes, et non les qualités de tout autre ordre, la minutieuse paperasserie, que possèdent au plus haut degré les officiers d'administration. Cf. Chanson, *op.* et *loc. cit.*

(2) Cette suppression des officiers d'administration eût été la conséquence de la disposition de la proposition P. Richard qui prescrivait la transformation des ateliers et pénitenciers en compagnies. Mais la commission de l'armée a rejeté avec raison cette disposition : il n'est pas admissible que l'individu qui purge une condamnation continue à faire partie d'un corps de troupe.

(3) Il convient, à propos des pénitenciers et ateliers, de signaler la récente création des *sections d'exclus*. Elles comprennent les individus qui, avant leur arrivée au corps, ont été condamnés à une peine afflictive et infamante ou à une peine correctionnelle égale ou supérieure à deux années d'emprisonnement avec application des déchéances de l'article 42 du code pénal. D'après la loi sur le recrutement de l'armée, ces individus devaient être mis, pour leur temps de service actif, à la disposition du ministre de la marine (loi du 15 juillet 1889, art. 4) ; mais, en fait, le ministre ne s'était jamais occupé d'eux et les laissait libres. Le rattachement des troupes coloniales au ministère de la guerre a attiré l'attention sur cette catégorie d'appelés : la loi du 7 juillet 1900, puis le décret du 28 décembre de la même année, et enfin un arrêté ministériel du 13 mars 1901, ont déterminé exactement leur situation. Les exclus résidant en France ou en Algérie lors de leur appel sont mis à la disposition du ministre de la guerre qui les répartit dans deux « sections d'activité », rattachées l'une à l'atelier de travaux publics de Mers-el-Ké-

## II

Les compagnies de discipline (1) se recrutent parmi les hommes qui ont manifesté leur caractère anti-militaire, soit en cherchant à se dérober au service par l'insoumission, la simulation d'infirmités ou la mutilation (2), soit en épuisant toute l'échelle des peines disciplinaires ou en prenant part à des actes collectifs d'indiscipline : dans ces derniers cas, ils sont versés aux compagnies sur avis du conseil du corps et ordre du général de division, ou sur l'ordre du ministre de la guerre. — C'est un contingent qui, de prime abord, ne paraît pas indigne d'intérêt, parce qu'il n'a subi aucune condamnation (3) : cet intérêt diminue beaucoup quand on observe les vices abominables qui y sévissent (4).

bir, et l'autre au pénitencier d'Aïn-el-Hadjar ; il y a de plus un dépôt à Collioure pour recevoir les hommes avant leur envoi en Algérie. Les exclus sont assujettis à des travaux d'intérêt militaire ou public, suivant un régime voisin de celui des ateliers et pénitenciers. Il y aurait lieu de demander pour les exclus un classement analogue à celui que nous préconisons pour les ateliers et pénitenciers. Mais nous n'insistons pas davantage, puisque, exclus, ils sont par définition hors de l'armée.

(1) Les quatre compagnies de discipline ont leurs portions principales à Gafsa, Biskra, Méchéria et Aumale.

(2) Les mutilés forment une section spéciale de la 4e compagnie, à Aumale, la section des « raccourcis ». — Le colonel Fix, dans l'article cité, donne d'intéressants détails sur les mutilés et les simulateurs.

(3) Dans sa proposition, M. Pierre Richard demandait même qu'on réservât aux compagnies de discipline des garnisons de France. Outre que peu de cités seraient flattées de recevoir semblable garnison, il est évident que c'est aux travaux du Sud algérien que l'on peut le mieux utiliser ces troupes absolument impropres au service de guerre.

(4) Nous ne parlons que des compagnies de discipline de l'armée de terre En outre il y a : une compagnie de discipline de la marine, ayant son dépôt à l'île d'Oléron et sa portion principale à la Martinique (les hommes portent le nom élégant de « peaux de la-

La commission de l'armée a accepté la disposition que lui proposait M. Pierre Richard : c'est l'article 6 du projet : « Le régime des compagnies de discipline est déterminé par des règlements dont la sévérité doit exclure toutes mesures incompatibles avec la condition d'hommes n'ayant encouru aucune condamnation civile ou militaire. » C'est un texte de loi de singulière allure. L'étonnement augmente quand on lit, dans les motifs des rapports, ce que devraient contenir ces règlements : « Les disciplinaires seront traités comme des soldats punis, non comme des condamnés. Leur uniforme, presque semblable à celui des prisonniers, sera modifié ; ils n'auront plus la figure rasée ; les punitions corporelles seront totalement supprimées ; ils pourront, à titre de récompense, être autorisés à recevoir un peu d'argent et à toucher une partie de leur prêt. — L'ordre formel et autres abus non prévus par les règlements (*sic*)seront rigoureusement interdits. Enfin la réintégration dans les corps réguliers sera facilitée. »

Nous sommes profondément surpris que la commission de l'armée ait adopté des rapports conçus en ces termes. C'est une jolie cascade d'erreurs ! Dès maintenant il est dit expressément dans le règlement (1) en vigueur que « les disciplinaires sont considérés comme étant dans un état permanent de punition ». Leur état, c'est une *consigne* permanente et rigoureuse. Dès lors à quoi bon un brillant uniforme qu'ils ne seraient jamais appelés à revêtir ? Pourquoi le port de cette barbe, dont M. Pierre Richard désire faire le plus bel ornement du visage des disciplinaires, et qui, chez ces hommes manquant de toutes les qualités du soldat, notamment de

pin »), et deux compagnies de disciplinaires coloniaux, au Sénégal et à Madagascar, avec dépôt à l'île d'Oléron, qui reçoivent à titre de punition les plus mauvais sujets des compagnies d'Algérie, des bataillons d'Afrique et des établissements pénitentiaires.

(1) Un règlement unique, décret du 5 juillet 1890, ce qui vaut beaucoup mieux que les multiples règlements désirés par M. P. Richard.

propreté, deviendrait un réceptacle à vermine ? A quoi bon les laisser recevoir de l'argent et toucher une partie du prêt, puisque, jamais, ils ne peuvent ni sortir du casernement, ni fréquenter une cantine ? Que les abus soient interdits, nous croyons que cela a toujours été (1) : l'essentiel est qu'une surveillance efficace les empêche de se produire. Faciliter la réintégration dans les corps réguliers est chose superflue en l'état du règlement : au bout de six mois de séjour aux compagnies de discipline, les fusiliers (2) peuvent être renvoyés dans un corps de troupes de leur arme d'origine ; il est à peu près impossible de fixer un plus court délai : il faut seulement regretter que trop peu se montre dignes de cette faveur. Quant aux punitions corporelles, une seule subsiste, et il serait dangereux de la supprimer : ce sont les fers (3). Le dé-

(1) « Toute punition extra-réglementaire et tout châtiment physique sont formellement interdits », dit le règlement.

(2) Les hommes des compagnies de discipline se subdivisent en fusiliers et pionniers. Ceux-ci appelés aussi « cocos » sont ceux que la gravité de leur faute, leur mauvaise conduite, ou un second envoi aux compagnies, désignent pour un régime plus sévère : ils forment dans chaque compagnie une section spéciale.

(3) Les fers appliqués dans les établissements pénitentiaires de l'armée sont très différents des fers de la marine. Dans la marine, ils consistent essentiellement en une barre, dite barre de justice. fixée au sol, à laquelle le marin, voire même le passager, est attaché par une boucle passant au cou-de-pied. Les *fers de correction* en usage dans les établissements pénitentiaires et aux compagnies de discipline, minutieusement décrits par une note ministérielle du 3 février 1868, consistent en pédottes et en menottes. La *pédotte*, pour entraver les pieds, pèse 4 kil. 250 ; elle consiste en une tringle de 470 m/m de longueur, dans laquelle passent deux dés formant boucle de 75 m/m d'écartement ; le patient a donc les deux jambes fixées contre une barre. Cela n'interdit pas absolument tout mouvement lorsque les deux boucles sont placées d'un même côté de la tringle ; mais tout mouvement est impossible quand les boucles sont alternées, la tringle passant obliquement entre les deux jambes. On applique quelquefois plusieurs pédottes au même individu dans les cas de fureur. La *menotte*, du poids de 0 kil. 950, consiste en un double U ; une barre transversale marchant le long de la

sir d'en restreindre l'emploi dans les plus étroites limites, a même conduit les rédacteurs du règlement à édicter une disposition baroque : « En cas de fureur ou de violence grave d'un disciplinaire, le commandant du détachement peut ordonner sa mise aux fers s'il ne dispose d'aucun local propre à servir de prison, Mais cette mesure, toute préventive, ne peut être ordonnée pour un temps déterminé ; elle prend fin, de droit, en même temps que cesse l'état de fureur ou de violence grave qui l'a motivée. » Comment un « état de violence grave » pourrait-il se prolonger alors que l'individu a les pieds et les mains entravés ? Nous souhaiterions une disposition à la fois moins limitative et plus précise : les fers sont une punition nécessaire contre l'individu qui se rit de la salle de police et de la prison ; seuls ils peuvent remplacer les châtiments jadis trop souvent employés, comme la « crapaudine » (1) ; c'est souvent aussi le seul moyen d'empêcher l'individu de persister dans un état de rebellion ou d'outrage qui le conduirait au conseil de guerre ou qui mettrait le gradé dans l'obligation de faire usage de son arme. — Mieux vaudrait donc faire disparaître du projet ce bizarre et inutile article 6.

branche centrale qui fait axe de glissière, fixe les deux mains rapprochées et parallèles. Dans les cas de fureur, les mains sont fixées derrière le dos, ce qui constitue une grande gêne. — Nous signalons un défaut de construction de ces engins : le pas de vis le long duquel tournent les écrous de serrage devrait être limité de façon que les fers, exclusivement destinés à servir d'entraves, ne puissent devenir un supplice cruel ; entre les mains de surveillants brutaux, les fers serrés à outrance peuvent causer une intolérable douleur et même entraîner de sérieuses blessures.

(1) Voici en quoi consistait la *crapaudine* : On attachait au coupable les mains derrière le dos, on lui relevait une des jambes ou les deux le long de la cuisse, et on reliait les extrémités au cou du patient, au moyen d'une corde, ce qui l'empêchait de s'étendre sous peine de s'étrangler. Ainsi réduit à l'immobilité et à l'impuissance, on le laissait étendu sur le dos, et généralement au soleil, pendant un temps plus ou moins long suivant son caractère, sa conduite habituelle ou la faute commise.

Est-ce à dire que tout soit pour le mieux aux compagnies de discipline ? Nullement. Nous nous associons bien volontiers à M. Pierre Richard pour recommander au ministre le choix des gradés. « Fermeté et brutalité ne sont pas synonymes, et on obtient davantage avec l'une qu'avec l'autre. » Et surtout, ici comme pour les pénitenciers et ateliers, la réforme désirable nous paraît être dans un classement : il y a quatre compagnies ; qu'on fasse une répartition suivant les punitions antérieurement encourues, suivant le motif de l'envoi, et sur les quatre compagnies l'une peut-être contiendra quelques individus que les incorrigibles ne contamineront point et qui pourront obtenir leur réintégration dans leur ancienne arme.

Restent les bataillons d'infanterie légère d'Afrique (1). Leurs hommes, ce sont les *joyeux* ou *zéphyrs*.

On se convainc aisément des difficultés que présente le commandement de ces corps de troupe en lisant l'énumération des éléments qui y sont versés : 1° les recrues ayant subi soit une condamnation à l'emprisonnement pour crime, soit une condamnation à trois mois de prison, ou au-dessus, pour outrage public à la pudeur, vol, escroquerie, abus de confiance ou excitation habituelle de mineurs à la débauche (2), soit deux condamnations à une peine quelconque pour faits de cette nature ; 2° les condamnés militaires qui ont subi dans les prisons et les pénitenciers une peine d'emprisonnement pour délit de droit commun et ceux qui sortent des ateliers

(1) Cinq bataillons, à six compagnies, ayant leur portion principale au Kreider, à Laghouat, au Kef, à Gabès et à Batna (Loi du 27 février et décret du 1er mars 1889).

(2) La loi du 1er mai 1897 évite le bataillon d'Afrique aux individus qui, ayant encouru une de ces condamnations, ont bénéficié du sursis à l'exécution de la peine. Mais s'ils donnent, par leur inconduite au corps, lieu à de graves sujets de plaintes, ils sont envoyés aux bataillons d'infanterie légère d'Afrique (Décret du 8 septembre 1899, art. 1er, 7°).

de travaux publics (1). Les grandes villes, et notamment Paris, fournissent la plus grande partie du contingent : souteneurs et escarpes (2).

Le projet de la commission retranche de cette liste les individus sortant des ateliers, c'est-à-dire n'ayant subi une condamnation que pour délit militaire ; ils seraient réintégrés dans leur ancienne arme (art. 4 du projet). Nous sommes nettement opposé à cette disposition. Il est extrêmement dangereux d'envoyer dans le milieu honnête des corps de troupe réguliers des gens qui ont manifesté leurs sentiments antimilitaires au point d'encourir une condamnation aussi grave et qui viennent de subir les contacts démoralisateurs de l'atelier. Mieux vaut les verser d'abord aux bataillons d'Afrique, et là, s'ils se conduisent bien, leur accorder comme récompense la réintégration dans un corps régulier.

Par une contradiction plus apparente que réelle, la commission de l'armée qui diminue l'effectif des bataillons en augmente le nombre. La proposition Pierre Richard allait plus loin : l'infanterie légère d'Afrique aurait formé quatre régiments à trois bataillons. La commission n'a pas eu de peine à comprendre l'inutilité de cette coûteuse transformation (3).

(1) Pour une énumération plus détaillée, voyez le décret du 8 septembre 1899, art. 1er.

(2) Chaque année, le départ des « joyeux » est, dans une certaine presse, l'occasion d'articles où l'on attaque vivement l'institution même des bataillons et où l'on s'indigne des précautions d'ordre (escorte, etc.), qui entourent le détachement des recrues. Voyez, par exemple, l'article « En route pour Biribi », dans la *Petite République* du 30 novembre 1899. Mais l'auteur de cet article lui-même, justifie, sans le vouloir, cet appareil en relatant ce simple fait : « L'effectif de la classe 1898 comptait 333 noms pour Paris et le département de la Seine ; mais les défections qui se sont produites ont ramené ce chiffre à 163 ; il y a donc 170 manquants. »

(3) Voyez les articles du *Progrès militaire*, en mai 1899. La présence d'un état-major de régiment n'améliorerait en aucune façon le régime ni la discipline.

Mais l'effectif des bataillons, 1.500 à 1.600 hommes, est un peu élevé : une augmentation de deux bataillons donnerait à chaque unité un effectif moyen de 1.000 hommes, ce qui est suffisant pour occuper l'activité d'un officier supérieur.

Sur ce point seulement a porté l'attention de la commission. Là où une importante réforme s'impose, on ne s'est attaché qu'à un minime détail. Si les bataillons d'Afrique reçoivent les éléments les plus pervers du recrutement, il est du moins dans cette perversité même des degrés. Que les bataillons soient au nombre de cinq ou de sept, peu nous chaut. Ce qui est autrement désirable, c'est que les moins mauvais ne soient pas absolument pervertis par les pires ; c'est que les plus vicieux ne tiennent pas école à la chambrée, souillant et pervertissant ceux qu'une condamnation unique, parfois conséquence d'un entraînement passager, a conduits aux bataillons. Ici encore, pour l'infanterie légère comme pour les pénitenciers, les ateliers et les compagnies de discipline, une sélection s'impose. Suivant le nombre et la nature des condamnations qui ont motivé leur envoi aux bataillons, les « joyeux » seraient classés ; et ceux qui auraient de nombreuses condamnations formeraient les derniers bataillons, auxquels on ne demanderait aucun service de guerre et qu'on employerait à des travaux dans le Sud (1).

Nous nous heurterons peut-être à une idée assez répandue, mais fausse. On s'imagine volontiers que ces bandits deviennent à la guerre des héros, que ces criminels étant des *endurcis* doivent être aussi des *résistants* : on cite les quelques épisodes glorieux que relatent les historiques des 1er, 2e et 3e bataillons. La vérité est autre. « La vérité est que les pâles

(1) Nous regrettons que la récente instruction ministérielle du 19 décembre 1899, en confiant aux généraux commandant les 15e et 16e régions, la répartition entre les bataillons des individus qui y doivent être versés, n'ait posé aucune règle devant présider à cette répartition.

voyous, malfaiteurs ou simples vicieux, dont se compose ce corps d'épreuve, sont le plus souvent des dégénérés, des alcooliques, des insuffisants dans le combat pour la vie ; ils ne sont ni aussi vigoureux, ni aussi résistants, ni aussi courageux dans leur ensemble que la moyenne des braves garçons incorporés dans nos régiments. L'intempérance, les tares acquises, les vices de toute nature les livrent sans défense aux agents dépresseurs de l'organisme. On se souvient encore du bataillon de *joyeux* parti avec Dugenne au Tonkin et qui y perdit, en quelques mois, 80 p. 0/0 de son effectif (1). » Avec un système de sélection, les premiers bataillons, comprenant les individus les moins endurcis dans le crime, les moins tarés au physique comme au moral, seraient des troupes utilisables, dans lesquelles beaucoup chercheraient à racheter par leur bonne conduite ou par une action d'éclat les fautes passées ; et surtout on restreindrait à quelques bataillons ou quelques compagnies la déplorable tradition des mœurs épouvantables dont les *joyeux* se font un titre de gloire.

## III

Si nous sommes loin d'être d'accord avec l'auteur de la proposition et avec la commission de l'armée sur la nature et la portée des réformes à opérer dans les services pénitentiaires et dans les corps disciplinaires, nous sommes tout à fait en désaccord sur le moyen de les réaliser.

M. Pierre Richard et la commission soumettent à la Chambre un projet de loi : or, ce n'est point là matière législative. La plupart des réformes que nous préconisons ne doivent pas, ne peuvent pas être réalisées par une loi ; nous sommes en présence, à peu près exclusivement, de questions d'ordre purement réglementaire, qui par conséquent doivent être tran-

(1) Lettre de Tunisie dans le *Petit Temps* du 13 octobre 1899.

chées par le pouvoir exécutif, non par le pouvoir législatif. Nous trouvons dans cette manière de faire la manifestion d'un état d'esprit qu'on ne saurait trop signaler comme néfaste : le parlement n'a plus la notion de son but et de son rôle ; il oublie qu'il est avant tout législateur et que la mise à exécution des lois est du ressort du gouvernement. De même qu'il s'immisce volontiers dans les détails de l'administration pour y faire prévaloir sa politique ou les intérêts de ses électeurs, le député ne laisse pas au gouvernement la sphère d'activité qui lui doit demeurer propre. C'est une des causes de cette surabondance de propositions de lois qui est l'un des abus du parlementarisme actuel (1).

Si encore la procédure législative présentait quelque avantage, nous passerions volontiers condamnation, pourvu que les résultats fussent bons. Mais, bien au contraire, la confection des lois est singulièrement lente et défectueuse : une proposition comme celle dont nous venons de faire la critique a bien peu de chances d'arriver de sitôt à l'état de loi parfaite, car il est rare qu'une Chambre puisse mener un texte à bonne fin en quatre ans ; et quand enfin quelques articles, après une longue promenade parmi les commissions, les bureaux et les assemblées, coupée de longs repos dans les fameux cartons, ont obtenu la sanction d'un vote définitif, ils forment le plus souvent une loi mal faite, mal rédigée, d'une application difficile.

Les reproches généraux que mérite l'œuvre de nos législateurs actuels s'appliquent de point en point aux propositions de M. Pierre Richard. Ce que ce député s'efforce d'obtenir par une loi, il le demande depuis 1897 ; déjà une législature s'est terminée sans que ses réformes aient été examinées ; dès

(1) Abus maintes fois signalé dans cette *Revue* : voyez notamment notre article, l'Initiative parlementaire pendant la sixième législature : *Revue politique et parlementaire,* t. XVI, p. 587, et t. XVII, p. 67.

le début de la nouvelle législature il a renouvelé sa proposition ; puis, sans doute pour faire mieux il en a déposé une seconde ; et enfin, au bout de deux ans et demi, voici le premier pas franchi, sa proposition est à l'état de rapport. Mais cette rapidité relative n'a pu être obtenue qu'au détriment de la qualité du travail législatif ; la commission, comme pour se débarrasser d'un projet qu'on lui présente trop souvent, l'a adopté, en ne faisant que disjoindre quelques dispositions relatives à un tout autre objet soumis déjà à une commission spéciale ; elle a donné son approbation à des textes qui n'ont aucunement l'allure d'articles de loi et à un rapport qui contient quantité d'erreurs évidentes.

De toutes les réformes proposées une seule, et c'est la moins importante, nécessite la forme législative ; c'est l'augmentation du nombre des bataillons d'infanterie légère d'Afrique. C'est une loi du 27 février 1889 qui déjà a porté ce nombre de trois à cinq ; il faut une nouvelle loi pour l'élever de cinq à sept.

Mais toutes les autres réformes sont questions réglementaires et peuvent, par conséquent, s'opérer d'une façon beaucoup plus simple, par décrets, arrêtés, instructions ou circulaires. En ce qui concerne les établissements pénitentiaires de l'armée, des décrets suffiraient à réaliser toutes les modifications que nous avons reconnues désirables. Les ateliers de travaux publics, les pénitenciers et les prisons sont régis aujourd'hui par un règlement du 10 décembre 1900 qui a heureusement remplacé, en les combinant et résumant, 75 ou 80 règlements, arrêtés, notes et circulaires : mais, s'il y a eu simplification, la réforme a été nulle. C'est dans ce nouveau règlement qu'eussent dû apparaître les idées de sélection dans le classement des détenus, et d'unité dans le personnel des officiers des établissements. Il est temps encore de remédier aux inconvénients signalés : ce que l'instruction du 10 décembre 1900 n'a pas fait, une autre instruction pourrait le faire.

Déjà d'ailleurs le décret du 26 février 1900, dans son article 3, a posé le principe de la réclusion cellulaire de nuit : il faut exprimer le regret que la construction de la plupart des prisons militaires ne permettent pas l'exécution immédiate de cette excellente disposition. Quant au travail qu'il convient de procurer aux détenus, dans les trois catégories d'établissements, c'est une pure question d'administration : il suffirait qu'un ministre rompît avec la routine et prescrivît l'emploi de la main-d'œuvre pénale pour la confection de maints objets de fabrication facile et de consommation courante dans l'armée (1).

C'est également un simple décret, voire même une instruction ministérielle, qui, faisant les distinctions nécessaires, opérerait l'indispensable répartition des hommes suivant leurs antécédents entre les bataillons d'Afrique et entre les compagnies de discipline Quant aux abus qui se produisent dans ces corps et qu'il importe d'éviter, c'est l'œuvre d'une circulaire rappelant tous les gradés à une stricte observation du règlement, et surtout des inspecteurs qui doivent réprimer sans faiblesse les actes de brutalité qui parviennent à leur connaissance (2).

(1) Signalons, par exemple, l'installation dans un atelier de travaux publics, d'un atelier de cordonnerie : on y fabriquait, avec un prix de revient de 8 fr. 50, des brodequins de qualité égale ou même supérieure à ceux que l'armée paie 12 fr. 75. L'expérience n'a pas été continuée, nous ignorons pourquoi. Voyez nos *Institutions pénitentiaires de l'Algérie*, n° 122.

(2) Nous n'avons indiqué que les réformes tenant à l'organisation même des établissements et des corps disciplinaires. Il faudrait aussi, à un autre point de vue, compléter des réformes déjà réalisées ou projetées dans la composition des conseils de guerre, leur procédure et les pénalités qu'ils prononcent, en étendant aux établissements pénitentiaires de l'armée la libération conditionnelle : elle s'appliquerait dans d'excellentes conditions, puisque le libéré versé dans un corps de troupe, serait soumis à une surveillance permanente. Voyez nos *Institutions pénitentiaires de l'Algérie*, n° 126, p. 255 ;

On voit combien simplifiée apparaît dès lors, sur ce point, la tâche du parlement : à lui de faire sentir au gouvernement, et particulièrement au ministre de la guerre, l'urgence des réformes que nous avons indiquées ; à celui-ci de les réaliser.

et notre lettre insérée dans la *Revue pénitentiaire*, 1899, p. 819, sur le Droit de grâce en Algérie (*suprà* p. 138). — Notons que c'est en ce sens que se prononce, au nom de la commission de législation criminelle, un récent rapport de M. Raoul Bompard : il étend aux condamnés militaires les institutions de la libération conditionnelle, du casier judiciaire et de la réhabilitation de droit. (Rapport du 21 novembre 1901, *J. O.*, *Doc. parl.*, Ch., sess. extraord. de 1901, annexe n° 2770, p. 147.)

# UN LIVRE SUR LES COMPAGNIES DE DISCIPLINE (1).

*Camisards*, *Peaux de Lapins*, *Cocos*, ce sont les vocables, qui, dans l'argot spécial de ce triste milieu, désignent les hommes des compagnies de discipline de la guerre, de la marine et des colonies (2). Par son titre, l'ouvrage de M. Dubois-Desaulle promettait un exposé complet de l'organisation et du fonctionnement des corps disciplinaires de l'armée : il présentait donc le plus haut intérêt pour la science pénitentiaire. Encore que les disciplinaires subissent non une peine, mais une punition, le régime auquel il sont soumis doit arrêter l'attention des pénologues, tant à raison de la comparaison qui s'impose entre cette punition exceptionnellement grave et les peines proprement dites, qu'à cause des individus qui la subissent : il est à craindre que celui qui n'a pu se plier à la discipline militaire ne puisse non plus se soumettre aux lois de la société, et par conséquent l'organisation des corps disciplinaires doit, à l'égal de l'organisation pénitentiaire, tendre à punir et à amender. L'ouvrage ne tient pas la promesse de son titre : sa lecture est une déception.

A première vue, le livre paraît se recommander par une

(1) *Camisard, Peaux de Lapins et Cocos* ; *Corps disciplinaires de l'armée française*, par M. G. Dubois-Desaulle, 1 vol., Paris, éditions de la *Revue blanche*, 1901. — Compte rendu bibliographique paru dans la *Revue pénitentiaire*, numéro de décembre 1901, p. 1587.

(2) Toutefois, ces dénominations peuvent fournir matière à controverse : on désigne souvent aussi sous le nom de *camisards*, les détenus des ateliers de travaux publics et des pénitenciers, et sous celui de *cocos* les pionniers de discipline. Voyez l'article du Colonel Fix, Zéphyrs, Disciplinaires et Camisards, dans la *Revue de Paris*, du 15 septembre 1898.

importante documentation. A l'exemple de certains ouvrages médicaux où abondent les observations, ce livre est ,en grande partie, la relation de faits, tantôt ridicules, tantôt profondément pénibles, faisant peser les accusations les plus graves, non seulement sur le personnel tout spécial des gradés inférieurs, mais aussi sur les officiers des compagnies et sur les officiers supérieurs ou généraux de qui elles relèvent. Mais que valent ces récits ? Quelle authenticité convient-il de leur reconnaître? Voilà ce qui surtout nous intéresse. Or, beaucoup sont simplement des coupures, opérées exclusivement dans quelques journaux qui auraient tort d'avoir des prétentions scientifiques : *l'Intransigeant*, *la Petite République*, *l'Aurore*, *la Fronde*, etc... Le reste, ce sont des racontars que l'auteur a pu recueillir de la bouche d'anciens disciplinaires heureux de se venger des punitions subies, ou de sergents devenus vantards dans les fumées de l'ivresse (1). De plus, ce qui oblige le lecteur à suspecter l'exactitude des faits relatés, c'est que presque tous les récits renferment des erreurs manifestes. J'en relèverai quelques-unes, d'ordres divers, à titre d'exemples.

Un disciplinaire, condamné par le conseil de guerre de Tunis, interjette appel devant la cour d'Alger (2). — Pour prouver l'exagération des étapes imposées aux camisards, l'auteur donne à la route de Batna à Timgad *quarante-huit* kilomètres : or il y a très exactement 39 kilom. 500 (3). — A plusieurs reprises l'auteur parle d'une baguette de sûreté que les gradés auraient toujours soin de retirer de leur revolver pour en faire un usage plus prompt (4). Or il se trouve

(1) L'auteur raconte lui-même, p. 290 et suivantes, qu'il n'a obtenu du sergent-fourrier du dépôt d'Oléron le récit de ses hauts faits et méfaits que sous l'influence d'un nombre considérable de « tournées ».

(2) P. 212.

(3) P. 103. Or voyez, L. Piesse, *Guide Joanne : l'Algérie et la Tunisie*, p. 258.

(4) Notamment, p. 294.

qu'aucun des modèles réglementaires, ni le 1873, ni le 1892, ne comporte cette pièce accessoire. — Il qualifie de *tribunaux administratifs* les conseils de discipline des régiments(1). Mais ces conseils ne sauraient en aucune façon être assimilés, ni même comparés à des tribunaux, puisqu'ils n'émettent que des avis. — Il dit que le travail journalier des pionniers est fixé à une durée de sept à dix heures par jour, alors que le décret du 9 juin 1898 en fixe le maximum à neuf heures, pour les pionniers comme pour les fusiliers (2). — Bon nombre de noms propres, tant ceux des lieux qui auraient été le théâtre des méfaits des « brutes galonnées » que ceux de ces « brutes » mêmes, sont horriblement écorchés.

Ces quelques exemples suffisent à montrer avec quelle légèreté ont été rapporté les faits. Et aussi les épithètes injurieuses qui abondent prouvent avec combien peu d'impartialité le livre a été écrit.

Enfin, ce qui manque complètement, c'est une conclusion. Où l'auteur veut-il en venir? Que tout ne soit pas pour le mieux dans les corps disciplinaires, nous en sommes convaincu, et ce ne sont pas les récits de M. Dubois Desaulle qui ont entraîné notre conviction (3). Dans ces corps spéciaux, les gradés ont une besogne particulièrement pénible et délicate, tant à raison du climat qu'à cause des gens peu recommandables qui sont placés sous leur autorité : on comprend que les cadres, surtout les cadres inférieurs, ne soient pas toujours parfaitement recrutés, que quelques sergents ou caporaux se laissent parfois entraîner à de déplorables abus. Les uns prennent un

(1) P. 56.

(2) P. 121. Voyez le décret dans la *Revue pénitentiaire*, 1898, p. 915.

(3) Voyez Emile LARCHER et Jean OLIER, *Les institutions pénitentiaires de l'Algérie*, n[os] 111 et 112, p. 223 et s. ; voyez aussi notre artre article, La réforme des établissements pénitentiaires de l'armée et des corps disciplinaires, qui a paru dans la *Revue politique et parlementaire* d'avril 1901, reproduit *suprà*, p. 243.

méchant plaisir à exagérer les rigueurs du « peloton de chasse » auquel sont soumis les hommes punis de prison ; d'autres aggravent les rigueurs réglementaires en serrant à outrance les fers ou les poucettes dont l'usage est licite dans certains cas exceptionnellement graves. Cela est incontestablement très regrettable : il importe que des instructions sévères, des inspections fréquentes, des enquêtes se terminant par la révocation des gradés indignes, mettent fin à tous les mauvais traitements extra-réglementaires. Mais ce n'est pas à cette conclusion modérée et sage que paraît tendre l'auteur.

Voudrait-il la suppression des compagnies de discipline ? C'est ce qu'ont demandé déjà quelques-uns des journaux dont souvent il invoque l'autorité. Mais à l'encontre de semblable proposition, il est facile de remarquer qu'il est absolument nécessaire que les détestables sujets des compagnies de discipline ne restent pas mélangés à la masse honnête des recrues qu'ils ne peuvent que souiller et pervertir. Et d'ailleurs, l'auteur paraît reconnaître que l'existence des corps disciplinaires est une conséquence de l'existence même de l'armée.

Dès lors apparaît la pensée de l'auteur. S'il montre tant d'acrimonie à l'égard de tous les gradés, c'est qu'il a été envoyé aux compagnies de discipline pour des faits des propagande anarchiste, Et ce qu'il attaque, c'est l'armée. « Il serait quelque peu paradoxal, dit-il, qu'une armée, chargée de défendre l'ordre social, fût établie sur l'équité et la justice... Toute armée, pour exercer pleinement sa fonction, doit être basée sur l'injustice, le mépris du droit, l'abus de la force (1). » Ici, je cesse la critique ; je ne puis qu'exprimer mon indignation et mon mépris.

(1) P. 50.

# TABLE DES MATIÈRES

Imp. J. Thevenot, Saint-Dizier (Haute-Marne)

Imp. J. Thevenot, Saint-Dizier (Haute-Marne).

www.ingramcontent.com/pod-product-compliance
Ingram Content Group UK Ltd.
Pitfield, Milton Keynes, MK11 3LW, UK
UKHW020311230726
13925UKWH00002B/343

9 782013 427524